理念 知行 追梦

魏魏 主编

上海市新陆职业技术学校论文选集

上海交通大学 出版社
SHANGHAI JIAO TONG UNIVERSITY PRESS

内容提要

本书围绕"践行黄炎培职教思想,深化职业教育内涵建设"的主题,共收录上海市新陆职业技术学校教师教育教学理论和实践案例 42 篇,分为研究篇、学习篇和探索篇。这些论文展现了新时代职校教师的理论探索以及实践思考,涵盖多个专业领域,既有对传统教学方法的改进与完善,也有对新技术的应用与尝试;既有对学生知识技能的传授与培养,也有对学生职业素养的塑造与提升。本书可供从事职业教育的一线教师阅读,对职校教师专业发展具有一定指导与启发意义。

图书在版编目(CIP)数据

理念·知行·追梦 :上海市新陆职业技术学校论文
选集/魏魏主编. – 上海 :上海交通大学出版社,
2024.9 – ISBN 978-7-313-31562-5

Ⅰ. G718-53

中国国家版本馆 CIP 数据核字第2024P5V936号

理念·知行·追梦——上海市新陆职业技术学校论文选集
LINIAN·ZHIXING·ZHUIMENG——SHANGHAISHI XINLU ZHIYE JISHU XUEXIAO LUNWEN XUANJI

主　　编：魏　魏
出版发行：上海交通大学出版社　　　　地　　址：上海市番禺路 951 号
邮政编码：200030　　　　　　　　　　电　　话：021 - 64071208
印　　刷：上海新艺印刷有限公司　　　经　　销：全国新华书店
开　　本：710mm×1000mm　1/16　　　印　　张：20
字　　数：313 千字
版　　次：2024 年 9 月第 1 版　　　　　印　　次：2024 年 9 月第 1 次印刷
书　　号：ISBN 978 - 7 - 313 - 31562 - 5
定　　价：78.00 元

编委会成员

主　编：魏　魏

编　委：(按姓氏笔画排序)

王海英　张　华　李青青　俞　燕

徐　晖　曹俊怀　魏　魏

序

习近平总书记曾寄语:"教师是立教之本、兴教之源。"国家教育部在《深化新时代职业教育"双师型"教师队伍建设改革实施方案》中对教师队伍的综合能力提出了新的要求:不仅要具备广博的专业知识和丰富的教学技能,还要具备善于发现教育教学实践中的问题、展开研究的能力,以及指导学生在探究过程中主动获取知识的能力。

师资力量是支撑国家新时代职业教育改革的基础,是推动职业教育高质量发展的核心力量。在新时代职业教育改革和中国职业教育蓬勃发展的背景下,作为职业教育一线教师,不仅是教书育人的实践者,更是教育教学的研究者。

在过去的五年中,上海市新陆职业技术学校致力于将学校教师从传统教书匠的角色转变为积极的教育教学研究者,鼓励教师们积极参与教育教学研究,不断探索新理念、新方法和新模式,实践反哺理论,并形成良性循环,倾注了大量的心血。

围绕坚持立德树人、深化产教融合、提高学生培养质量和学校发展关键能力,学校以教育科研工作为引领并取得了积极成果。学校教材《幼儿卫生与保健(第二版)》荣获 2021 年首届全国教材建设奖中职类二等奖,该奖项是全国教材领域的最高奖项;在已出版的《独具"匠"心——上海浦东职业教育集团征文案例选》和即将出版的《"贯"之以行——浦东新区中本(高)贯通专业建设成果案例集》中,学校教师发表的教育教学案例总数居浦东新区 7 所职校之首;学校在 2022 年已出版《守正·精业·创新》案例集,加上此次出版的《理念·知行·追梦》论文集,近五年学校教师共发表教育教学论文近百篇……这些成果不仅展示了学校教师的专业素养和教育智慧,也为职业教育的改革和发展提供了有益的借鉴和启示。除此之外,学校目前正在进行若干项国家级、市级课题及十余项区级课题研究,以期用更丰富的形式将学校教科研的成果呈现出来并形成辐射。

在这些成果的背后,离不开学校完善的教育科研机制所提供的有力的保障,不仅为教师教科研能力的提升和教师专业发展提供了良好的研究环境和条件,也为教师的教育研究开展提供了多元的途径。

学然后知不足,教然后知困。知不足,然后能自反也;知困,然后能自强也。相信本书的出版能为广大教育工作者解答一些困惑、提供一些借鉴;同时,也希望新陆职校能够巩固和提升教育科研领先地位,不断优化教科研管理体制,永葆教师教育科研活力,扩大教科研成果影响力。

展望未来,希望本书能够成为一个新起点,激励更多的一线教育工作者分享经验和智慧,不断探索和实践,共同推动职业教育事业的发展,将教育梦想融入中国梦的宏伟蓝图中,为培养更多优秀人才而努力耕耘。

上海市职业教育协会副会长兼秘书长

朱桃福

2024 年 4 月

前　言

在新时代的浪潮中,职业教育正面临着前所未有的机遇与挑战。作为职业教育工作者,我们深感责任重大,使命光荣。自党的二十大以来,我们不断接收着习近平总书记对广大教师的深切慰问和殷切嘱托,真情暖人心,厚望催奋进。其中"大先生"、"四有"好教师、"四个引路人"等的提出,在教师队伍中引起了强烈反响,激发了无穷力量。"培养什么人、怎样培养人、为谁培养人"的历史之问引发了深刻思考,使教师队伍拥有了心怀"国之大者"的时代新高度。

正是在这样的背景下,编写《理念・知行・追梦》一书的想法诞生了。本书旨在展现新时代职校教师在理论探索与实践思考方面的成果,同时也希望借此机会向伟大的职业教育先驱——黄炎培致敬。

黄炎培是我国现代职业教育的奠基人,他提出的"手脑并用,做学合一""使无业者有业,使有业者乐业"等职业教育思想,顺应世界发展趋势,把握民族发展轨迹,致力于中国现代化道路探索,揭示了职业教育为国家培养人才的本质,至今仍具有深远的指导意义。

浦东新区职业教育历来注重传承黄炎培的职业教育理念。对接上海"四大品牌""五个中心"的核心承载区及浦东新区"六大硬核产业"发展,结合黄炎培职业教育理念,新区中职学校努力开设多样化、专业化的职业教育课程,创新"工学结合"人才培养模式改革,加大课程建设与改革的力度,以职业能力培养为重点进行课程设计,根据技术技能人才成长规律和学生认知规律,优化课程内容,规范课程实施。重视课程教学的过程性评价,特别是在课程中融入爱国精神、工匠精神、责任意识等,提升职业学校学生的职业素养。

围绕"践行黄炎培职教思想,深化职业教育内涵建设"的主题,上海市新陆职业技术学校（简称"新陆职校"）教师们结合自身教学实际，不断探索、创新，总结提炼出一些教育教学改革经验，并撰写成教育教学理论和实践案例共42篇，分为研究篇、学习篇和探索篇。这些教育教学理论和实践案例涵盖了多个专业领域，既有对传统教学方法的改进与完善，也有对新技术的应用与尝试；既有对学生知识技能的传授与培养，也有对学生职业素养的塑造与提升。通过这些文字，我们可以看到职校教师们如何将理论知识与实际操作相结合，如何关注学生的全面发展，以及如何适应社会需求的变化。

在黄炎培的职业教育理念引领下，我们探讨了职业教育教师专业化发展的理念和观点，职业教育教师的专业化发展是提高职业教育质量的关键。只有具备专业知识、技能和职业道德的教师，才能够更好地指导学生，帮助他们掌握实用技能，提高就业竞争力。通过大量的案例和实践经验，本书展示了职业教育教师在教育教学、科研、社会服务等方面的成果和贡献。本书还聚焦职业教育课程思政的实践案例，展示了职业教育思政教育的有效性和创新性。

除此之外，教师们还注重展现在教学过程中的反思与总结。不仅关注教学效果，更关注教学方法的科学性与合理性；不仅满足于传授知识，更注重培养学生的创新精神和实践能力。这种反思与总结的精神，正是黄炎培所倡导的"做学合一"的体现，也是新时代职校教师应有的品质。

我们相信，通过阅读本书，读者不仅能够了解到职校教师在教学实践中的具体做法和成功经验，更能够感受到他们对学生的关心与负责，对职业教育的热忱与执着。同时，我们也希望本书能够激发更多的职校教师积极投身于职业教育的改革与创新之中，传承并发扬黄炎培的职业教育思想理念，为培养更多高素质技术技能人才、能工巧匠、大国工匠而努力。

限于学识水平，不妥和纰漏之处恐在所难免，祈请专家学者和读者不吝指正。衷心希望本书能够为广大职业教育教师提供一些有益的参考和启示，同时也希望能够推动职业教育的发展，为实现中华民族伟大复兴的中国梦贡献一份力量！

上海市新陆职业技术学校副校长

魏　魏

2024 年 4 月

目　录

研究篇

黄炎培职业教育思想对教师专业化发展的现代启迪研究报告

上海市新陆职业技术学校　张华　魏魏　王薇　李青青

本文系中华职业教育社第一届黄炎培职业教育思想研究规划重点课题"黄炎培职业教育思想对教师专业化发展的现代启迪"（课题编号ZJS2022Zd24）阶段性研究成果。
主持人：张华　　所在单位：上海市新陆职业技术学校

摘　要：黄炎培是中国近代著名的爱国主义和民主主义教育家，中国近代职业教育的创导者。他的职业教育思想内容丰富且自成体系，尤其是"大职业教育思想"更是对当代职业教育具有重要启示，本文主要从黄炎培的"道德教育"和"教学原则"等方面入手，结合当前职业教育教师的专业化发展的困境，以黄炎培职业教育理念为依据，探讨一些能启发职校教师专业化发展的方法或路径。

关键词：黄炎培；职业教育；方法；教师专业化

一、研究意义

（一）新时代职校教师专业化发展面临新挑战

教师是一份职业，更是一份永不停滞的事业。随着当今时代知识经济、信息化的发展，教师的专业化也应与时代发展同步。在人类社会面临剧烈变化的时代，教师在基础教育中有着绝对的主导地位是不容置疑的，教师的专业化发展已成为国际教师教育改革的趋势，受到许多国家的重视。党的二十大吹响了全面建设社会主义现代化国家的冲锋号，面对职业教育类型化发展的新机遇，踏上职业教育高质量发展的新征程，教师专业化发展的高度与境界直接决定了职业教育的品质。

职业教育的发展,体现了国家的经济发展水平和教育现代化水平。国务院颁布《国家职业教育改革实施方案》(简称"职教 20 条")以来,我国职业教育改革发展走上提质培优、增值赋能的快车道,职业教育面貌发生了格局性变化。如今,根据教育部近日发布的《2022 年全国教育事业发展统计公报》显示,全国共有中等职业学校 7201 所,在校生 1339.29 万人,中等职业教育专任教师 71.83 万人,高职(专科)学校 1489 所,在校生1670.90 万人,高职(专科)学校专任教师 61.95 万人,建成了世界规模最大的职业教育体系,培养了一大批支撑经济社会发展的技术技能人才。那么支撑职业教育蓬勃发展的职校教师的专业化发展在新时代更加重要。

按照"十四五"规划和 2035 年远景目标纲要对职业教育的要求,职业院校在紧跟产业发展的同时,关键要培养专业的前瞻性、预见性,迎接产业发展变化,破解教育滞后之困,做好专业动态调整,将专业发展的紧迫感及时地转化为具体的专业和课程落地,深入实施创新驱动发展战略,创造更大人才红利,努力办好公平有质量、类型特色突出的职业教育,助力职业教育迈向人才培养新征程的快车道。《2021 新版职业教育专业目录》在顺应时代发展,适应社会经济建设中孕育而出,作为职业院校的教师,必须立足新业态、新经济、新技术,教师要从每一个新的专业名称对应到产业、行业、岗位,用新业态、新岗位、新技术重新审视学校的治理结构、专业结构、课程结构、教材结构和人才结构,同时勇于自我变革。因此,新时代职业教育教师的数字素养、数字化动手能力以及数字化教育能力将面临巨大挑战,自身在教育领域、产业领域、经济领域的知识结构壁垒也将更加明显,那么如何让自己成为一个产业与教育的"跨界"人才,由此可见,新时代职校教师专业化发展之路势必面临更多挑战。

总之,职业教育作为国家公民教育的一个重要组成部分,职业学校教师的专业化发展也是新时代教育改革实践提出的一个具有重大理论意义的课题。

(二)黄炎培职业教育教师观的现代意义

我国著名的职业教育家黄炎培的职业教育思想内涵相当之丰富,其职业教育思想已经成为探求有中国特色职业教育发展道路的中国本土化的重要思想源泉。黄炎培职业教育思想的理论价值和实践意义已经得到社会各界的广泛尊重和认同。尤其是黄炎培的职业教育理念中对从事职业教育的教师有着很高的要求：要能够培养学生"金的人格，铁的纪律"，要塑造学生"敬业乐群"的人格并矢志成为现代化公民；教师要有"对己则刻苦奋斗，对群则精诚团结，对事则丝毫不苟，始终为一"的操守。他的职业教育教师观在今天看来，不仅不过时，而且其丰富的内涵对当代职教教师专业化发展具有重要的现实指导意义。

黄炎培一直在倡导"敬业乐群"，这就是职业道德教育中的基本规范。黄炎培认为职业教育不单单只包括对职业技能的讲授与学习，还包括职业道德的培养与训练，二者是同时存在的，缺一不可。教学的本质是育人。教师不仅要教给学生知识和技能，更重要的是要教会学生怎么样做人，做什么样的人，特别是如何在自己的工作岗位上做一名合格的企业员工。目前职校生源素质普遍不是很高，而且学生的学习基础差，行为习惯也不是很好，职校就需要将教书和育人有机地结合起来，真正做到既教好书，又育好人。

职业教育的核心是培养与时俱进的现代人。黄炎培将"以人为本"的价值观引入职业教育理念之中，提出"谋个性之发展""为个人谋生之准备""为个人服务社会之准备""为国家及世界增进生产力之准备"的职业教育目的，旨在实现"使无业者有业，使有业者乐业"，点明了职业教育服务社会、以就业为导向的根本宗旨，深刻反映出黄炎培职业教育思想顺应世界发展趋势、把握民族发展的轨迹、致力于中国现代化道路探索的崭新特征，揭示了职业教育为国家培养人才的本质。此外，黄炎培的职业教育内涵并不是单纯的"职业技术教育"，而是针对取得某种社会职业资格的教育，是对一种综合的职业能力的培养，包括思想品德、职业道德、知识、能力、技术、技能和技巧，以及从事特殊职业所必需的实践经验。在黄炎培眼里，职业素质实际上是现代新人具有的"创新精神""创造能力"和"实践能力"的代名词。

总之，黄炎培职业教育思想博大精神，他的职业教育思想在当时紧扣中国的现实，具有很强的指导性，即使放在当今社会也是不落后的，值得我们认真去研究探讨和学习。黄炎培的职业教育思想不光为现代职业教育发展指明了方向，也为职校教师的发展模式指明了方向，如何利用其思想的现实指导意义,全方位提升职校教师能力与素质,提高职业教育的质量,为国家、为社会不断地输送全面发展的职业技术人才显得十分必要。

二、研究综述

当今时代知识经济、信息化的发展,教师专业化与时代发展同步。专业化发展已成为国际教师教育改革的趋势,受到许多国家的重视,在人类社会面临深刻变化的时代,不容置疑的是教师在基础教育中有着绝对的主导地位。教师专业化发展的高度与境界直接决定了教育的品质。职业教育的发展,体现了国家的经济发展水平和教育现代化水平。

通过在中国知网(CNKI)数据库输入关键词进行搜索,查到有关教师专业发展的文章 3.73 万篇。为了解"职业教育教师专业化"的总体研究趋势,以及有关"教师专业化发展"的职业教育主体,在中国知网(CNKI)数据库以"职业教育教师专业发展"或"职业教育教师专业化"为主题词进行跨库检索,获得 613 篇文献(时间为 2022 年 11 月 1 日)。2010 年后我国关于职业教育教师专业化的研究达到鼎盛,而接下来的几年研究数量都在减少。研究的方法除了文献研究以外,有了很多实证研究在调查的基础上基于现状,发现问题并解决问题,基于实践的职业教育教师专业发展的理论自信。对职教师资专业化的发展内涵的探究拓展了职业教育教师专业化的内涵和外延,丰富了教师专业化理论的深度和广度。同时研究的广度从发达地区职业教育到民族地区职业教育研究都逐渐扩大,关注的层次也在不断深入。本文主要通过总结梳理相关文献,分述国内外研究的状况,提出自己的总结与思考。

(一)国外研究综述

国外发达国家经过长时间的理论和实践研究,建立起了比较成熟完善的职教教师专业化发展体系。文章主要介绍美国、英国、德国、日本等发达国家的职教教师专业化发展现状,为我国教师专业化发展改革提供一些思路和建议。

1. 美国的职教教师专业标准研究

美国职教教师专业化发展是一个连续性的过程,贯穿着教师培养的始终。美国同时存在国家和地方两套教师认定标准,每一个认定层次都对教师资格认证有着严格规定。20世纪80年代,在专业化理念的影响下,美国学者逐渐重视对职业教师资格认证的研究。Sheilak.Ruhland等众多学者专门探讨了美国职业教师资格证的认定程序以及专业化发展;Bonsu、Bowman等学者对美国各个州的教师资格证认定内容进行了调查整理,并以表格形式呈现各州职业教育教师资格证认定的要求、途径、年限等内容。虽然美国各州都基于自身的具体情况制定了职教教师资格认定标准,但是一个州的教师资格认定制度在另外一个州并不一定得到认可。为此,美国于1994年建立起全国性的教师资格认定制度,每一个州必须在遵循国家标准的基础上实行各州的教师资格认定制度,使用最多的方式为教师资格考试。

美国的双元制职业教育教师培养培训体系是获取教师资格证的有力保障,同时也是检验教师个人是否具备从业能力的有效途径。教师资格证的获取程序较为繁杂,具有严格要求,可以通过接受大学或学院教育获取证书,或者积累一定的工作经验获取证书。同时,证书还分为短期教师资格证书、长期教师资格证书以及非常规教师资格证书。有成效的培训;掌握丰富的文理知识和教育理论知识;掌握专业的知识技能;具备安排课程、提供教育资料、评价学生学习效果等能力;对不同文化、地域、背景的学生实施适应性教学;具有因材施教能力,使学生学以致用、学有所用、学有所成。

2. 英国的职教师资专业化发展研究

20世纪90年代后期,英国政府开始重视并逐渐加大对职教师资的培养力度。在此之前,虽然英国政府也曾将发展职教师资列入过计划,但不是十分重视,甚至没有制定任何标准和法律规定来支持职教师资发展,因此师资培养质量效果不佳。随着各国对职教师资培养的重视,英国也认识到职教师资队伍的重要作用,于是改革职业教育教师培训体系,形成独特的教师专业化培养模式。在英国政府的重视与改革下,其职教师资培养呈现出两个特点。第一是创新教师培养模式,即在传统的二段培养模式(职前培养与在职教育)中加入"入职辅导"这一必要阶段,形成独特的"三段融合"教师培养模式。在教师培养内部运行机制中,职前、入职、在职三阶段既各自独立又相互配合,不断完善培养模式。其中,职前培训包括在大学接受教育、在职业学校进行实习、在企业实践；入职辅导主要针对新入职教师。职教教师入职后有资格接受为期三个学期的入职培训，考核合格后才能在学校独立承担课程教学任务；在职教育既是为了提升教师教育教学水平，也是为了满足教师职业生涯规划需要。教师可以根据自己的需要选择培训方式，有的教师为了提高教学能力，可以选择到指定的培训学校学习；有的教师缺乏实践操作经验，可以选择到企业的一线岗位实习。第二是"大学、职业学校、企业"三方参与，充分整合三方资源，实现优势互补、互利共赢。英国将职教教师的培养贯穿于教师专业化发展始终，从而指导和推动教师专业化发展。英国教育和培训基金会(英国继续教育领域全国性的行业组织)一直进行职教师资培养的专业标准与资格证书框架制定工作，并于 2014 年颁布了《教育与培训部门的教师专业标准(英格兰地区)》，使繁杂不易操作的标准内容变得简单易行。该标准要求教师要具备行业专家和教学专家双重身份，反映了教师在教学与培训中的能力要求，更体现了资格证书与专业标准两者之间的关系。

3. 德国的职教师资专业化发展研究

1896 年至今，德国职业教育教师专业化发展大致可以划分为四个发展阶段，且每一个阶段都存在职业教育与普通教育、职业教育与工商企业界这两种关系。第一阶段将职业教育教师等同于工程师(1896 年至 20 世纪 20 年代)。这一时期德国职教师资职前培养采用工程师培养模式，在大学里面学习并获得工程师资格成为职业教育教师最重要的入职条件。第二阶段将职业教育教师比作熟练的教学法专家(20 世纪 20 年代至 70 年代)。这一阶段主要讨论职业教育教师既不是工程师，也不是手工业者，更不是商人，而应该是接受了完整大学课程的熟练的教学法专家。同时，在著名的职业教育专业教学法影响下，这一阶段的职教师资培养注重对能力、责任心、评估能力、职业良知、职业信念的考察，成为职业教育教师入职的重要条件。第三阶段是淡化学科导向和去文科中学化阶段(20 世纪 70 年代—20 世纪末)。1973 年 KMK(德国各州文教部长联席会议)使用"职业专业"一词，为职教师资的培养指明了新方向，即职教教师的专业知识结构应该脱离大学的学科知识体系，建立以工作过程为导向的师资培养模式，从而使得教师在职业学校里向学生传授的知识不能等同于教师在大学习得的知识。第四阶段认为教师是专业教学论者(21世纪初至今)。这一时期教师成长的关注焦点转变为教师的职业行动能力、专业教学法和职业经济学知识,这三个要素也成为教师培养课程框架设计的依据。正是由于这一转变,使得教师专业化成为教师职业生涯发展的焦点,学习型职业生涯也随之成为个体实现专业化的最佳方式。随着教师专业化概念的提出,教师教育的内容和形式也发生了相应变化,大学开始设立实习期,将实习期作为学生职业学习的一个重要内容,以弥补教师教育教学能力的缺失。此外,德国对不同类型的职教师资具有不同要求:职业学校的教师主要包括理论课和实践课教师,这两类教师都必须具备一年的职业相关经验。对于想要转行从事职业教育的教师但不是职教教师培养体系的人,必须具有5年以上(含5年)的工作经验;实践课教师,在接受大学教育后必须通过工程教师资格考试和国家考试,还要到企业进行二到三年的实习,才能获得从教资格证。

4. 其他国家职教师资专业化发展研究

澳大利亚拥有完善的职业教育教师专业化培训和资格认证体系,教师培训一般在大学教育学院进行,既可以培养高素质、高学历的专职职教教师队伍,也可以在企业中选拔优秀的教师队伍,将其培养成为兼职教师。澳大利亚采用与教师学历和专业资格相关的"培训包"培养模式,注重教师专业化发展,并规定受训教师必须在规定时间内完成指定任务,培训结束后通过考核方可获得资格认证。此外,澳大利亚也十分重视职后培训,其职后培训体系的形成发展过程可分为三个阶段:第一阶段为初建期(20世纪50年代—70年代中期)。这一时期,澳大利亚认为教学不是一门专门职业,因此对教师的要求也相对较低,只要有中等职业教师资格标准就可以在TAFE学院任职,只要有适合的大学基础文凭就可以在中等职业学校任职。第二阶段为发展期(20世纪70年代末—90年代初)。这一时期澳大利亚政府极其重视教师发展,对职教教师的定位也较之前有了提升,联邦政府承担起教师教育事业的资助责任,教师职后培训体系得以飞速发展。第三阶段为加速期(21世纪至今),随着全球化进程加快和信息技术飞速发展,作为技能人才的培训师,职业教育教师更需进行专业化、系统化的培训,提升将知识与技能传授给学生的综合能力,以满足产业和社会对技能人才的需求。2000年,澳大利亚联邦政府发布了《21世纪的教师——联邦政府教师质量行动》,把提高质量作为教师教育政策的基本取向;在此基础上,联邦政府又颁布了《联邦高质量教师计划——2003年行动纲领》,这一行动指南提供了相关的实践、调查研究和行动举措,是一项国家级的综合性教师专业发展工程。

日本非常重视师资队伍的培养,20世纪70年代,日本政府就采取一系列政策措施来促进教师专业化发展,并探索出一条正确道路,这也为其职教教师专业化发展走到世界前列奠定了基础。日本职教师资培训的师资来源除了高等院校和职业能力开发大学的学生之外,还有来自企业的经验丰富的兼职教师。而这些教师的任职资格比较严格,一般要求职教教师在职业能力开发大学和综合性大学完成学业后,还要到企业工作至少四年,积累实践经验。如果是在短期大学或者高等专门学校毕业的教师,还必须拥有学士以上文凭,同时具有两年以上的工作或研究经历。与美国、德国、英国和澳大利亚一样,日本的职教教师培训体系也包括在职教育阶段,日本还为此制定了在职研修制度(在职进修)。日本的教师研修按时间分为长期与短期,按地点分为校内和校外,课程也分为长期和短期。研修制度得到法律保障,并贯穿于教师从入职工作到退休的全过程。可见,日本建立了一套完整清晰的教师培养体系,培养目标明确、培养方式多元、培养课程联系实际,为教师专业化发展铺平了道路。

(二)国内研究综述

从研究状况来看,国内从20世纪90年代开始关注"教师专业化发展",在本世纪进一步深入研究,研究主体更加丰富,主题愈加鲜明,内容日益广泛,主要集中在内涵、现状、问题与成因、不同主体等方面的研究。

1. 结合专业的职教教师专业化发展研究

在研究职业教育教师专业化发展过程中,部分学者会具体研究某一专业的教师专业化,主要集中在以下几个专业。李海燕等学者基于中高职衔接视角,对江苏省财经商贸专业教师发放网络问卷,进行实地访谈,了解当前教师专业化困境,并从创设环境、制度保障、中高职衔接、团结合作等四个维度提出发展路径。陈小雁阐述了五年制高职建筑专业新任教师专业发展遇到的专业技能不足、动手能力不强等困难,建议教师应该考取教师资格证、随堂听课、到企业或学校技能组见习等。宋丽娜团队为帮助旅游服务类专业教师实现专业化发展,对大连市开设与旅游服务类相关专业的学校进行调研,获得了翔实的研究报告。顾小冬认为中职汽车运用与维修专业教师要实现专业发展目标,教师个人需制定清晰职业规划,加强学习和反思;学校层面要加强顶层设计,构建教师专业自主发展的健康环境。计宏炜采用定性分析与定量分析相结合的调研方法,对职业学校电子技术类专业教师与企业行业技术专家进行问卷调查和访谈,详细分析调研结果,发现职业学校教师专业化发展在入职标准、来源渠道、"双师型"教师比重和质量等方面存在较多问题。此外,很多学者也围绕会计类、学前教育、酒店服务与管理、电气、机电技术应用、市场营销、烹饪、计算机等专业的教师专业化发展进行研究。

2. 基于个案的职教教师专业化发展研究

国内大部分该课题的研究者会以问题为导向来开展自己的论题,但大家着眼的视角各有不同。有研究学者多以具体的学校为研究蓝本。如杨春芳以天津市五所中等职业学校为例,对教职工的来源途径、学历职称、职业资格、继续教育情况进行问卷调查,发现中职教师队伍在职前和职后的专业化发展不理想。陆春桃等学者以职业教育教学能力作为职业院校教师专业化的核心,以广西电力职业技术学院为例,采用访谈调研与学校教学质量年度数据分析相结合的方法,分析广西高职院校教师专业化发展中存在的普遍问题。有学者则以不同类型教师作为个案分析。袁建伟基于自身工作经验,认为职业指导教师的专业发展对教师、学校、学生具有重要意义。他以Z市某职业学校为例,对该校职业指导教师专业化现状进行调查分析,发现职业指导教师在知识、技能、态度、创新创业、专业结构等方面的发展不尽如人意。张伟平认为入职教育在教师专业化发展中具有举足轻重的作用,并以新入职教师为研究对象,借鉴国内外教师专业化经验,基于批判性思维提出促进教师专业化发展的措施。不过,大多数学者主要以院校内的全体教职工为研究对象。陶俊对武汉市旅游学校全体教师的专业化现状进行了研究。

3. 其他视角的职教教师专业化发展研究

近年来,由于国家对职业教育的重视和支持,学者们开始将目光转向职业教育,有关中职学校教师专业化研究成果逐年增长,学者们基于心理学、管理学、教育学、经济学等方面提出了多元化研究视角。第一,工匠精神视角。刘东海等人认为工匠精神对于职业教育教师专业化发展具有重要的指导意义。在工匠精神视域下,教师专业化发展面临工匠文化、价值、制度、机制等矛盾,必须重构发展模式。第二,知识建构视角。陈芳认为,从教师个人知识建构视角出发,教师培养所经历的三个阶段(学徒制、学科制和合作制)都会获得不一样的知识结构,而分析每一阶段的知识结构则为教师专业化发展提供了科学有效的依据,教师可以根据知识分类选择不同的发展方式。第三,职业教育信息化视角。高峰等学者认为信息化时代丰富了"双师型"教师专业发展内涵,提升其专业理论水平,扩宽了培训培养渠道,必将促进职业教育信息化实现突破式发展。因此,信息化资源在"双师型"教师队伍建设探索中将大有可为。第四,其他理论视角。彭晓敬基于 PCK 理论视角来探讨职教教师专业化发展的意义和价值,并指出由于 PCK 不足,我国职教教师专业化发展过程中专业知识结构相脱节、教师个人素质不高、角色定位不清晰等问题突出,进而基于 PCK 理论创新职教教师专业化发展对策。第五,需求视角。陈永花从专业需求视角出发对职业院校教师的职业规划标准和流程进行剖析,证实社会对职业化能力需求的不断增长和进一步明确社会分工是"专业需求"的背后动因。为此,需要进一步梳理教师职业规划的标准与流程,推进我国职业院校教师专业化发展进程。通过对教师专业化发展研究视角的文献进行梳理,了解前人研究成果,丰富了本文研究的理论基础,为接下来的研究拓宽了视野。

(三)研究述评与思考

职校教师专业发展是一个较新的研究领域,研究的后备理论基础不足,仍需借鉴或移植普通学校教师专业发展的理论。从文献研究中可知,在教师专业化发展中,教师专业知识技能弱、学习热情低等等,都是较为普遍的问题,也是职业学校教师专业化发展过程中最需要关注和努力的方向。

1. 相关研究取得的成果

纵观国内外研究现状,国内和国外学者皆为教师专业化发展研究做出了贡献,取得了一定成果。一是研究的着眼点多元化,从学科、专业、个案分析、不同视角等方面进行了探索,扩大研究领域;二是在教师专业化内涵、专业化标准、核心素养、发展理论、发展阶段等方面的研究不断取得突破和创新;三是在对教师专业化发展现状和问题的研究中,提出了较为有效的发展模式和发展途径,为教师专业化发展做出不可磨灭的贡献。

2. 当前研究存在的不足

在深入研究过程中,我们不得不承认,关于职校教师专业化发展的研究还存在较多不足之处,具体表现为以下几个方面。

一是研究对象针对性较弱。大多数为针对普通院校教师专业化的研究,为数不多的有关职业教育教师专业化的研究也多是针对高职院校教师,而关于中职教师专业化研究成果却显得较为匮乏。长此以往,根本无法适应我国职业教育迅猛发展态势和广大职业学校毕业生的现实需求,亟待进一步加强。

二是研究深度不足。当前我国职教教师专业化发展研究还不是非常深入,未形成体系,很多职校还没有形成本校教师专业化发展的特色途径,更多的是不加思考、没有结合实际地照搬各类高校或普通中学教师专业化发展途径。但是由于职校的办学形式、办学思想以及人才培养方式、目标都与高校或中学有着本质区别,因此教师专业化发展策略也应该有所侧重。

三是研究质量总体偏低。在中国知网(CNKI)数据库以"职校教师专业发展"或"职业教育教师专业化"为主题词进行检索核心期刊发表的文献相对较少,说明我国职校教师专业化研究水平总体偏低。

四是研究方法有待进一步规范。现有的教师专业化发展研究方法多为经验性总结或理论推理,整个研究的历程中可以看出,国内外研究目前都已经注意到了职业院校教师专业化发展概念的特殊性,但更强调技术实践能力的发展。在研究方法上,理论研究居多,针对职校教师专业化发展的实践研究目前还不是特别充足。

3. 追本溯源中发现启迪

黄炎培是我国近现代史上著名的教育家和政治活动家。作为我国现代职业教育的开山者,他提出职业教育的目的是"谋个性之发展,为个人谋生之准备,为个人服务社会之准备,为国家及世界增进生产力之准备"的理念,高度概括了职业教育的重要作用;他倡导的"使无业者有业,使有业者乐业"的理念,指明了职业教育的最高理想;他推崇的"手脑并用,做学合一""理论与实际并行,知识与技能并重"的理念,从本质上明确了职业教育的教学原则;他提出的"大职业教育主义"的思想,改变了单纯就职业教育办职业教育的缺陷,把职业教育纳入到了整个社会发展的运行机制中。黄炎培的这些思想理念在今天依然有着十分重要的现实意义,值得我们深入思考、研究和在实践中发扬光大。正如民建中央副主席、上海市政协副主席、民建上海市委主委、上海市中华职教社主任周汉民曾在专栏中表示:职业教育是产业发展的基础和动力。100 年前,黄炎培联合教育、实业界人士,以"使无业者有业,使有业者乐业"为宗旨创建了中华职教社,有力地推动了当时的全国性职业教育。新中国成立到改革开放前,面对层层封锁,我国从无到有,建立了以国营企业为主的自主制造体系,同时,建设了与此相适应的,以企业、行业为主、多层次的职教体系。周汉民强调"迫切需要建立与'中国制造 2025'相适应的新型职业教育体系。该体系应当目标清晰,即为'中国制造 2025'服务;应当主体多元,即企业为主,高校、政府、社会共同参与;应当创新办学理念,即开放共享、理工融合、脑手兼顾、高质高端;应当保持师生组成的独特性,即由有志于培育和从事'中国制造'事业的专业人员群体共同组成;应当科学合理地规划教学要素,即坚持立足自主、行业协同、广征博引的教学原则",新时代呼唤新体系,产业升级的形势下,职校教师专业化发展也显得尤为重要。

2022 年的全国政协十三届五次会议上全国政协委员、上海中华职教社常务副主任胡卫也提出,"高质量的职业教育必须要摆脱狭窄与技术和技术上狭窄的困境,既要教做人,也要教做事,既要学文化,也要学技术,让我们学生既有学头又有盼头,还有奔头。"因此也要求职校教师们"既能教做人,也能教做事,既要教文化,也要教技术",看似简单,实则对职校教师专业化有着深刻的要求。"黄炎培职业教育思想对教师专业化发展的现代启迪研究"课题组希望在国内外研究的基础上,重点从黄炎培职业教育的内涵中发掘职校教师专业化发展的路径,在追本溯源的过程中,结合现代实践,探索可行性发展之路。

教师是理想与现实、理论与实践之间的转化者。正如,钟启泉教授在

《"教师专业化"的误区及其批判》一文中所言的那样,"教育和课程改革的最大挑战是'教师专业化''课程即教师',课程改革的成败最终取决于教师。"职校如何抓住"教师"这个关键,有效地提升其专业化水平,帮助教师们捕捉专业发展的核心因素,抓住专业发展的关键事件,学会重视对专业养成与专业角色的自我反思,对教师、学校、教育管理部门层面都是层层考验,也值得更多的研究者们,在更广阔的视角、更健全的机制等方面深入实践与探索。

三、现状调研

(一)调查目的

作为国民教育的重要组成部分的职业教育,应当将教师专业化作为提升职业教育教师水平、提高职业教育教学质量的重要手段。因此,研究职业教育教师专业化发展的问题是我国职业教育发展的必然,也是时代的呼唤与回应。

坚持专业化发展,才能提高我国职业教育的质量和水平。教师是学校的灵魂,学校的教育质量直接取决于教师的质量。只有加强职业教育教师的专业化发展,大力提高职业教育教师的专业素质,才能打造高质量的职业教育品牌。相反,如果没有一支素质精良、乐于奉献的职教师资队伍,就不能培养出满足现代化生产需要的高技能、高技术人才。职业教育的职业性、实践性、技术性和社会性不仅要求教师要具备一定的教育理论和专业知识,而且还要具有一定的专业技术或技能,并要求教师要把自己所掌握的熟练的操作技能和技巧,依据教育规律,有目的有计划地传授给学生,为他们所掌握,并实现知识与技能的有机整合。要求教师在其专业教学实践中必须不断地进行学习,学习新的专业知识和专业技能,学习新的教育理念,促进个人的可持续发展,进而促进职业教育教师专业化的发展。随着科学技术进步的加快和产业结构的优化升级,高新技术产业不断涌现,新型服务业层出不穷,社会对职业教育培养的人才技术含量要求在不断提高,对职教教师的知识结构、知识体系和知识层次都提出了新的要求。要发展现代化的职业教育,就要求教师的专业化程度不断提高。

本次问卷及访谈调查旨在了解中职校教师专业发展的现状,了解他们专业发展的基本情况及主要现状和问题。本调查预期在统计结果的基础上发现问题并结合访谈进行合理化分析,以把握职校教师专业化发展的基本状况与特征,并在通过后续有针对性的培养工作的开展,不断提升职校教师的专业化水平,促进职业教育蓬勃发展。

(二)调查方法与工具

本次调研采用了《上海市浦东新区职校教师专业化发展调查问卷》对93名教师进行了调查,涉及了文化课、专业理论课以及专业技能课的教师。本次调查共收回有效问卷93份,回收率100%。问卷内容共设计了31个选择题。主要内容包括以下四个方面:①个人基本信息;②专业理念;③专业知识与能力;④专业发展等,以了解教师们基本的情况以及遇到的困难等。

本次调研运用问卷统计平台的自动数据汇总功能,在对有效问卷进行筛选后采用excel进行基本统计和图表分析。同时,为了深入了解中职校青年教师发展内驱力不足的各方面因素,对职校教学管理层的领导开展了深度访谈,收集研究对象更真实更具体的信息,以弥补问卷调查的不足。访谈内容基本按照访谈提纲进行,根据访谈情景做了适当灵活的调整,并对访谈内容做了详细的记录。

(三)问卷的统计结果与分析

1. 基本信息及发展理念分析

1)年龄结构等基本信息分析

教师队伍的性别、年龄、教龄、职称、学历、来源渠道、专业背景等因素在某种程度上反映了教师队伍的整体平衡性、专业水平和业务能力。因此,对教师队伍结构情况的分析,能够反映教师专业化发展水平。在性别结构方面,男教师有17人,占比18.28%;女教师有76人,占比81.72%,这与本校性别结构相似;在年龄结构方面,31~50岁的中青年教师居居多,占比达65.59%;30岁以下的和50岁以上的占比分别为15.05%和19.35%。老中青年教师比例为1∶4.36∶1.29。本科学历的教师占比79.57%,教龄在11年至30年的占比62.37%。整体来说,年龄结构基本合理,教师队伍较为合理,相对来说,本校参与调研的教师,教学经验相对丰富,队伍相对稳定。

2)职校学校教师对国家和上海市职业教育规划的关注度

职校教师对教育领域政策规划的关注度体现了其专业化意识的高低。本校教师对教育规划的了解程度从高到低分别为"了解""一般""非常了解""不了解"四个层次,占比分别为 41.94%、37.63%、12.9%、7.53%(如图1 所示)。而教师主要通过培训学习获取信息,其次是参加会议、文件、网络学习等方式(如图 2 所示),说明大部分教师对教育法规的了解程度不是很深,平时也没有主动关注,态度较为被动,从访谈也了解到,多数培训的项目是由学校内部及外部组织的,而教师通过网络、文件主动学习的程度还不算太高。

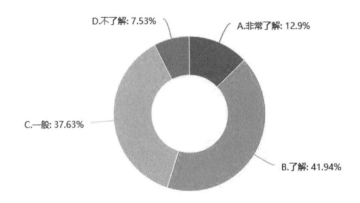

图 1　职校教师对国家和上海职业教育规划等了解程度

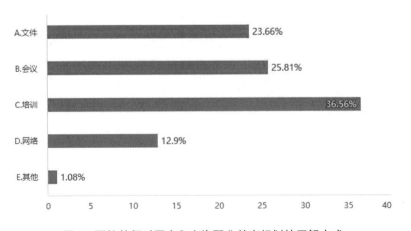

图 2　职校教师对国家和上海职业教育规划的了解方式

3)职校学校教师对"双师型"教师与"终身学习"的认同情况

在认同"双师型"教师是教师专业化发展的重要组成部分方面有四种不同的意见,分别为非常同意(占比 23.66%)、同意(占比 55.91%)、一般(占比 13.98%)、不了解(占比 2.15%)、不同意(占比 4.3%),说明"双师型"教师普遍得到大家认可,但仍有一小部分教师不赞同或是不了解(如图3 所示)。从图4 中可以看出,96.77%(A、B 两项)的教师认为专业化发展过程中或是工作过程中需要进行终身学习。其中18.28%的教师认为仅仅是为了满足学校工作需要,3.23%的教师认为作用不大或完全没有作用,说明大部分教师能够正确认识终身学习对自身专业化发展的促进作用。

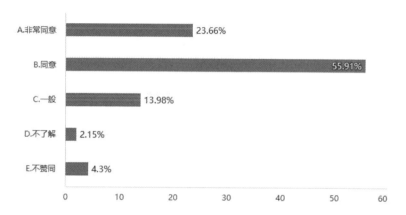

图3　职校教师对"双师型"教师的认同程度

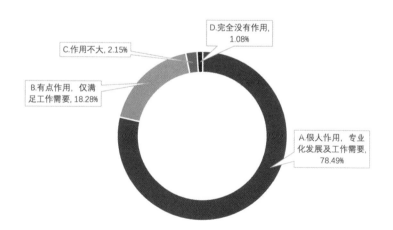

图4　职校教师对"终身学习"的认同情况

2.专业化发展状况分析

1)职校教师对当前工作的满意程度

从图5的数据分析中可知,仅有5.38％的教师对当前的工作持"非常满意"态度;45.16％的教师持"满意"态度;40.86％的教师认为"一般";8.6％的教师"不太满意"。经过对比,持积极态度(非常满意、满意)的教师占比50.54％,持消极态度(一般、不满意)的教师占比也较多,说明教师的满意程度还有很大提升空间。教师的满意程度直接决定其教育教学的态度与行为,我们也应该通过访谈等,深入了解教师们不太满意自己工作的深层次原因,找准问题,分析对策,从而让教师们以更加积极的态度面对职业教育事业。

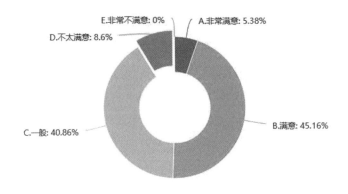

图5　职校教师对当前工作的满意程度

2)专业知识与能力分析

从整体来看,专业知识领域总平均分值为3.88,低于4,说明本单位教师的专业知识处于一般水平偏上,提升空间非常大。逐项分析发现,教育学与职校生身心发展基本理论和方法得分是3.98;职业教育相关的政策、法规得分是3.84;人文社科与自然科学常识的得分是3.89;学科/专业的课程标准及课程资源的开发方法为3.84;多种类型的教育教学方法为3.84。不难发现,各项能力中平均值最高的仅为3.653,最低的为3.442,没有一项得分超过4分,说明教师专业知识总体良好,但仍需进一步提高。

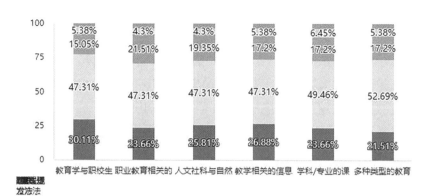

●1　●2　●3　4　●5（从上到下）

图 6　职校教师专业知识得分

根据图 6 数据从整体分析,可知专业能力领域总平均分值为 3.91,低于 4,说明教师的专业能力与专业知识一样,处于一般偏上水平,需要进一步提高。

逐项分析发现,教案设计等教学计划与设计能力的得分是 3.99;多媒体应用等教学组织与实施能力的得分是 3.9;教学效果评估能力的得分是 3.94;专业实操能力的得分是 3.88;教研能力的得分是 3.8;科研能力的得分是 3.361;自觉自学能力的得分是 3.92。可见,教师们认为教案设计等教学计划与设计能力相对较高;科研能力的得分最低,科研水平也是大部分职校教师普遍存在的问题。多媒体应用能力在各项能力占比中处于中等水平,但在访谈过程中,教师们表示,他们所理解的是使用多媒体进行常规教学的能力,与信息化教学的真正内涵差距较大;专业实操能力仍然低于 4 分,总体水平不是很高,但作为职校的专业课和实习指导教师,理应每位教师都能掌握实操技能;校企合作是学校人才培养的一个重要途径,要求教师具备较强的行业联系能力。实操性是中职学校人才培养质量的一个重要标志,要求教师自身具备丰富的实操经验。但从数据中可以看出,职校教师的专业实操能力和教学科研能力的情况都不太乐观,需引起学校足够的重视。

3)职校教师参与科研的情况

经调研发现教师的科研参与率不高,其中教材编写方面,教师的参与率比较低,从未参与的人数有 54 人,占比 58.06%;主编有 6 人,占比 6.45%;副主编有 5 人,占比 5.38%;编写人员有 34 人,占比 36.56%。在作为第一作者发表论文方面,发表普通期刊居多,占比 70.97%;其次为"未发表的经验交流论文"和"从未撰写",总共占比 34.41%。而发表核心期刊以上的高质量论文较少,综合占比 7.53%,不足五分之一。在主持和作为成员参与教研课题方面,大部分没有主持过课题,占比为 54.84%;其余教师参与的多为校级课题,占比 34.41%,参与的区级及以上课题占比 38.7%,市级及以上课题占比 19.35%。综合以上三项分析,没有参与教材编写和没有主持教研课题、没有发表论文均占比较高,说明职校教师科研能力还有待进一步加强,需要采取行之有效的措施,提升教师科研能力,促进科研成果和教学内容相互转化。

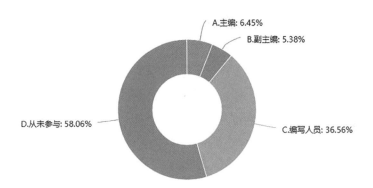

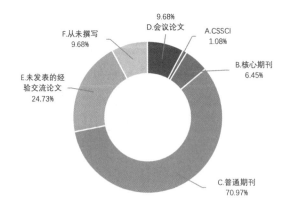

图 7　职校教师参与教材编写及发表论文情况

3. 专业化发展认知情况分析

1）关于职业发展规划的认知情况

职业生涯规划在教师一生发展中充当着"指南针"的角色，是教师发展的指向标，能够不断给予教师幸福感、安全感和成就感，促进教师专业化发展。从图8可知，16％的教师认为教师职业生涯规划对教师专业化发展影响非常大；57％的教师认为比较大；26％的教师认为影响一般；1％的教师认为影响程非常小。显然，很多教师的专业化发展态度明显不太积极，不重视自身发展规划。

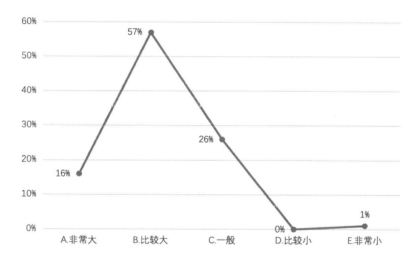

图8　职校教师认为职业生涯规划对教师专业化发展的影响程度

2）职校教师感觉自身不足情况

个人都有自我发展的需要，尤其是中职教师队伍，在职业教育知识技能更新换代周期短的情况下，职校教师更应该与时俱进，在不断学习中应万变。如图9显示，职校教师经常感觉自身不足的情况不多。20.43％的教师经常感觉到自身不足，68.82％的教师只是偶尔感到不足，还有10.75％教师从没觉得自身有不足之处。这一组数据表明，职校教师普遍安于现状，缺乏自我提升的动力，缺少自我反思。

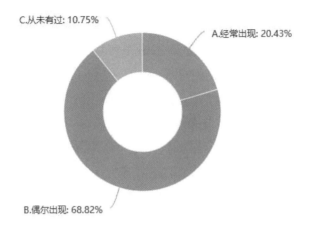

图9　职校教师感觉自身不足情况

3)职校教师参与培训情况

首先,在培训类型方面(见表1),教师从教后参加的培训比例从高到低依次是现代教育技术培训(81.72%)、专业知识技能培训(78.49%)、教育理论方面的培训(77.42%)、新教师岗前培训(69.89%)、新课程培训(60.22%)。参加现代教育技术培训的教师人数达到80%以上,但仍有很多教师表示想提升自身信息化教学能力,可能与培训效果不佳有关。

表1　职校教师参与培训的类型

培训类型	比例
G.其他	9.68%
F.没有参加过培训	2.15%
E.教育理论方面的培训	77.42%
D.新课程培训	60.22%
C.现代教育技术培训	81.72%
B.专业知识技能培训	78.49%
A.新教师岗前培训	69.89%

在培训次数方面(见图10),职校教师每年参加的培训次数处于"3 次

以下(含 3 次)"的居多,有 10.75%;4～6 次占比 47.31%;7～10 次占比 22.58%;10 次以上的占比 19.35%。总体来说,上海职业学校的教师们参与培训的次数不算太低。

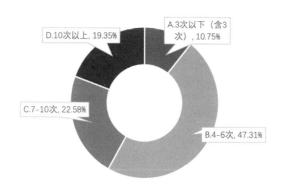

图 10　职校教师参与培训的次数

在培训效果方面(见图 11),63.44%的教师表示培训带来的帮助很大;11.83%的教师认为培训的帮助比较大;23.66%的教师觉得培训基本没有帮助;1.08%的教师认为培训完全没有帮助。综上,教师每年参加培训的次数不算少,但未能给教帅带来很大的实质性帮助,培训质量有待进一步加强。

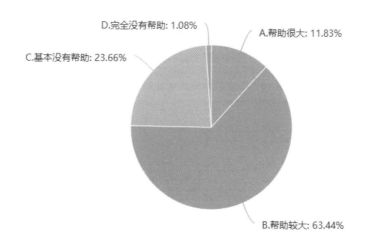

图 11　职校教师参与培训的效果

4)职校教师专业化发展困境

任何一件事物都要经历创立、发展、完善的一个过程,在这个过程中难免会陷入一定困境。职校教师专业化发展也不例外,作为还不被大多数人熟知的"职校教师专业化发展",当前面临着许多困境(见图12)。其中,最大的困境为评价激励机制不完善(占比 67.74%),其次依次为教师积极性不高(占比 54.84%)、培训体系不健全(占比 50.54%)、教师专业知识能力缺失(占比 29.03%)、师德师风建设欠缺(占比 16.13%),10.75%的教师认为教师专业化发展困境中还存在其他困难。除了要加快建立健全职校评价激励机制以外,教师培训体不完善、教师专业知识能力不足也成为较大困境。

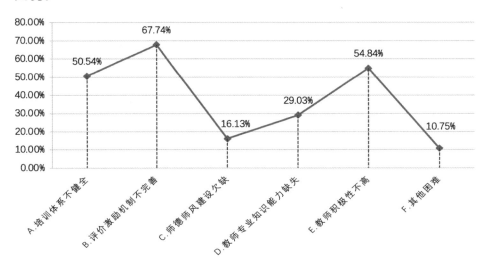

图 12 职校教师专业化发展的困境情况

(四)访谈的主要内容及结果

1. 对于职校教师专业化发展的理解

在访谈过程中,其实学校的领导等管理层面已经充分意识到职校教师专业化发展是制约职业教育发展的一个非常重要的因素,他们表示"职业教育的教师的数量和质量直接决定了一所职校的发展水平。在日常的工作中,职业学校的教师和普通学校的教师面临相同的问题,当然也有许多特殊的问题。与普通学校的教师相比,职业学校的教师不仅需要扎实的教育背景,优秀的教学能力,要具备相关的实践性和技术性的知识和能力,更需要掌握如何培养学生形成职业能力的技巧和方法。这也就要求职业学校的教师需要有专业化的发展,能够持续性地支持教师胜任自己的本职工作。总的来说:职业教育领域的教师的教育必须从实现其专业化发展的视角来研究和推进,只有这样才能真正符合职业教育和未来劳动力市场对人才的双重需求。结合访谈来看,从理论的视角,无论管理层面还是一线教师都能清楚地认识到职校教师专业化发展的重要性,相对来说,意识形态和行动路径方面要比理论认知层面弱一些,或者说存在信息不对称的现象。

2. 职校教师专业化发展所遇的困难

本单位在教师专业化发展方面从政策、制度的支持和导向下开展了系列工作,在经费等方面也给予了充分的支持,学校无论在教师竞赛还是教育科研等方面都产出了一系列的成果,但是从现状来看,还是存在一些弱项的,比如在访谈中了解到,学校专业教师专业实践能力较弱。中职专业教学,授课内容一般都是各行业的知识与技能,授课方式突出实训操作,培养学生的动手能力,这就要求专业教师不仅要有扎实的理论功底,还要有过硬的技能水平,而学校多数专业教师都是本科院校毕业后直接任教,或相关学科转型,同时具有企业工作经历和教育学背景的教师更是凤毛麟角。教师缺编,导致专业教师企业实践培训多是以参观、见习为主,不能实质性地参与岗位培训,故专业技能实践能力较弱。这一现象也和问卷调研的结果相对一致。

3. 黄炎培职教思想等方面认知情况

总体而言,学校的管理层相对来说对黄炎培及其思想有着比较简单的认识。大多数都知晓黄炎培是著名的职业教育家,是我国职业教育现代化的重要奠基人,被称为"中国职业教育之父"。黄炎培提出大职业教育观,对我国的职业教育发展有着非常重要的意义。他之前就曾提出,发展职业教育不能仅仅在学校,也不能只靠农、工、商;要相互合作,共同发展,要"做学合一""工读结合",才能更好地促进职业教育发展。他的职业教育思想在现代社会也不显得落伍,仍然能够给当今教师很大的启迪。如今对现代职业教育提出的校企合作、产教融合等发展理念,和黄炎培的职业教育思想有着很大的相似之处。

也有领导能够深入地了解到黄炎培职教思想中的教师观,能够知晓且理解黄炎培提出的"敬业乐群"的内涵。也看出黄炎培对教师的专业技能和师德方面提出了要求,"敬业乐群"对于现代职业教育教师的专业发展也是非常有启迪的,比如说教师的师德修养、知识能力、专业技能等多方面都需要不断学习和发展,他们在研究和学习的过程中,深受启发,表示学习黄炎培职业教育思想和他的教师观,对于现代职业教育教师的专业发展应该是非常有帮助的。要实施全面的职业教育,既要培养职业技能,又要培养职业道德与服务精神,既要学习科学知识,又要特别重视学习和实践能力的培养,手脑要联合训练。教师应该因地制宜,因材施教,不但着重对学生进行职业技能的培养,而且还要养成他们适于这种职业生活的习惯。他们认为学校和教育管理部门应多提供一些机会和企业让我们的教师去进修和培训,进一步提高教师的专业技能水平。

四、现代启迪

职业教育是人才培养的重要途径之一,而职校教师是职业教育的重要组成部分,其专业化程度直接关系到职业教育的质量和水平。黄炎培是中国现代教育事业的奠基人之一,他的教育思想对中国教育的发展产生了深远影响。他的职业教育思想是其教育思想的重要组成部分,对于职业教育的发展有着深刻的启迪。本文将围绕黄炎培职业教育思想对职校教师专业化发展的现代启迪展开论述。

(一)黄炎培职教思想渗透的方法论

黄炎培职业教育思想的基本特点是关注实践和应用。他认为,职业教育是为了培养学生掌握一定职业技能,适应社会经济发展需要的教育形式。因此,职业教育的核心是实践和应用,而不是理论和概念。他主张职业教育要注重实践教学,使学生在实践中掌握技能,从而提高职业素质和能力。在黄炎培看来,职业教育的目标是培养学生的职业素养,使其具备适应社会经济发展的能力。因此,职业教育应该注重职业素养的培养,而不是单纯的知识和技能的传授。

1. 以人为本

黄炎培将"以人为本"的价值观引入职业教育理念之中,并提出"谋个性之发展""为个人谋生之准备""为个人服务社会之准备""为国家及世界增进生产力之准备"的职业教育目的,旨在实现"使无业者有业,使有业者乐业",点明了职业教育以就业为导向、服务社会的根本宗旨,也深刻反映出黄炎培职业教育思想把握民族发展的轨迹、致力于中国现代化道路探索且顺应世界发展趋势的特征,同样展示出了职业教育为国家培养人才的本质。此处的"以人为本"也体现出,黄炎培的职业教育思想不仅仅取得某种社会职业资格的教育,而是一种综合职业能力的培养,它包括品德、职业道德、职业知识、职业技术技能技巧,以及从事这种职业所必需的实践经验,是以提高全民族职业素质为宗旨的。总之,无论是他的"职业陶冶教育"观念还是其"职业补习教育"的思想都渗透了浓厚的"以人为本"的理念。

2. 敬业乐群

周汉民主编、上海科学技术文献出版社的《敬业乐群:黄炎培职业教育思想读本·教师篇》收集整理了黄炎培在指导、实践和研究职业教育的过程中形成有关职业教育教师观的书信、言论、观点,内容深刻且丰富,书中明确了敬业乐群体现了教师的职业态度。"敬业"就是要热爱从事的职业,树立正确的职业观,并尽心尽责地干好,为社会和人类做贡献;"乐群"就是要有高尚情操和群体合作精神。同时,"敬业乐群"也是黄炎培提出的职业道德教育的基本规范,"所谓'敬业',是指'对所习之职业具嗜好心,所任之事业具责任心'……所谓'乐群',是指'具优美和乐之情操及共同协作之精神'"。黄炎培在提倡职业教育时十分注重道德教育,他在《〈学生自治号〉发行的旨趣》一文中明确提出只教学生职业,而不重视精神陶冶,这种"器械的教育"最好的结果"不过造成一种改良的艺徒,决不能造成良善的公民"。黄炎培的职业教育思想,尤其是其职业道德教育也随着教育实践的深入和社会的进步发展,不断地充实和丰富。他始终将职业教育与道德教育与紧密联系,力戒只见物不见人、只见个人利益不见民族大义的狭隘的职业教育。

3. 做学合一

黄炎培职业教育思想的基本特点是关注实践和应用。他认为,职业教育是为了培养学生掌握一定职业技能,适应社会经济发展需要的教育形式。因此,职业教育的核心是实践和应用,而不是理论和概念。他认为当时中国教育最大问题是学校教育中存在重理论轻实践的弊病,因此,他提出"实习非所注重,则能力无自养成"的观点,应"打破平面的教育,而为立体的教育……改文字的教育,而为实物的教育"。他提出通过"手脑并用""做学合一""理论与实际并行,知识与技能并重",才能让学生们得到真正的职业训练,才能掌握所需的职业技能。他主张职业教育要注重实践教学,在实践中掌握技能,从而提高职业素质和能力。这一倡导在当时的中华职业学校实施后,获得了极大的成功,也深受实业界的欢迎,毕业生供不应求。而"做学合一"对现代职校的教师和学生都同样受用。对于教师来说,从单方面的"讲授"转化为"讲做合一",要通过走入行业、生产管理或者服务第一线,锻炼成为"双师型"的教师。对于学生来说,要从单方面的"听学",转化为"做学合一",在校企合作、产教融合中,突破学校的小环境,在更大的场域内,获得模拟训练或者真实的实践操作。

4. 科学至上

"职业教育,直接求百业的进步,间接关系民生国计大问题,并不会在科学以外,别有解决的新办法。"黄炎培认为可以用科学的态度以及科学的方法解决职业教育上的种种问题,他的"用科学解决百业有进步;不用科学解决,百业无进步"也充分体现了他"科学至上"的理念。他还提倡运用职业心理学来选择和介绍职业标准。在实践中,中华职业教育社重视科学,学习德国的先进方法,制作了七种职业心理测验器,并运用到招生工作中去,提高了中国职业教育的科学化。

(二)职校教师专业化发展的现实困境

教师是学校的灵魂,学校的教育质量直接取决于教师的质量。只有加强职业教育教师的专业化发展,大力提高职业教育教师的专业素质,才能打造高质量的职业教育品牌。相反,如果没有一支素质精良、乐于奉献的职教师资队伍,就不能培养出满足现代化生产需要的高技能、高技术人才。随着产业结构的不断优化升级、科学技术的进步,信息技术的飞跃,高新技术产业的不断涌现,新型服务业层出不穷,社会对职业教育培养的人才技术含量要求在不断提升,从而对职校教师的知识结构体系及层次等都提出了新的要求。要发展现代化的职业教育,就要求教师的专业化程度不断提高。而且,鉴于职业教育的职业性、实践性、技术性和社会性等,不仅要求教师要具备职业教育理论与专业知识,而且还要具有一定的专业技术或技能,同时教师们必须在其专业教学实践中不断地进行学习,学习新的职教精神与理念,学习新的专业知识和专业技能,以促进个人的可持续发展,进而实现职校教师专业化的发展。在研究黄炎培职教思想的过程中,笔者也在本单位进行了简要的调研与访谈,以了解当下教师专业化发展的主要困境,以小窥大,就本单位的调研与访谈可以看出以下几个问题。

1. 教师队伍结构有待进一步优化

虽然教师本科学历比例居于中上水平,但也没有达到《教育改革发展纲要》提出的"中等职业学校本科以上学历的教师必须达到百分之百"的目标,不利于教师专业化发展,影响教师整体专业水平的提升。另一方面,职校教师职称层次不高,高级职称教师占比较少,且其中以副高职称居多。教师的学历和职称水平与教师专业化发展息息相关,一般高学历、高职称教师的专业知识、专业能力相对较高,专业发展目标也较为清晰。尤其是参与调研的教师以中青年为大多数的情况下,高级职称教师占比不高,可见教师专业化发展的路径有待进一步畅通。

2. 专业化发展意识有待进一步强化

大部分教师主要通过参加培训或者会议的方式来了解职业教育发展的情况,基本属于被动接受的状态,而没有通过文件、网络或者其他主动学习的方式来汲取政策或者理论知识。在访谈中也了解到,教师主要通过校内外培训等途径大概了解相关政策,主要靠专家讲座中了解到,或者在新闻中略有耳闻,真正研读并思考的情况比较少,即便少部分教师有过相关思考,但未能与自身专业化发展联系起来,说明教师专业理念认识不足,专业化发展意识淡薄、较为被动,没有内化为自身需求。

3. 专业技能有待进一步提升

作为一名新时代教师,又正值"互联网+"时代,信息化教学手段普及率越来越高,教师们参与信息技术培训的机会也越来越多,但是培训的效果,或者说教师们后期自己复习巩固的效果有待进一步考量。尤其是当下仍处于后疫情时代,在线教学,在线辅导都比较常态,还需要教师们将培训的技能切实转化为实际的运用。此外,当前大部分教师表示已经可以胜任基本的教育教学工作,但科研能力是自身弱势,很多教师科研基础薄弱、科研方法匮乏,加上教学任务繁重空余时间少,很少参与相关课题和论文写作,只有在职称评定或学校硬性要求时,才会打起精神来应付。随着教育现代化进程持续推进,"科研兴校""科研兴教""科研强校"的观念深入人心,学校加大教育科研力度,教师提高科研能力已经成为心照不宣的事情。虽然职业教育突出职业性,但是通过教学研究才能更进一步提升教育教学水平与质量,教师们有教科研的压力,同时也要进一步转化为内生的动力,从而更好地实现教科研能力的提升。

4. 专业发展态度有待进一步端正

多数教师还未能认清当前发展现状与自身专业水平,缺乏专业发展动力。对自身发展和学生学习效果没有过多想法,缺乏长远的职业生涯规划,或者有想法,但是缺乏有效的实施思路和合理科学的适合自身的发展路径。相反,教师们最关心的莫过于职称评审问题,因为职称与工资待遇、社会地位等切身利益直接挂钩,算是给他们本就枯燥的教学生活增添一丝希望。然而,职称评审只是教师专业化发展的一部分,即使职称评得快、工资涨得高,远不及提高教师自身水平的要求。

(三)黄炎培职业教育思想的现实启迪

1. 提升专业化发展的主体意识

黄炎培秉承"实业救国"与"教育救国"理念,在实践"职业教育"理想的道路上不畏艰险、勇于探索、孜孜不倦。黄炎培穷毕生精力奉献于我国的职业教育事业,为现代教育制度的建立,特别是现代职业教育的创建和发展,做出了不朽的功勋。正如有研究者所说的那样,"当前世界经济飞速发展时代变化日新月异但各种思潮和不良风气正在涌现,职业教育界也出现急功近利、唯利是图、浮夸不实等苗头,职业教育发展还存在许多现实问题,正因为如此,黄炎培的职业教育精神才像一面镜子、一股清流,是职业教育发展的一盏明灯,借着它的光辉,可以把职业教育的目标和使命找回来正本清源,使职业教育真正还原为现代化人才培养的平台,真正成为中国和平崛起的动力。"黄炎培作为一名爱国知识分子,他始终以民族复兴为己任以"教育救国"为理念,在困境和磨难中坚持不懈推进职业教育,这种思想境界和探索精神是值得我们每一个教育工作者学习的。

为此,本单位还专门组织教师们前往黄炎培故居,开展参观学习活动,教师们认真观摩,通过图片、实物、影像等丰富史料的展现,重温了黄炎培当年工作、生活的场景,回顾了黄炎培为国奔走的一生,感受了职业教育的魅力,更重要的是希望教师们从直观的观摩见微知著,继续发扬心系祖国、热爱教育事业的崇高情怀,坚定初心如磐的理想信念,勇担教书育人的使命和职责。

2. 创设专业化发展的实践氛围

黄炎培职业教育思想的另一个重要特点是注重实践教学。他认为,职业教育的核心是实践和应用,而不是理论和概念。职校教师应当注重实践教学的设计和实施,将理论知识与实践技能相结合,为学生提供真实的职业场景和实践经验,从而更好地帮助学生掌握职业技能和提高职业素质。实践教学能力的提高是职校教师专业化发展的重要标志,对培养高素质技术技能人才也极其关键。

在这个信息时代,科技不断发展,新的教学方法和教育理论也在不断涌现,各个技术领域的知识内容不断进步,技术难度不断提升,针对这一现实状况,除了最基本的下企业行业实践锻炼以外,作为教师培养培训的主体,学校也可以发挥更多的能动性。比如,第一,邀请行业内的专家来学校开展专题讲座或研讨会,让教师们了解最新的行业动态和教育理念。第二,建立教师分享平台,鼓励教师们分享自身的实践教学经验和教学技巧。例如,教师可以在平台上分享自己的实践教学课堂教学设计和教学案例,以便其他教师可以参考和借鉴。第三,以赛促教,通过各类技术技能大赛的指导、教学比赛等设立教师奖励与评价机制,为教师的专业发展提供良性竞争平台,从而帮助教师们不断掌握最新的技术和实践方法,积累足够的实践经验。

3. 建立专业化发展的保障措施

在外部环境不断优化的同时,作为职校主体本身,也要从内部制度或者机制上,保障本单位教师专业化发展有畅通且合适的路径。笔者所在单位十分重视教师专业发展工作,有健全的教师队伍建设领导小组和管理团队,学校制定了《教师专业发展四年规划》,对规划的落实情况进行评价和监督。学校从提高教学质量和教育科研水平、促进教师专业发展、完善校本研修组织实施等方面着眼,制定了具有统领性、全局性的校本研修总目标,并将总目标分解为相关职能部门目标——教研组目标——教师个体目标,保证学校有序开展校本研修。学校制订了教师专业发展工作的年度研修计划,计划具有可操作性、发展性。组织全体教师撰写个人专业发展的三年规划,并为教师个人规划建立档案、对其进行跟踪考评。学校初步建立了《校本研修考勤制度》《校本研修考核评价制度》《校本研修总结交流制度和奖励制度》和《校本研修年检制度》且实施成效显著。

此外,学校设有教师专业化发展方面的师资培训专项经费,专款专用,为研究经费、教师培训、研训设备添置及维护等方面给予充分的保障,并确保师资培训经费逐年提升。教师外出培训,按规定报销有关费用。同时,学校每年向区教育局申报教师专业化实践能力提升项目,用于校外教师培训基地建设,开展教师企业实践培训,邀请企业优质人才到学校进行讲座,担任学校的校外专家,以促进我校教师向"双师型"师资的转化。在校本研修工作开展中,成立了由校长室、校办、教务处、教科研室、人事办、政教处共同组成的校本研修领导小组,加强对研修工作的领导、协调、管理。由校长亲自挂帅任组长,学校分管教学副校长、德育副校长任副组长,学校教务处副主任兼任师训专管员,负责具体师训工作。政府教育管理部门也非常支持,每年的项目申报都能成功立项,严格监督教师专业化发展项目开展的过程。

五、研究小结

黄炎培是我国近代职业教育的奠基者和推动者,他的职业教育思想和实践极具系统性、丰富性和深刻性,不仅极大地推动了当时中国职业教育的发展,而且对解决我国当前职业教育发展乏力、人才供需结构性矛盾、深化产教融合、促进多元合作等现实问题,具有积极的指导意义。黄炎培赋予职业教育改善人民生活状况、改变国家积贫积弱、实现民族复兴繁荣的重要使命,体现了他对教育实践承载国家责任的重要思考。教育总是关系社会整体的,职业教育更是联系教育与社会的核心纽带,在愈加重视教育对经济发展的驱动作用,强调高校转型发展、产教融合、校企合作的当下,如何发挥职业教育的重要作用,是传承和弘扬黄炎培职业教育思想的当代议题。

在本项目研究过程中,笔者和整个研究团队通过读书会、参观、专家讲座、培训、研读以及实践等多种方式,研究思考黄炎培职业教育思想的教师观,了解黄炎培整体的职业教育思想,同时对教师的要求以及观点有了更进一步的认识。当然这些认识基于上述实践与研修中,还有待进一步的挖掘与传播。本项目也在本研究单位得以充分的实践,无论是调研、参观还是讲座,都给学校教师们的意识层面带来了巨大的思考动力及鼓舞。他们在参观黄炎培故居的活动中认真观摩,通过图片、实物、影像等丰富史料的展现,重温了黄炎培当年工作、生活的场景,回顾了黄炎培为国奔走的一生,感受了职业教育的魅力。先辈亦如此,吾辈当自强!活动后教师们纷纷表示要传承先辈的优良传统,继承黄炎培"理必求真,事必求是,言必守信,行必踏实"的座右铭,用实际行动在工作中践行育人初心,勇担职教使命,成为新时代"四有"好老师,在推动现代职业教育高质量发展的新征程上贡献自己的力量。再如,学校特别邀请了上海市教育科学研究院研究员、博士后科研工作站合作导师、职业技术教育研究所原所长郭扬教授前来培训讲座,他结合黄炎培的"大职业教育"思想,梳理了我国职业教育的发展趋势和发展特点以及未来发展方向,此次培训为教师如何更好地开展教育教学提供了方向,为教师的育人责任及发展方向给予指引,对学校教师队伍建设起到了很好的促进作用。

虽然本研究还有诸多不成熟的地方,比如对教师发展现状的调研样本量较小,仅仅局限于本研究单位,同时结合职教不同专业的教师专业化发展的路径探索还不够具体,但是本研究重点期望以黄炎培职业教育思想的视角出发,从中挖掘一些普适性的教师发展理念,为现代职校教师发展提供一些,尤其是意识形态方面的启示。同时,二十大召开以来,上海市新陆职业技术学校一直把深入学习宣传贯彻党的二十大精神作为首要政治任务,加强统筹谋划,细化工作举措,通过讲、学、做一体推进,切实把师生的思想和行动统一到党的二十大精神上来,学校也以本研究项目的实践为契机,持续完善师资培养机制,建设一支师德高尚、业务精湛、教学水平突出的教师队伍,奋力担当作为,全面推动现代职业教育高质量发展,共同谱写职教改革发展新的篇章。

未来,职业教育将面临更加复杂和多样化的社会经济环境和教育需求,职校教师应当紧密跟随时代的步伐,不断学习和探索新的教学理念和方法,加强教育教学改革和创新,更好地适应社会的发展需要,为学生的职业发展提供更加优质和有效的教育服务。

参考文献

[1] 王彬.美国职教教师专业化述评[J].职业教育研究,2011(06):177-178.

[2] 陈曦萌.从职前培养回顾百年德国职教师资专业化发展[J].职业技术教育,2015,36(13).

[3] 张晓玲.德国职教师资专业化发展:沿革、内容、特征及启示[J].职业教育研究,2018(09):87-91.

[4] 罗平西.现代教育背景下的教师专业化特征及实现途径[J].教学与管理,2019(09):57-59.

[5] 陈熔,朱明苑.高职院校青年教师专业化发展现状与对策[J].教育与职业,2020(01):73-78.

[6] 王延文.教师专业化的系统分析与对策研究[D].天津:天津大学,2004.

[7] 计宏炜.中等职业学校电子技术类教师专业标准的理论构建研究[D].金华:浙江师范大学,2015.

[8] 杨春芳.关于中职教师专业化发展的现状与建议——基于天津市五所中等职业学校的调查[J].职教通讯,2011(17):75-80.

[9] 陆春桃,谭永平.高职院校教师专业化发展"以赛促培"模式的构建——以广西电力职业技术学院开展"教学比赛"为例[J].高教论坛,2015(04):70-72.

[10] 袁建伟.职业学校职业指导教师专业化现状及对策研究——以Z市某职业学校为例[D].扬州:扬州大学,2018.

[11] 张伟平.入职教育在高校新入职教师专业化发展中的作用及应用[J].开封教育学院学报,2018,38(03):134-135.

[12] 陶俊.论职业学校教师的专业化发展——以武汉市旅游学校为例[D].武汉:华中师范大学,2011.

[13] 刘东海,吴全全,闫智勇,徐纯.工匠精神视阈下职业教育教师专业化发展的困境和路径[J].中国职业技术教育,2019(06):86-91.

[14] 彭晓敬.基于PCK理论的职教教师专业化研究[D].长沙:湖南师范大

学,2014.

[15] 陈永花.专业需求视角下高职教师职业规划的标准与流程[J].教育与职业,2017(17):81-84.

[16] 田正平,周志毅.黄炎培教育思想研究[M].沈阳:辽宁教育出版社,1997:243.

[17] 黄炎培.《学生自治号》发行的旨趣[M]//成思危.黄炎培职业教育思想文萃.北京:红旗出版社,2006:185.

[18] 黄炎培,蔡元培,伍廷芳,等.宣言书[M]//成思危.黄炎培职业教育思想文萃.北京:红旗出版社,2006:209.

[19] 黄炎培.学校教育采用实用主义之商榷[M]//成思危.黄炎培职业教育思想文萃.北京:红旗出版社,2006:6.

[20] 徐国立.黄炎培职业教育思想及其对高职人才培养的启迪[D].福州:福建师范大学,2010.

黄炎培职业教育思想对职校教师
专业化发展的现代启迪

上海市新陆职业技术学校　张华　魏魏　王薇　李青青

摘　要：黄炎培是中国近代著名的爱国主义和民主主义教育家，中国近代职业教育的创导者。他的职业教育思想内容丰富且自成体系，尤其是"大职业教育思想"更是对当代职业教育具有重要启示。本文主要从黄炎培的"道德教育"和"教学原则"等方面入手，结合当前职业教育教师的专业化发展的困境，以黄炎培职业教育理念为依据，探讨一些能启发职校教师专业化发展的方法或路径。

关键词：黄炎培；职业教育；方法；教师专业化

职业教育是人才培养的重要途径之一，而职校教师是职业教育的重要组成部分，其专业化程度直接关系到职业教育的质量和水平。黄炎培是中国现代教育事业的奠基人之一，他的教育思想对中国教育的发展产生了深远影响。他的职业教育思想是其教育思想的重要组成部分，对于职业教育的发展有着深刻的启迪。本文将围绕黄炎培职业教育思想对职校教师专业化发展的现代启迪展开论述。

一、黄炎培职教思想渗透的方法论

黄炎培职业教育思想的基本特点是关注实践和应用。他认为，职业教育是为了培养学生掌握一定职业技能，适应社会经济发展需要的教育形式。因此，职业教育的核心是实践和应用，而不是理论和概念。他主张职业教育要注重实践教学，使学生在实践中掌握技能，从而提高职业素质和能力。在黄炎培看来，职业教育的目标是培养学生的职业素养，使其具备适应社会经济发展的能力。因此，职业教育应该注重职业素养的培养，而不是单纯的知识和技能的传授。

（一）以人为本

黄炎培将"以人为本"的价值观引入职业教育理念之中，并提出"谋个性之发展""为个人谋生之准备""为个人服务社会之准备""为国家及世界增进生产力之准备"的职业教育目的，旨在实现"使无业者有业，使有业者乐业"，点明了职业教育以就业为导向、服务社会的根本宗旨，也深刻反映出黄炎培职业教育思想把握民族发展的轨迹、致力于中国现代化道路探索且顺应世界发展趋势的特征，同样展示出了职业教育为国家培养人才的本质。此处的"以人为本"也体现出黄炎培的职业教育思想不仅仅是取得某种社会职业资格的教育，而是一种综合职业能力的培养，它包括品德、职业道德、职业知识、职业技术技能技巧，以及从事这种职业所必需的实践经验，是以提高全民族职业素质为宗旨的。总之，无论是他的"职业陶冶教育"的观念还是其"职业补习教育"的思想都渗透了浓浓的"以人为本"的理念。

（二）敬业乐群

周汉民主编、上海科学技术文献出版社的《敬业乐群：黄炎培职业教育思想读本·教师篇》收集整理了黄炎培在指导、实践和研究职业教育的过程中形成有关职业教育教师观的书信、言论、观点，内容深刻且丰富，书中明确了敬业乐群体现了教师的职业态度。"敬业"就是要热爱从事的职业，树立正确的职业观，并尽心尽责地干好，为社会和人类做贡献；"乐群"就是要有高尚情操和群体合作精神。同时，"敬业乐群"也是黄炎培提出的职业道德教育的基本规范，"所谓'敬业'，是指'对所习之职业具嗜好心，所任之事业具责任心'……所谓'乐群'，是指'具优美和乐之情操及共同协作之精神'"[1]。黄炎培在提倡职业教育时十分注重道德教育，他在《〈学生自治号〉发行的旨趣》一文中明确提出只教学生职业，而不重视精神陶冶，这种"器械的教育"最好的结果"不过造成一种改良的艺徒，决不能造成良善的公民"[2]。黄炎培的职业教育思想，尤其是其职业道德教育也随着教育实践的深入和社会的进步发展，不断地充实和丰富。他始终将职业教育与道德教育紧密联系，力戒只见物不见人、只见个人利益不见民族大义的狭隘的职业教育。

（三）做学合一

黄炎培职业教育思想的基本特点是关注实践和应用。他认为，职业教育是为了培养学生掌握一定职业技能,适应社会经济发展需要的教育形式。因此,职业教育的核心是实践和应用,而不是理论和概念。他认为当时中国教育最大问题是学校教育中存在重理论轻实践的弊病,因此,他提出"实习非所注重,则能力无自养成"[3]的观点,应"打破平面的教育,而为立体的教育……改文字的教育,而为实物的教育"[4]。他提出通过"手脑并用""做学合一""理论与实际并行,知识与技能并重",才能让学生们得到真正的职业训练,才能掌握所需的职业技能。他主张职业教育要注重实践教学,在实践中掌握技能,从而提高职业素质和能力。这一倡导在当时的中华职业学校实施后,获得了极大的成功,也深受实业界的欢迎,毕业生供不应求。而"做学合一"对现代职校的教师和学生都同样受用。对于教师来说,从单方面的"讲授"转化为"讲做合一",要通过走入行业、生产管理或者服务第一线,锻炼成为"双师型"的教师。对于学生来说,要从单方面的"听学",转化为"做学合一",在校企合作、产教融合中,突破学校的小环境,在更大的场域内,获得模拟训练或者真实的实践操作。

(四)科学至上

"职业教育,直接求百业的进步,间接关系民生国计大问题,并不会在科学以外,别有解决的新办法。"[5]他认为可以用科学的态度以及科学的方法解决职业教育上的种种问题,他的"用科学解决百业有进步。不用科学解决,百业无进步"。这充分体现了"科学至上"的理念。他还提倡运用职业心理学来选择和介绍职业标准。在实践中,中华职业教育社重视科学,学习德国的先进方法,制作了七种职业心理测验器,运用到招生工作中去,提高了中国职业教育的科学化。

二、职校教师专业化发展的现实困境

教师是学校的灵魂,学校的教育质量直接取决于教师的质量。只有加强职业教育教师的专业化发展,大力提高职业教育教师的专业素质,才能打造高质量的职业教育品牌。相反,如果没有一支素质精良、乐于奉献的职教师资队伍,就不能培养出满足现代化生产需要的高技能、高技术人才。随着产业结构的不断优化升级、科学技术的进步,信息技术的飞跃,高新技术产业的不断涌现,新型服务业层出不穷,社会对职业教育培养的人才技术含量要求在不断提升,从而对职校教师的知识结构体系及层次等都提出了新的要求。要发展现代化的职业教育,就要求教师的专业化程度不断提高。而且,鉴于职业教育的职业性、实践性、技术性和社会性等,不仅要求教师要具备职业教育理论与专业知识,而且还要具有一定的专业技术或技能,同时教师们必须在其专业教学实践中不断地进行学习,学习新的职教精神与理念,学习新的专业知识和专业技能,以促进个人的可持续发展,进而实现职校教师专业化的发展。在研究黄炎培职教思想的过程中,笔者也在本单位进行了简要的调研与访谈,以了解当下教师专业化发展的主要困境,以小窥大,就本单位的调研与访谈可以看出以下几个问题。

(一)教师队伍结构有待进一步优化

虽然本科学历居于中上水平,但也没有达到《教育改革发展纲要》提出的"中等职业学校本科以上学历的教师必须达到百分之百"目标,不利于教师专业化发展,影响教师整体专业水平的提升。另一方面,职校教师职称层次不高,高级职称教师占比较少,且其中以副高职称居多。教师的学历和职称水平与教师专业化发展息息相关,一般高学历、高职称教师的专业知识、专业能力相对较高,专业发展目标也较为清晰。尤其是参与调研的教师以中青年为大多数的情况下,高级职称教师占比不高,可见教师专业化发展的路径有待进一步畅通。

(二)专业化发展意识有待进一步强化

大部分教师主要通过参加培训或者会议的方式来了解职业教育发展的情况,基本属于被动接受的状态,而没有通过文件、网络或其他主动学习的方式来汲取政策或者理论知识。在访谈中也了解到,教师主要通过校内外培训等途径大概了解相关政策,主要靠专家讲座中了解到的,或者在新闻中略有耳闻,真正研读并思考的情况较少,即便少部分教师有过相关思考,但未能与自身专业化发展联系起来,说明教师专业理念认识不足,专业化发展意识淡薄、较为被动,没有内化为自身需求。

(三)专业技能有待进一步提升

作为一名新时代教师,又正值"互联网＋"时代,信息化教学手段普及率越来越高,教师们参与信息技术培训的机会也越来越多,但是培训的效果,或者说教师们后期自己复习巩固的效果有待进一步考量。尤其是当下仍处于后疫情时代,在线教学、在线辅导都比较常态,还需要教师们将培训的技能切实转化为实际的运用。此外,当前大部分教师表示已经可以胜任基本的教育教学工作,但科研能力是自身弱势,很多教师科研基础薄弱、科研方法匮乏,加上教学任务繁重空余时间少,很少参与相关课题和论文写作,只有在职称评定或学校硬性要求时,才会打起精神来应付。随着教育现代化进程持续推进,"科研兴校""科研兴教""科研强校"的观念深入人心,学校加大教育科研力度,教师提高科研能力已经成为心照不宣的事情。虽然职业教育突出职业性,但是通过教学研究才能更进一步提升教育教学水平与质量,教师们有教科研的压力,同时也要进一步转化为内生的动力,从而更好地实现教科研能力的提升。

(四)专业发展态度有待进一步端正

多数教师还未能认清当前发展现状与自身专业水平,缺乏专业发展动力。对自身发展和学生学习效果没有过多想法,缺乏长远的职业生涯规划,或者有想法,但是缺乏有效的实施思路和合理科学的适合自身的发展路径。相反,教师们最关心的莫过于职称评审问题,因为职称与工资待遇、社会地位等切身利益直接挂钩,算是给他们本就枯燥的教学生活增添一丝希望。然而,职称评审只是教师专业化发展的一部分,即使职称评得快、工资涨得高,远不及提高教师自身水平的要求。

三、黄炎培职业教育思想的现实启迪

(一)提升专业化发展的主体意识

黄炎培秉承"实业救国"与"教育救国"理念,在实践"职业教育"理想的道路上不畏艰险、勇于探索、孜孜不倦。黄炎培穷毕生精力奉献于我国的职业教育事业,为现代教育制度的建立,特别是现代职业教育的创建和发展,做出了不朽的功勋。正如有研究者所说的那样,"当前世界经济飞速发展时代变化日新月异但各种思潮和不良风气正在涌现,职业教育界也出现急功近利、唯利是图、浮夸不实等苗头,职业教育发展还存在许多现实问题,正因为如此,黄炎培的职业教育精神才像一面镜子、一股清流,是职业教育发展的一盏明灯,借着它的光辉,可以把职业教育的目标和使命找回来正本清源,使职业教育真正还原为现代化人才培养的平台,真正成为中国和平崛起的动力。"[6]黄炎培作为一名爱国知识分子,他始终以民族复兴为己任,以"教育救国"为理念,在困境和磨难中坚持不懈推进职业教育,这种思想境界和探索精神是值得我们每一位教育工作者学习的。

为此,本单位还专门组织教师们前往黄炎培故居,开展参观学习活动,教师们认真观摩,通过图片、实物、影像等丰富史料的展现,重温了黄炎培当年工作、生活的场景,回顾了黄炎培为国奔走的一生,感受了职业教育的魅力,更重要的是希望教师们从直观的观摩见微知著,继续发扬心系祖国、热爱教育事业的崇高情怀,坚定初心如磐的理想信念,勇担教书育人的使命和职责。

(二)创设专业化发展的实践氛围

黄炎培职业教育思想的另一个重要特点是注重实践教学。他认为,职业教育的核心是实践和应用,而不是理论和概念。职校教师应当注重实践教学的设计和实施,将理论知识与实践技能相结合,为学生提供真实的职业场景和实践经验,从而更好地帮助学生掌握职业技能和提高职业素质。实践教学能力的提高是职校教师专业化发展的重要标志,对培养高素质技术技能人才也极其关键。

在这个信息时代,科技不断发展,新的教学方法和教育理论也在不断涌现,各个技术领域的知识内容不断进步,技术难度不断提升,针对这一现实状况,除了最基本的下企业行业实践锻炼以外,作为教师培养培训的主体,学校也可以发挥更多的能动性。比如,第一,邀请行业内的专家来学校开展专题讲座或研讨会,让教师们了解最新的行业动态和教育理念;第二,建立教师分享平台,鼓励教师们分享自身的实践教学经验和教学技能;第三,以赛促教,通过各类技术技能大赛的指导、教学比赛等设立教师奖励与评价机制,为教师的专业发展提供良性竞争平台,从而帮助教师们不断掌握最新的技术和实践方法,积累足够的实践经验。

(三)建立专业化发展的保障措施

在外部环境不断优化的同时,作为职校主体本身,也要从内部制度或者机制上,保障本单位教师专业化发展有畅通且合适的路径。笔者所在单位十分重视教师专业发展工作,有健全的教师队伍建设领导小组和管理团队,学校制定了《教师专业发展四年规划》,对规划的落实情况进行评价和监督。学校从提高教学质量和教育科研水平、促进教师专业发展、完善校本研修组织实施等方面着眼,制定了具有统领性、全局性的校本研修总目标,并将总目标分解为相关职能部门目标——教研组目标——教师个体目标,保证学校有序开展校本研修。学校制订了教师专业发展工作的年度研修计划,计划具有可操作性、发展性。组织全体教师撰写个人专业发展的三年规划,并为教师个人规划建立档案、对其进行跟踪考评。学校初步建立了《校本研修考勤制度》《校本研修考核评价制度》《校本研修总结交流制度和奖励制度》和《校本研修年检制度》,且实施成效显著。

此外,学校设有教师专业化发展方面的师资培训专项经费,专款专用,为研究经费、教师培训、研训设备添置及维护等方面给予充分的保障,并确保师资培训经费逐年提升。教师外出培训,按规定报销有关费用。同时,学校每年向区教育局申报教师专业化实践能力提升项目,用于校外教师培训基地建设,开展教师企业实践培训,邀请企业优质人才到学校进行讲座,担任学校的校外专家,以促进学校教师向"双师型"师资的转化。在校本研修工作开展中,成立了由校长室、校办、教务处、教科研室、人事办、政教处共同组成的校本研修领导小组,加强对研修工作的领导、协调、管理。由校长亲自挂帅任组长,学校分管教学副校长、德育副校长任副组长,学校教务处副主任兼任师训专管员,负责具体师训工作。政府教育管理部门也非常支持,每年的项目申报都能成功立项,严格监督教师专业化发展项目开展的过程。

四、小结

未来,职业教育将面临更加复杂和多样化的社会经济环境和教育需求,职校教师应当紧密跟随时代的步伐,不断学习和探索新的教学理念和方法,加强教育教学改革和创新,更好地适应社会的发展需要,为学生的职业发展提供更加优质和有效的教育服务。

参考文献

[1] 田正平,周志毅.黄炎培教育思想研究[M].沈阳:辽宁教育出版社,1997:243.

［2］黄炎培.《学生自治号》发行的旨趣［M］//成思危.黄炎培职业教育思想文萃.北京:红旗出版社,2006:185.

［3］黄炎培,蔡元培,伍廷芳,等.宣言书［M］//成思危.黄炎培职业教育思想文萃.北京:红旗出版社,2006:209.

［4］黄炎培.学校教育采用实用主义之商榷［M］//成思危.黄炎培职业教育思想文萃.北京:红旗出版社,2006:6.

［5］黄炎培.我来整理整理职业教育的理论和方法［J］.教育与职业,1928(100).

［6］徐国立.黄炎培职业教育思想及其对高职人才培养的启迪［D］.福州:福建师范大学,2010:23－24.

黄炎培职业教育思想对中职校教师职业素养提升的启示

上海市新陆职业技术学校　张华

摘　要：我国职业教育的形成和发展，深受黄炎培职业教育思想的影响。在当今形势下，中职校教师如何提升职业素养，仍需要从黄炎培职业教育思想中汲取滋养。本文阐述了黄炎培职业教育思想对提升中职校教师职业素养的指导意义，从中得出启示。即中职校教师提升职业素养应达到四个方面的要求：学习"敬业乐群"理念，提升政治素养；坚持"以人为本"价值观，提升专业素养；加强"企业实践"制度，提升双师素养；牢记"职业操守"，提升人文素养。

关键词：黄炎培；中职教师；职业素养

近年来，随着全国职业教育大会的召开，新修订的《职业教育法》的颁布，职业教育在党和国家职业教育改革春风的引领下，迎来了前途广阔、大有可为的发展机遇。国家对职业教育的重视，也使得越来越多的学生进入职业学校学习知识和技能。中职校作为培养职业技能实用型人才的重要阵地，在推动职业教育发展中起着非常重要的作用。

职业教育事业的发展离不开教师的发展，职业学校教师的职业素养水平关乎着职业学校人才培养的质量，提升职业学校教师的整体素质，提高职业学校教师的职业素养已成为学校发展中的重要工作。

黄炎培的职业教育思想至今仍深刻地影响着职业教育的发展，当今中职校教师如何提升职业素养，我们从他的职业教育思想中能获得新的启示。

一、黄炎培职业教育思想对提升中职校教师职业素养的指导意义

以黄炎培为代表的职业教育先驱开启了我国近现代职业教育发展的

序幕。他很早就认识到职业教育在国民经济和社会发展以及人的全面发展中的重要作用,其职业教育思想博大精深,在当时紧扣中国实际,具有很强的指导性,即使放在当今社会也非常值得我们认真去研究探讨和学习。黄炎培的职业教育思想不仅为现代职业教育发展指明了方向,也为职校教师的发展模式指明了方向。如何利用其思想的现实指导意义,全方位提升职校教师能力与素质,提高职业教育的质量,为国家、为社会不断地输送全面发展的职业技术人才显得十分必要。

黄炎培的职业教育思想内涵相当丰富,其职业教育思想已经成为探求有中国特色职业教育发展道路的中国本土化的重要思想源泉。黄炎培以"敬业乐群"为核心理念的职业教育教师观要求职教工作者对己要刻苦奋斗、对群要精诚团结、对事要丝毫不苟,要始终如一地贡献于民族复兴大业,这在当代职业教育发展中,仍具有重要的指导意义。

黄炎培职业教育思想强化中职教师的实践导向。黄炎培的职业教育思想强调实践的重要性,这就要求中职教师不仅要具备丰富的理论知识,还要具备较高的实践技能。因此,中职教师应不断提升自己的实践能力,将实践教学作为教学的重要组成部分。

黄炎培职业教育思想激发中职教师的持续学习的动力。黄炎培的职业教育思想提倡"做学合一",这要求中职教师不仅要具备专业知识,还要具备跨学科的知识和技能。因此,中职教师应持续学习,不断更新自己的知识和技能,以满足学生的学习需求。

黄炎培职业教育思想引领中职教师不断提升创新素养。黄炎培的职业教育思想强调创新精神的培养,这要求中职教师不仅要有扎实的基础知识,还要具备一定的创新意识和创新能力。因此,中职教师应不断提升自己的创新素养,引导学生培养创新思维和创新能力。

在黄炎培职业教育思想引领下,在国家大力发展职业教育的新形势下,从中职学校教育教学改革的实际出发,提升中职校教师的职业素养应包括以下几个方面:政治素养、专业素养、双师素养、人文素养,做到一专多能,主动适应中等职业教育改革与发展的需要。

二、黄炎培职业教育思想对提升中职校教师职业素养的当代要求

（一）学习"敬业乐群"理念，提升教师政治素养

黄炎培一直在倡导"敬业乐群"，这就是职业道德教育中的基本规范。黄炎培认为职业教育不仅包括对职业技能的讲授与学习，还包括职业道德的培养与训练，二者是同时存在的，缺一不可。作为中职学校的教师，面对整体生源素质普遍不是很高，学习基础差，行为习惯也不是很好的学情下，要进一步加强对职业教育的深刻认识，明确教学是手段，育人是目的。教师不仅要教授学生知识和技能，更重要的是要教会学生怎么样做人，做什么样的人。教师承担着为党育人，为国育才，立德树人，培养德智体美劳全面发展的社会主义建设者和接班人、提高民族素质的崇高使命。因此，教师要将教书和育人有机地结合起来，真正做到既能教好书，又能育好人。在世界面临百年未有之大变局、中华民族伟大复兴战略全局的大背景下，教师要将教育初心紧紧系在党和国家、民族的伟大事业上，不断强化自身的责任担当，提升政治素养，热爱职业教育事业，能够深入研究本专业所蕴含的爱国情怀、法治意识、社会责任、文化自信、人文精神等要素，善于打通专业课程与思政课程自然融合的渠道，潜移默化中提高中职学生的思想政治觉悟，引发中职生的情感共鸣和价值共鸣。

（二）坚持"以人为本"价值观，提升教师专业素养

职业教育的核心是培养与时俱进的现代人。黄炎培将"以人为本"的价值观引入职业教育理念之中，提出"谋个性之发展""为个人谋生之准备""为个人服务社会之准备""为国家及世界增进生产力之准备"的职业教育目的，旨在实现"使无业者有业，使有业者乐业"点明了职业教育服务社会、以就业为导向的根本宗旨，深刻反映出黄炎培职业教育思想顺应世界发展趋势、把握民族发展的轨迹、致力于中国现代化道路探索的崭新特征，揭示了职业教育为国家培养人才的本质。

在新时代发展格局下，随着国家经济社会发展、区域产业调整和需求的不断变化，社会对专业技能型人才的要求也越来越高。职业教育作为与产业经济联系最紧密的教育，不仅要培养学生一技之长，满足个人发展，还肩负着为市场经济发展培养技能人才的任务。因此，职业学校的教师要能

够顺应时代发展,适应职业教育改革需要,主动接受新事物,敢于自我革新,用"苟日新、日日新、有日新"的空杯心态,不断获取新知,形成自身的知识体系,提升研制专业人才培养方案、修订课程标准、教材编写、课程开发、教学改革等专业能力,提升自身的专业素养。

(三)加强"企业实践"制度,提升教师双师素养

黄炎培提倡"手脑并用""学做合一",要求职业学校在教学过程中知行统一、智能并重,理论和实操相结合。只有这样,学生才能真正掌握一技之长,获得安身立命的本领,具备服务社会的能力。他的职业教育思想对现代教育也富有前瞻性、科学性、普遍性的启示。随着国家对职业教育的大力发展,对职业学校教师的职业能力也提出了更高的要求。教师不仅要有扎实的专业理论教学能力,还要有较强的实践指导教学能力。2020年9月,教育部等九部门印发了《职业教育提质培优行动计划(2020—2023年)》,其中将制定"双师型"教师基本要求作为健全职业教育标准体系的重要内容。因此,教师要主动参与产学研训一体化岗位实践活动,深刻理解学校通过深化产教融合,与企业共建"双师型"教师培养培训基地和教师企业实践基地,落实教师企业实践制度,制定教师下企业实践方案的意义。教师通过开展企业跟岗实践,了解企业的生产组织方式、工艺流程、产业发展趋势等基本情况,熟悉企业相关岗位职责、操作规范、技能要求、用人标准、管理制度、企业文化等,学习所教专业在生产实践中应用的新知识、新技术、新工艺、新材料、新标准等,切实提高自己的专业实践能力,提升双师素养。

(四)牢记"职业操守",提升教师人文素养

黄炎培职业教育思想的理论价值和实践意义已经得到社会各界的广泛尊重和认同。尤其是黄炎培的职业教育理念中对从事职业教育的教师有着很高的要求:要能够培养学生"金的人格,铁的纪律",要塑造学生"敬业乐群"的人格并使之成为现代化公民;教师要有"对己则刻苦奋斗,对群则精诚团结,对事则丝毫不苟,始终如一"的操守。黄炎培的职业教育教师观,在今天看来,仍然值得我们深入思考、研究和在实践中发扬光大。

面对党和国家对职业教育高质量发展的殷切期望,伴随着未来学生学习方式与教育形态的革命性变革,中职校教师的角色也将呈现出多样性与

专业性的结合,成为学生学习过程的领航员、学生学习的评估员、学生发展的交流者、学习资源的开发者和专业成长的自主学习者。因此,未来职业学校的教师必须具备更高的专业能力和更全面的综合素养。包括研究素养、创新素养、跨学科素养、信息素养等。教师综合素养的提升不是一蹴而就的,需要老师们在工作中不断学习和积累,唯有不断学习,才能丰富自己的专业知识和教育理论;唯有学会反思,从教学理念、教材处理、教学方法、教学方式、教学效果等方面反思教学目标的达成,养成写教学感悟、学习体会、典型案例、经验总结的习惯,才能提升教育的实践智慧。唯有学会制订学习计划,规划自己的专业发展,明确自己的职业目标,通过校本培训、自主学习等形式调动自我发展的内驱力,提升个人的综合素养,才能在未来的发展中遇见更好的自己,更好地实现个人价值。

三、结语

在当前职业教育处于"在改革中发展,在发展中提升"的内涵发展关键时期,黄炎培职业教育思想与新时代职业教育的使命一脉相承、一以贯之。提升新时代职业教育学校教师的职业素养,对推进我国现代职业教育的不断完善和高质量发展有着非常重要的意义。在实践中,我们应该将黄炎培的教育理念与中职教师的实际工作相结合,不断提高教师的专业素养和实践能力,以培养出更多具有创新精神和实践能力的人才。

参考文献

[1] 中华职业教育社.黄炎培与中国职业教育——黄炎培职业教育思想集萃[M].北京:高等教育出版社,2009.

[2] 周汉民.敬业乐群:黄炎培职业教育思想读本(教师篇)[M].上海:上海科学技术文献出版社,2014.

[3] 黄炎培,谢长法.职业教育论[M].北京:商务印书馆,2019.

工匠精神视域下黄炎培职业教育思想的当代启示

上海市新陆职业技术学校　　崔妍

　　摘　要：本文分析了工匠精神的内涵与要素，针对当代中职生对工匠精神的认知不足、职业认同感偏低、职业信仰缺失三大现状，结合黄炎培职业教育思想，得出对培育当代中学生工匠精神的三点启示，即职业教育培养目标："手脑并用"，培养知识型工匠；开展职业认同教育："作工自养"，涵养乐业工匠；开展职业信仰教育："敬业乐群"，铸就工匠人格。

　　关键词：中职生；工匠精神；工匠人格

　　改革开放以来，中国毫无疑问地成为制造业大国，但同世界先进制造业国家相比差距依然很大。从"中国制造"到"中国智造"的转变，关键在于质量，核心在于我们能否培养出具有工匠精神的制造业人才，大国制造需要大国工匠，作为培育大国工匠的基地，中等职业教育必须将工匠精神作为人才培养的重要内容。

一、工匠精神的内涵及要素

　　工匠精神是一种对待职业的价值取向与行动表现，即从业者对职业的敬畏与执着的追求、对产品与服务质量的精益求精和不断创新的过程。

　　弘扬工匠精神并非只是泛泛而谈的口号、标语，而应该落实在职业教育教学的过程中，反映在每一个中职生的思想和行动上。中职校在培育工匠精神的过程中必须首先明确工匠精神的基本要素，才能够有的放矢地涵养学生的"工匠人格"，塑造大国工匠。

　　笔者认为工匠精神的基本要素包括以下三个层面。

　　（1）职业道德层面。职业道德是工匠精神的核心要义，职业道德层面的工匠精神表现为爱岗敬业、无私奉献的敬业精神和恪尽职守、尽职尽责的责任意识。

（2）职业技术层面。对技术技能的不懈追求是工匠精神的本质所系，职业技术行为层面的工匠精神表现为专注于细节的钻研精神和勇于创新、大胆突破的创新意识。

（3）职业认同层面。对职业的认同与热爱是工匠精神的初心所在，职业认同层面的工匠精神表现为对职业的深度认同与精益求精、追求极致的职业信仰。

二、当代中职生工匠精神现状

在全世界寿命超过 200 年的企业中日本有 3146 家、德国有 837 家、荷兰有 222 家、法国有 196 家，它们的长寿秘诀正是代代相传的工匠精神。反观中国制造却被贴上了"廉价"和"低质"的标签，中国企业生产的产品不仅难以占领世界主流市场，甚至很多国人也开始不买"中国制造"的账而加入"海带"大军。在普遍的心浮气躁追求即时利益的不良社会氛围影响下，当代中职生普遍缺乏工匠精神，对工匠精神的意义与内涵严重认知不足，对未来职业缺乏认同感、职业信仰缺失显著。

（一）对工匠精神的认知不足

根据相关调查结果显示，中职生对工匠精神的认知存在明显不足。大部分学生对工匠精神的认知仅仅停留在知道、听说过、很重要等基本层面，对工匠精神的具体内涵却不甚了解，缺乏理性认识，往往将工匠精神具化为高端奢侈品品牌和高端技术品牌。

培育工匠精神、塑造大国工匠，已成为当前职业教育的共识，但由于受到现代工具理性思想的影响，当代职业教育片面地强调对学生职业技术技能的培养而缺乏对职业技术文化，即工匠精神的培育，尚未形成有效的工匠精神培育机制，往往停留在对工匠精神的口号式宣传，这正是当代中职生对工匠精神缺乏理性认知的重要原因之一。因此，完善工匠精神培育机制，将工匠精神培育贯穿于职业教育教学改革的全过程，是当前中等职业教育改革的重要着力点。

（二）职业认同感偏低

高度的职业认同是培育工匠精神的基础，然而，由于受到"劳心者治人,劳力者治于人"的传统观念影响,当代中国社会轻视技术技能型人才,甚至中职学生及其家长也将其自归为"底层",普遍缺乏职业认同感。

笔者在与学生的接触过程中发现,大部分学生认为上了职业院校就意味着当工人,是没有前途的,不过是为了混个工作干而已;有的学生来到中职是因为一时没有考好,来到这里也并不是为了学技术,而是为了考大学;有的学生即使毕业后去了一线,也只是把这个工作当作暂时的跳板,未来有机会还是要去当"白领"的。

"蓝领"与"白领"的划分,固化了人们对"劳力者治于人"的思维定式,同时也强化了中职生对其自身定位及其未来发展的不自信,使其缺乏对未来职业的认同感。《工匠精神》一书的作者亚力克·福奇在其书中指出:"只要有好点子,并努力把它实现的人都可以称之为工匠。工匠并不单指传统意义的手艺人,还包括使用现代技术工具,利用创新精神解决各种问题的发现者和发明家。"加强职业认同教育,帮助中职生及其家长跳脱出"劳力者治于人"的思维定式是中职院校弘扬工匠精神的题中应有之义。

(三)职业信仰缺失

工匠精神源于从业者对自身事业的热爱之心,对事业的热爱和热情是工匠们精益求精、不断进行技术创新的内在动力,这颗心正是工匠们的"职业信仰"。当前,社会整体氛围趋于浮躁,"一夜暴富"的新闻更是冲击着当代中职生的内心,使他们的职业观不断"利益化""物质化",而对职业发自内心的热爱却明显淡化,职业信仰普遍缺失。

笔者在平时的教学中发现,当代中职生职业信仰的缺失主要表现在就业观和择业观两个方面。在就业观上,普遍缺乏明确的职业目标,学习主动性不强,在课堂学习中只是照做,不去深究,缺乏职业理想与职业规划;在择业观上,往往过分强调工作环境和待遇,达不到心理预期便马上跳槽,功利化倾向明显。因此,中职院校在培育工匠精神的过程中,强化职业信仰教育是塑造大国工匠的当务之急。

三、黄炎培职业教育思想对培育当代中职生工匠精神的启示

提高当代中职生对工匠精神的理性认知,强化中职生的职业认同与职

业信仰教育,构建完善的工匠精神培育体系是当前中职院校进行工匠精神弘扬与培育的关键所在。黄炎培作为中国近代著名的职业教育家,提出了一套独特的职业教育思想,站在工匠精神的视域下,研究黄炎培职业教育思想,对进一步完善工匠精神培育体系有着重要启示。

(一)职业教育培养目标:"手脑并用",培育知识型工匠

中国古代读书人饱读圣贤书为的就是考取科举,走入仕途,光耀门楣。在这一思想的影响下,中国社会逐渐形成了"重学术、轻实践"的社会氛围,读书人只会"死读书"而"四体不勤,五谷不分"。黄炎培坚决反对旧教育"死读书、读死书""轻视实践、鄙视劳动"的教育体制,认为旧教育的弊端是导致近代以来中国落后于世界的根源所在。他提出教育必须坚持"手脑并用",坚持"做学合一""理论与实际并行""知识与技能并重",并以此为原则创办了近代中国第一所职业学校——中华职业学校。

真正的"工匠"并不等同于体力劳动者,而是知识、技术的践行者与创造者。正如黄炎培所说:"世界文明是人类手脑两部分联合产生出来的",没有手脑的联合就不会有生产力的进步,如果瓦特没有将发明"蒸汽机"的构想付诸实践,那么就不会有蒸汽机的出现,也不会带来生产力的第一次变革。然而,在与黄炎培提出"手脑并用"教学理念相距一个世纪之久的今日,国人"重致仕,轻职业""重学术,轻实践"的思想并未发生根本扭转,普遍认为就业的第一选择是"公务员""事业单位""国企"和"白领"。借鉴黄炎培"手脑并用"的教学原则,将培养"知识型工匠"作为人才培养目标,在教学内容中强调知识与技能的并重,合理安排专业基础理论学习的同时强调专业实践、引导学生在实践中发现问题、激发他们主动进行理论探知并利用所学知识解决问题、最终促进学生进行技术的创新与转化,在教学实践中培养学生的创新能力、学习能力,锻造"工匠素养"是帮助学生形成理性认知的基础,更是在用实际教学成果向社会证明"工匠"并非"治于人",有助于改变"劳心者治人,劳力者治于人"的社会认知。

(二)开展职业认同教育:"作工自养",涵养乐业工匠

在《职业教育该怎么办》一文中黄炎培强调,在糊里糊涂中将社会分做死读书老不用手的士大夫和死用手老不用读书的劳动者,是使学生贫于能力而富于欲望,有业者不能乐业的关键因素。他倡导"读书为做工""作工自养"，提倡"作工自养，是人们最高尚、最光明的生活"。"使无业者有业，有业者乐业"是职业教育的本质，然而，当前很多中职生由于受到传统观念的束缚而产生"自我矮化"的心理，对未来充满担忧与不确定，不能心无旁骛地学习专业技术，有的学生临近毕业却什么都不会，在面试中最基本的专业知识都无从应对，更谈不上乐业。借鉴黄炎培"作工自养"的主张，加强职业认同教育，在"手脑并用"培育"知识型工匠"的基础上进一步引导学生正确定位自身发展，在职业认同教育过程中，通过课堂教学及校园文化建设，宣传"大国工匠"的典型案例，让学生认识到，职业无分贵贱、职位无分高低，只要能够做出成绩，对社会有贡献，就会受到社会认可，从而帮助学生树立"劳工神圣""劳动光荣"的就业观和职业观，激发学生对成为"工匠"的自豪感，使学生能够安心学习、乐于学习，培养乐业工匠。

（三）开展职业信仰教育："敬业乐群"，铸就工匠人格

黄炎培认为职业教育培养的是具备爱国主义情操、热爱职业、乐于为他人与社会服务的"健全优良之分子"，指出"敬业乐群"是职业人格的核心，即要求受教育者认识职业之真义在服务社会，养成责任心，养成勤劳习惯，养成互助合作精神，养成理性的服从美德，并具有稳健的改革精神。他倡导学生爱国不废求学、求学不废爱国，提出"人生必须服务，求学非以自娱，无论受教育至若何高度，总以其能应用社会，造福人群为贵。"

工匠精神是一种对职业的极端信仰，在推进中职生对职业的认同感与归属感，涵养乐业工匠的前提下，塑造大国工匠更需要率先铸就工匠人格，即对职业的信仰。在"敬业乐群"人格教育思想的方向引领下，中职院校应在职业道德教育的过程中努力塑造中职生的爱国主义情操，具体而言即是一种创新为民、制造为民的职业追求，鼓励学生将"敬业乐群"作为自己的职业理想，将个人理想与实现中华民族伟大复兴的中国梦结合起来，刻苦学习专业技术，努力为社会服务，为实现制造强国而不断钻研、反复探索、精益求精。

参考文献

[1] 亚克力·福奇.工匠精神缔造伟大传奇的重要力量[M].杭州:浙江人民出版社,2014:7.

[2] 董爱国,李爱云.对黄炎培"敬业乐群"职业道德教育思想研究与思考[J].职业教育研究,2011(12).

[3] 孟源北,陈小娟.工匠精神的内涵与协同机制构建[J].职教论坛,2016(27).

学 习 篇

浅谈新时代工匠精神引领下
中职德育中责任意识培养

上海市新陆职业技术学校　陆浩磊

摘　要：本文认为中职体系内家校及学生的责任稀释或缺失背后是道德责任的不足。而通过工匠精神引领下的德育培养与宣传，在家、校、企业与学生关系中建立更有效的互联机制，可以有效解决道德责任的缺失问题，从而更好地培养学生的责任意识。

关键词：工匠精神；中职德育；责任培养

一、工匠精神引领下培养责任意识的必要性

心理学家曾经做过这样一个研究性试验：他们让一个工作人员在大街上模拟癫痫病发作，结果是：如果只有一个旁观者在场时，病人得到帮助的概率是85％，而有五个旁观者时，他得到帮助的概率却会降低到31％。这种现象在我们生活中很常见，我们称之为：责任稀释。同样，南郭先生的寓言故事我们都读过，我们给了四个字：滥竽充数。但是，滥竽为何可以充数，恰恰是在说明责任个体在变成责任集体的时候，个体是容易被集体所掩盖的，这种掩盖会被利用为个体因服务于整体而稀释个体责任的结果。从这个角度来看，把责任转移到他人身上是我们在集体中一种比较容易产生的惯习，在职业教育实践中时常也会看到此类情况的发生，并带来诸多相关问题的产生。因而在时代发展提倡工匠精神的背景下，用对于职业追求的一种高定义、高标准来对责任意识进行一次查漏补缺实则所需，且为必要。

二、时代背景下教育责任意识的实然性

在教育的责任问题上，长期存在着一个家校或不同教育者之间在学生

的教育成长过程中,到底是"你"负责还是"我"负责的问题,这在中职教育中似乎更为明显。传统的思维很简单:所有的责任都建立在一个基本的假定之下,那就是每个人都承担自己的责任。但什么是自己的责任?当我们讲个人责任的时候,事实上是很容易在这样两个主观判断下进行的:第一,事情与自己有没有联系,与自己没有联系,就缺失责任;第二,事情的发生,自己是不是能够控制?不能够控制的,就稀释责任。

从一线的职业教育实践来看,这种责任意识的淡化情况不仅没有减少,而且在不断根深蒂固,不仅是中职学生家庭方面,也存在于教育机构层面以及家校互动方面。同时我们可以清晰地感受到,这种意识下的责任担当存在显著的外排特征,即能不是我的责任尽量不是我的,而非工匠精神推崇之下的内在性驱动,即为了完成相应工作,尽量把与此相关范围内的任务都努力、积极做好,且一定担好责,显示为内吸的特征。例如我们看到全国性的或各省市地区举办的职业技能大赛中,师生一定是全力以赴的,责任缺失或责任稀释几乎不会在此发生,而且往往是师生包括家长相互鼓励、共同给力,且主动承担责任。反之,我们也遇到过老师认为家长把学校作为学生管教的全部,自己几乎不管不顾;或者家长觉得孩子就是在中职校学坏或出现问题的,老师怎么可以不上心等问题,表现出一方认为是另一方的责任,你却不担责的情况。

最著名的例子:汶川地震中的范美忠——范跑跑老师。我们很多人为什么觉得他有责任,他自己又为何不觉得有必需的责任。

因为责任的来源有两个方面:第一,身份或角色;第二,权利与权力。前者是责任意识来源的条件,后者是责任行为驱动的条件。即你是什么角色,你要行使什么权力,这种权力行为行使背后所带来的,就是我们所说需要承担的责任。范跑跑的例子中,你是老师,你教书育人、管理学生,你是当时权力的主要行使人,你便是主要责任人。在此范围内,完美的责任机制是,若你的责任感越大,使命感就会越强,使命感越强,反过来又体现出责任感越强,是不断内部激励的机制,范老师显然没有达到大众的这一标准;或者换句话说你是承担着什么角色,你应具有什么权利及权力,必定在你行使这个权利与权力时存在相应你负责任的事与责任内容。生活中我们更直接,常见的态度是"你是……这个责任你应该承担"。而这种情况下,往往是因为需要有人来担当,从而催生出责任人来。

这就让我想到:教师的责任在哪里,哪些是教师的责任,哪些是我们自己认为的教师责任,哪些又可能不是教师的责任。教师的职责,从之前的传道授业解惑,到如今孩子的道德行为、学生的责任心、成长中的人际交往培养等,这些都细化了出来。同时快速发展的时代本身催生了对于教育理解范围的扩大,因而,这些责任从之前更多的是孩子父母的责任而逐步转移或转嫁于学校层面及老师层面,成为家校共育中德育的重要一部分。这些当然是时代发展中所赋予的责任,我相信很多老师会随着时代需要而愿意去接受与承担。从而我们理解的责任有时不仅仅是职业责任,现代教育还对责任赋予了强大的道德性,即道德责任。职业责任与道德责任在教育中双重内化的过程,是存在于我们不断把教育规模化和系统化的过程中、在一个建构宏观教育体系的过程中不断具体化的,也是伴随着职业教育职业化中工匠精神不断提升的过程中的。

再举一例,新闻中我们看到若有人困于侧翻的车内,路人会集体性地上去帮忙翻车救人。为何这种情况下,在没有所谓直接责任的情况下,反而未出现所谓责任稀释或责任缺失的问题,现在来看,这恰恰是因为道德责任使然,大家都自发而成,内吸为自己的责任。

因而,从现在来看,应该很能理解范跑跑的事例,因为它是个典型特例,这件事情与人命有关,因而我们更多的会用道德责任去谴责他。但是,正是因为它是特例,我们或许就忽视了特例背后的东西,即道德责任是需要的,但道德责任是否是无限大的?无限大可能容易催生出我们很多时候的无奈:第一,"被责任"。因为责任的体现,绝对不仅仅是一些简单行为的堆积。简单地堆积往往表现为为显示责任而责任,而缺乏内在道德的自我监督,从根本上说是一种"扮演性责任",被动去负责,这在虚化、弱化的职业责任中时常发现。第二,道德责任的扩大其实是对现有责任制度不完善的无奈,道德能驱动一部分人,但驱动不了全部的人,因而没有责任制度,往往到最后就难有责任的意识。我们不能只去控诉他人为什么没有责任意识,因为没有土壤让他去负责,没有好的责任意识、责任道德感去建立。而工匠精神的宣传与培养,正是给予了培养追求完美、追求更高标准的道德责任的土壤。因而"没有教不好的学生,只有不会教的老师",在我看来,可以理解为不是我们没有职业责任去教好学生,是我们还不具备更高的道德责任去教好我们的学生。但就目前来讲,我们也能感受到无限的责任或许并不是一种完美,而且更容易激化问题。一味地追求这种责任,一味地把教师责任无限扩大化,那对于学生来说,目前也是种悲哀,因为关注点恰恰不是学生了,而是老师了。而事实是,我们需要以我们的责任去培养学生的责任与责任感,把学生培养成有责任心的人,这才是目标。对于这些问题的解决,或许需要的是工匠精神下的更高标准的责任评价机制,既要有工匠精神下的责任培养机制,还需要有好的责任评价机制,用来补充、引导甚至转变家校及社会对于现有教育范围的评价认知,而不是简单地用一句"师德一票否决"等来作为判断依据。

诸如以上所说的责任缺失现象还很常见,责任淡化、责任倦怠、责任推诿等等,这些也都是对责任的一种排除方式,因为没有好的驱动力。负责,是有"负担"这层含义在里面的,担不担这个责,能担到什么程度的贡,不仅要看职业责任,还要看道德责任,也就是我们常说的"教师是一个良心活"。有时候老问这样一个问题:我们的教育是在"塑型"还是在进行"培养"。现在看来,两者的区别很简单,前者是流水线,后者是体力与智力的工作;前者可能就是责任排除或者责任转移,后者则是保持工作专注与热情。对于后者,在工匠精神中确实有着很好的体现。

三、工匠精神引领下责任意识培养的路径

工匠精神不仅是追求职业技能的完美,更是一种职业道德要求和精神追求,包含着敬业、精益、专注、创新等方面。而通过工匠精神培养下的德育教学,可以帮助学生树立正确的职业观,培养他们成为具有高素质的技能型人才。

因而,对于孩子的教育成长,是"你"负责还是"我"负责,其实就一句话:不负责的理由千千万,负责就那么一条,即你的内在道德责任感是不是能抵消得了你责任意识的外排性,你的道德责任能不能驱使得动或追求高于一般责任的要求与意识,你能不能把教育孩子当作一件作品来进行不断雕琢与提高。

当然,育人的责任不是无限的个人附加的责任,这个负责也绝对不是

个体的单兵负责,更多的是需要对制度本身也负责。我们在不断提倡工匠精神下的道德教育,其实是从几个层面来说的。

一是形成一个大家共同"扎根培植"工匠精神的土壤,建立家、校、企业及学生共同合力的道德责任规范与责任意识。通过长期给予工匠精神有效的宣传及德育工作的配合,创造一个良性互动的宏观氛围。

二是继续深入做好职业学校与企业共同培养学生的双轨模式,做好企业上学校、学校下企业的双向互动模式,使企业效益及技术中蕴藏的工匠精神与学校职业技能与德育工作融合并行。同时在行动规范上,通过校企在双轨环境下重塑新时代中职教育中的道德责任,使工匠精神的道德内化在岗位学习实践及责任意识上外化为更规范、更具内驱力的职业学习与操作行为,形成校企合作下的中观环境。

三是具体化工匠精神的实例。除了长期营造校园及学生实践中的工匠精神氛围,还要通过更多的榜样与案例,特别是更加直观的,例如从师生认知及实践的企业中、学校中、教师中、同学中的案例。从而把工匠精神显现的真实人物回归到德育工作的现实中,让德育在工匠精神的真实呈现中更加务实,使工匠精神在德育中更加深入,形成真实感受与体会的微观经验。

同时,教材作为落实立德树人根本任务的重要载体,在中职德育教材中融入工匠精神也是非常必要的。例如,《职业道德与法律》《职业生涯与规划》等德育教材可以通过正文、案例、课文链接、插图、名言警句等多种方式,揭示并强化工匠精神的重要性。可以吸纳有直接经验的工匠参与德育教材编制,设置关于工匠精神的专题单元,并增加突显工匠精神时代性的教材内容,最终形成从宏观环境到微观经验的推广载体。

因而,中职学校新时代工匠精神的宣传与培养,从这点来讲,不仅仅是会对诸如教书育人深研细究的探索及坚持,还会更大程度上影响中职校的职业规范与职业道德的建立,建立追求更完善、更完美的个人与集体的内驱力,从而摆脱我们传统德育工作的现实乏力以及道德与责任意识不断稀释甚至缺失的尴尬情况。

参考文献

［1］高晓文,于伟.教师行动中的"责任分散"问题研究［J］.教育研究,2016(2)：
　　57－61.

［2］王丽.弘扬工匠精神,提升学生职业素养［J］.职业观点,2018(3):29－30.

浅谈新时代职校德育视野下的工匠精神培育路径

上海市新陆职业技术学校　　戴晓艺

摘　　要：在中职学校培育学生的工匠精神,是社会转型的需要,是学生适应社会、企业发展的需要,也是学生个人发展的需要,培养符合现代工业需要的"匠人",将工匠精神渗透到德育教学课程的目标、过程、评价等环节中,对人才培养具有重大意义。本文试图在实践中提出中职德育教学过程中培育学生工匠精神的可行性路径,对提升德育教学效果、协助学生提高就业能力与职业素养具有一定的指导作用。

关键词：工匠精神;职校德育;有效路径

一、职校德育实施的困境

(一)职校德育教育途径的局限性

中职德育课程相对单一化,职业中学德育教育除了设置基本的德育课程外,学生在平时还需要完成社会德育实践学分,学校每周升旗仪式会涉及相关的德育内容,其余时间学生接触德育教育的途径并不多,这就是中职德育教育的局限性。

(二)职校德育教育内容缺乏吸引力

中职德育教科书内容较为理论化,不能吸引中职生的注意力及学习的兴趣。书本内容除了具体的理论知识外,还有沿用多年的生活实例。常用的教科用书例如:《哲学与人生》《职业生涯规划》。德育的教育内容脱离新时代社会或者学生生活的实际,使得德育教育的课程成为一门枯燥的文化理论课。忽视德育过程中学生之间、学生与老师之间的互动尤其是学生与社会层面、企业层面的道德教育过程。

(三)职校德育教育实施方法陈旧化

现在的中职生较以前的中职生有很大的差异。以前的中职生除了基础学科较差外,行为举止等方面也难以很好地去教化。现在的中职生在校期间相对于以前的职校生行为举止更端正,也比较尊重老师,离校后着装、举止较为端正。但由于现在的学生生活在物质富足的时代,没有经历社会大发展的艰苦岁月,若德育教师方法陈旧,照本宣科,现代的职校生则很难切实体会雷锋精神、焦裕禄同志等的优秀品质。比如每次讲到学雷锋的相关内容,学生们就会很机械地去完成各项德育任务,而在真实生活中却无法内化于心,外化于行。

综上,德育课是学校德育工作的主渠道和主阵地,但无论是教学内容、途径、方法等都存在一定的局限性,中职德育工作存在一定程度的知行脱节问题。

二、职校开展工匠精神培养的重要价值

弘扬工匠精神,培养职业技能与职业精神高度融合的现代职业人,是实现我国从制造大国到制造强国的重要人才保障。《关于加强和改进新时代中等职业学校德育工作的意见》明确提出要着重培育中职学生的职业精神和工匠精神。

(一)工匠精神是职校教育基石

改革开放四十多年以来,我国已从一个制造大国向制造业强国转变,这离不开大国工匠精神对制造业的支持。价格已不再是人们所追求的对象,而更在乎的是:品质、人文、创新感。那么如何让人们固有的观念转变,这便是重塑大国工匠精神的目的之所在。

(二)工匠精神是职校教育的灵魂

职业教育与普通教育的区别在于:学生的培养是为了行业企业需要的技能型人才。而企业成功是建立在产品的品质之上,而品质的把控,除了靠企业的文化熏陶,更需要"工匠们"的专业的基础知识和技能、良好的职业素养。而工匠精神便是对人才的终极要求。中职生除了要有企业需要的扎实的基本知识和基本技能,同时能在社会长久的发展中立足,更要具备工匠精神。

三、职校培养学生工匠精神路径分析

(一)加强宣传,全面树立正确的价值取向

长期以来,中职学校的培养模式就是与高考接轨,只传授专业知识与技能,而对学生的素养的培养未引起足够的重视,职业素养缺失。因此,中职学校必须尽快转变传统的教育观念,注重工匠精神的培育,将工匠精神培养融入日常教学中。其次,社会和家庭转变"重学历、轻能力"的教育观念,肯定技能人才对社会发展的巨大贡献,摆脱职业教育低人一等的偏见影响。只有将知识的传授、技能培养与工匠精神培养融为一体,不仅使学生有一技之长,还具有崇高的职业精神和牢固的职业信念。职校也始终要站在时代前沿,明确不同行业具有不同的德育要求,积极开展"精准"的工匠德育工作,始终坚持将工匠德育放在人才培养第一位,从而形成学校、德育和专业课教师全方位育人、全过程育人的目标。

(二)创设环境,校园文化中弘扬工匠精神

教育需要良好的环境,才够使中职教育收到预期的效果。将工匠精神培育成职业教育文化全面提升学生职业素养,创新职业教育的发展模式。因此,中职学校应积极开展以工匠精神为主题的校园文化,以校园文化为引领,充分利用各种隐性教育资源来培育学生的工匠精神,不断地使工匠精神渗透到学生的内心、行动上来。通过多种形式,利用网络平台——学校公众号、抖音号、校园网等宣传模范工匠事迹等,或者组织工匠精神文化宣传活动吸引学生参加,通过一些常态化的校园文化建设活动,让工匠精神融入校园文化,在良好校园文化的氛围中培育工匠精神。在我校的职业体验日的线下活动中,涵盖了"汽车制造小能手""小小育婴师"等多个项目,吸引了大批学生与家长前来参观体验。在活动中,汽修专业的学生志愿者教小朋友们拆装汽车发动机模型;学前专业的学生志愿者指导"奶爸"们给六个月的宝宝做抚触,活动大大提升了学前教育专业、汽车运用与维修专业学生整体素养,不是光会"纸上谈兵",而是真正地把所学引申为学生对自己职业的认真、精益求精、一丝不苟的工作态度及教学精神。通过活动的举办,加强了各专业对工匠精神培养工作的贯彻与落实,直接影响学生往后工作阶段的工作态度。

（三）专业渗透，课程教学中挖掘工匠精神元素

在汽修专业课程的学习中，学生学习了专业知识，专业技能，但不可能成为一位大国工匠。现代汽车业并非是传统意义上的汽车业，其中已经掺杂了新能源以及汽车智能化等新概念元素，将逐渐取代传统汽车产业所不能企及的领域。现代汽车行业尤其自身的高速发展，比如纯电动汽车、插电式混合动力汽车的普及，提供给学生实习和就业的岗位就更多，但汽车4s店需要具有相应技能的专业技术人员来承接新能源汽车的维护和维修作业，这对于学生职业技能有着较高的要求，所以在我校汽修班学生毕业前就要取得中级工证书等，考核的内容涉及操作技能、汽车专业基础知识等内容，以应对岗位的更高挑战。在平时授课时应注重对学生工匠精神观念的注入，使学生以高标准严要求对待学习、工作，以一种一丝不苟、精益求精的态度对待自己、对待职业。通过对职业道德与规范、专业技能和素养等的工匠精神的教育贯穿于我校的整个汽修专业的教学中。譬如，请一些机械、汽修方面的劳模来校做演讲，通过人物真实事迹对学生工匠精神观念进行熏陶。汽车业的迅猛发展，使汽车业对相关汽修专业人才需求越来越大，也使得汽修行业对从业人员的要求业日益增高，需要汽修工要有较扎实的专业知识和过硬的动手能力，以及对相对复杂的维修任务有较好的应变思维。学校在实践方面为学生提供了很好的平台，2023年已是我校与永达汽车集团进行校企合作的第十三个年头，企业合作方对"永达班"提出了珍惜机遇、踏实学习的寄语，在校企协作下，完善更好的办学模式，为社会、企业提供更优秀的人才。

（四）提高教师的职业素养

教师问题是职业教育较突出的问题，一方面双师型的教师匮乏，另一方面教师大部分来源于刚毕业的大学生，缺少企业的实战经验，因此，不能很好地对口职业学校的教学要求。在这种情况下更难谈及对学生工匠精神的培养。解决师资问题，应从两方面入手：一是拓宽人才来源渠道，从企业聘请优秀的员工来中职任教。二是加强对专任教师的在职培训，特别是对教师职业素养的培养。上海新陆职业技术学校在应对教师实战经验方面做足了功夫，邀请浦东新区五一劳动奖章获得者王进成来校做演讲，通过先进人物的真实事迹，来加强对教师职业素养的培养，并建立教师职业

素养标准和评价体系,规范和提高教师素质,更好地指导和培育学生具备工匠精神。

四、工匠精神融入中职德育的实践

(一)开展主题班会,直观感受工匠精神

开展相关主题班会,能使得激励式德育教育更加具有针对性,让同学们沉浸式地接受完整的德育教育。在班会上同他们讲述一些工匠精神的故事并进行交流,和同学们缩短距离,使老师和同学更加亲密,从而促进德育教育的进行。

例如在班会刚开始的时候,老师可以通过向同学们播放一个工匠精神的纪录片,让学生们对工匠精神有一个初步认知,让他们的内心对工匠精神有一个初步接触。然后老师再对工匠精神和德育知识进行讲解,从而鼓励学生学习这些工匠精神,让这些同学学习并理解自己以后也能成为"工匠"的目标以及实现方法,帮助学生找到自我价值,让他们明白每个人其实都很优秀,只要用心去做,就一定会有收获。班会后,老师也可以将录制好的班会视频发到家长群,让家长们了解学生的学习状态、所思所想,并且指导家长在家庭教育中如何渗透工匠精神,更好地帮助学生成长成才。

(二)观察学生状态,间接渗透工匠精神

工匠精神的培养不是一蹴而就的,不是偶尔口头上的教育,它是老师通过对学生实际情况的了解,一步一步对学生实施工匠精神德育教育的过程,这个过程是缓慢的,循序渐进的,是需要坚持的。

例如老师要时常观察学生在校状态,发现懒散对待学业的学生,应该进行谈心,让学生从根本上意识到,即使是在中职,也不能虚度光阴,要努力学习,每一个专业和学校都有它存在的意义,要让学生明白,工匠精神的核心就是不放弃,坚持将一切做到最精细最好。切勿操之过急,也可以在课外时间,带学生去看看一些传承技术的手艺人,去一些老字号作坊进行参观学习,让学生们亲眼看见那些工匠是如何精益求精地在进行工作,他们对于自己所干的事业有多热爱和认真。从而直击学生心灵,让他们在以后的学习和工作中也坚持这种工匠精神。

(三)注重实践教育,切身体悟工匠精神

要想使学生切身体会到工匠精神,实践是必不可少的,因为工匠精神

就是工匠们通过一次又一次坚持不懈的实践，所成就的尽职尽业的精神。所以说，想要对学生进行成功的工匠精神德育教育，就必须让学生们回归实际的工作实践与真实的生活体验，做到理论与实践相结合。学校可以通过组织技能竞赛、第二课堂等活动，从"我要学习工匠精神"向"我要传承工匠精神"转变。结合专业特点，通过学生切身的实践活动，或者鼓励参与技能竞赛，让学生以实践为抓手，在"做"的过程中锻炼工匠技能，让学生深刻理解缘何要发扬工匠精神，以及工匠精神能给自身带来什么。

　　新时代的背景下，职校有义务和责任不断探索培育学生工匠精神的新路径，将工匠精神融入德育课堂，以切实提升职校德育的实际效果。从理论与实践中看，除了本文中提及的要素外，还要进一步改革德育教学内容、创新德育教学方法、教师工匠精神素养提升等诸多方面不断研究与探索，从而有效地培育职校学生的工匠精神。

参考文献

［1］赵静卫.关于工匠精神和中等职业学校德育关系的探讨［J］.时代汽车,2021
　　　(17):73-74.

［2］张晓骞.论新时代职业院校德育教育的有效性——浅谈工匠精神融入中职
　　　德育教育［J］.吉林工程技术师范学院学报,2021,37(2):33-35.

［3］陈亮.中职学校德育工作中培养学生工匠精神的有效策略［J］.现代职业教
　　　育,2021(16):174-175.

新时代工匠精神的内涵及培养路径

上海市新陆职业技术学校　吴夏雨

摘　要：工匠精神是我国优秀传统文化代表之一，是一种凝聚在我国历代工匠身上的职业道德、精神品质以及价值观念。改革开放以来，党和人民不断努力、共同奋斗，目的就是为了早日能够实现"中国梦"，即中华民族的伟大复兴。现阶段，我国正处于中国特色社会主义新时代，随着社会主义核心价值观的提出，工匠精神在其中得到深刻的体现。学习工匠精神的内涵，将其引用到我国社会经济发展中来，将其融入日常工作、生活以及教学中来，促成更大范围人群工匠精神的养成，更是我国走向并实现中华民族伟大复兴之路中不可或缺的一步。

关键词：新时代；工匠精神；社会主义核心价值观；培养路径

一、工匠精神的发展历程

在中国，"工匠"一词最早出现在春秋战国时期，即社会分工中开始独立存在专门从事手工业的群体后才出现的，此时工匠主要代指从事木匠的群体。随着历史的发展，东汉时期工匠一词的含义已经基本覆盖全体的手工业者。

中国古代工匠精神包括以下特点：首先，创新精神。美丽的丝绸、精美的陶瓷，以及数不清的发明创造，无不体现着古代中国工匠无比的智慧和对完美的不懈追求。其次，精益求精的职业态度。庖丁解牛、运斤成风、百炼成钢……这些耳熟能详的成语，不仅是对中国古代工匠出神入化技艺的真实写照，也是对他们精益求精，追求卓越职业态度的由衷赞美。最后，敬业精神。中国传统十分强调"敬"这一观念。对于古代工匠群体而言，他们十分尊敬自己从事的职业劳动，因此形成了内涵十分丰富的"敬业"观念。

正是因为根植于中华传统的丰厚土壤之中,新时代中国工匠精神才具有鲜明的民族性。中国传统工匠精神中那种德艺兼修、物我合一的境界,始终为新时代中国工匠精神提供着源源不竭的动力。

新时代背景下,社会各行各业都需要工匠精神,"中国制造 2025"战略目标的实现更需要工匠精神。新时代的职校学生不仅要具备专业知识、专业技术,更要具备追求精品、"慢工出细活"的价值追求,要有工匠精神,对待自己的职业、工作,要认真负责,不怕麻烦、不惧吃苦,有耐心、有信心生产制造出精品,只有如此,中国的制造业才能在国际舞台上占据领先地位,从而推动国家实现从制造大国到制造强国的改变。

二、新时代工匠精神的内涵

工匠精神的内涵具有历史性和时代性,准确把握工匠精神的时代内涵十分重要。

(一)劳动者的内在追求

工匠精神是指劳动者在劳动实践的过程中所展现出的一种敬业精神、专注精神,集中体现了劳动者精益求精的精神,是一种深厚的人文精神的展现。工匠精神最初指的是工匠对自己的产品精雕细琢,精益求精的精神理念和实践,后来演变成一种职业精神,它不仅是职业能力的体现,更展现了一种职业道德和职业品质,包括敬业、精益、专注、创新等四方面的基本内涵。工匠精神彰显的是一种踏实专注的人文气质。所谓踏实专注,就是做事认真,心无旁骛,就是全神贯注、专心致志的心理状态。踏实专注能最大程度上保证自己的时间、精力和智慧凝聚到所做的事情上,能最大限度地发挥自身的积极性、主动性和创造性,从而为实现自己的既定目标提供保障。

(二)行业企业的普遍共识

工匠精神还彰显了对精致和完美的一种追求。工匠精神是每一个生产制造行业企业等都应当具备的品质,通过对产品质量和价值的追求,不断满足客户个性化的需求,并与客户建立和保持一种诚信互助的关系,从而打造出良好的口碑。培育和弘扬工匠精神的目的,就是为了促使企业能够对产品质量进行无限的追求,树立质量第一、诚信互助的理念,增长企业的意识和民族荣誉感,致力于打造出精益求精的自主品牌。

(三)社会宣传的不断强化

培育和弘扬工匠精神,不仅需要培养出一批又一批的人才,同时还要加强对优秀传统文化和观念的宣传,使得工匠精神能够深入人心,促使其能够在各行各业中得以体现出来,能够成为推动中国社会经济发展的动力和源泉。然而,工匠精神的培育和宣传是一个既漫长又复杂的过程,不仅需要进行系统性的设计,还要通过从顶层设计、人才培养、制度保障等多个方面实施,依靠相关的政策和措施去推动和落实其发展,从而使其不断地升华,最终能够完成由"中国制造"向"中国创造"的转变。

工匠精神不仅存在于制造业、手工业,还存在于服务业、教育业等众多行业。未来研究应根据新时代社会发展实际,持续加强工匠精神与不同行业实践的融合,探索不同行业从业者的工匠精神特性,推动工匠精神创新发展。

三、培育和弘扬工匠精神的途径

弘扬和培育工匠精神是一项长期而复杂的工程,既要注重对传统工匠精神的传承,还要满足当今社会发展变革的需要。因此,新时代工匠精神的培育需要政府、社会、企业和学校的通力合作,笔者认为要从以下几个方面努力。

(一)深刻把握工匠精神的时代内涵

当前要深刻地认识到新时代工匠精神的核心精神就是——创新。在我国产业结构全面优化和升级的背景下,创新精神逐渐成为时代发展的潮流。因此,在培育和弘扬工匠精神的同时,还需要注重对创新精神的培养,使得工匠精神能够在创新精神的驱动下得以升华。因此,国家需要制定出一系列的创新发展战略,注重产品创新技术含量,不断延长企业产业链,从而提高产品附加值,其目的就是为了早日实现我国制造产业从中国制造向中国创造的转变。在此过程中,要深刻地认识到新时代工匠精神的源泉就是"企业家精神",并认识到其是加快社会建设,把我国建设成为制造强国的根本。所以,要不断发扬和光大企业家敢拼敢冲的开拓精神,培养出一批拥有创新精神、国际发展眼光的新型企业家,为实现中华民族伟大复兴注入新的生命力，推动我国品牌朝着国际品牌的方向发展。目前，全国人民都在为实现中华民族伟大复兴中国梦而奋斗着，在此过程中我们需要将这种精神发扬光大，促使每个人从中都能够有深刻的体会和感悟，使得他们能够自觉学习优秀品质，创造出一种人人追求创新工匠精神的环境和氛围。

（二）积极探索工匠精神的培育路径

根据客观实际情况，制定出未来发展战略目标。要不断地进行人才培养，学习国外发达国家先进的人才培养经验，将所有工作都能够落实到底。同时，还要把工匠精神纳入其中，让他们感受到其中的魅力，并通过不断的学习和实践促使自身具备这种精神。最后通过层层选拔和筛选，最终培养出知识文化、品质一体化人才。但是，人才的培养离不开良好的社会环境和氛围，所以，国家、社会乃至企业都需要加强对环境的改善，创造出良好的社会以及企业环境和氛围。国家要采取相关政策和措施来促进人才的培养。例如，提高工匠们的工资待遇，增强社会地位等。尤其是对于一些职业院校，要保障他们的权益，让他们感受到社会对他们的关注，从而提高他们的社会认同感以及个人获得感。除此之外，还要强化社会对匠人精神的认识，形成一种以工匠为荣的社会氛围。同时，还要将职业院校教育与社会企业联系起来，通过精准对接学校专业与岗位需求，从而达到入学即入行，毕业即专长的要求和效果。不断培养人们的工匠精神，通过层层筛选培养出优秀人才，使得工匠精神深入人心，并推动工匠精神的不断弘扬和发展，最终走向世界。县（市）级政府和工会，最贴近基层和职工，培育和弘扬工匠精神也是一条捷径。去年，余姚市委出台了《新时代余姚产业工人队伍建设改革实施方案》，开展了"余姚工匠"评选表彰活动，余姚市总工会编写出版了《余姚工匠》一书，对于培育和弘扬工匠精神发挥了积极作用。

（三）着力抓好工匠精神的末端落实

习近平总书记指出："要在全社会弘扬精益求精的工匠精神，激励广大青年走技能成才、技能报国之路。"不断地培育和弘扬工匠精神的核心目的，就是为了让人们能够意识到工匠精神对我国社会经济发展的重要性。通过不断的弘扬和传播，大力倡导专注、创新、敬业的职业精神，促使人们能够团结、振作起来,通过共同的拼搏和奋斗,从而为我国各项事业发展提供注入新的力量,最终达到落实的目的。在人们日常工作中,要实时地贯彻工匠精神,培养更多人拥有匠人精神,并在工作中得到体现。要把这种精神根植于社会各行各业,大力弘扬和宣传工匠精神,开展相关宣传活动与工作,促使工匠精神成为社会发展的要求和准则,推动社会对工匠的重新认识,改变人们的传统观念和看法。新时代将工匠精神内化为受教主体的行为自觉是实现工匠精神价值最大化的关键所在。因此,突出受教主体的主体性,实现社会教育本位与受教主体本位的有机结合,促进外在工匠精神教育向内在工匠品质教育转化,是推动工匠精神内化为受教主体行为自觉的着力点。因此在培育和弘扬的过程中,千万不能够脱离本职岗位空谈,要把干好本职工作放在第一位,通过学习和实践,不断锻炼和提高自己,从而加强自身观念、价值以及技能的培养,努力把自己转变成为一名知识型、技能型、创新型的劳动者。坚守岗位、尽职尽责,争取把每一项工作都能够认真、仔细做好,并努力成为本岗位甚至整个行业中的佼佼者。

四、结语

人们的日常生活离不开科技发展,它正在一步步地改变人们的生活以及社会结构。而工匠精神的弘扬与传播,能够对其产生良好的促进作用,使得人们能够拥有专注、创新、敬业的匠人精神。同时,也可促使人们能够更加团结、振作起来,从而为区域产业结构的调整和发展提供新的生命力,促进区域生产制造业转型升级,向建设高水平的现代化创新型生态城市迈进。作为一名教师,笔者也会继续深入研究工匠精神内涵,积极探索实施新的教学方法,不断革新教学理念,有效利用校企合作平台,创设良好的工匠精神培育生态,探索更有效的培养路径,为社会主义现代化强国建设提供有力的人才保障。

参考文献

[1] 牟绍波,司红,王鹏,等.新时代背景下工匠精神研究述评[J].西部经济管理论坛,2023,34(6):79-89.

[2] 易华勇,韩璞庚.新时代工匠精神的内化策略[J].学校党建与思想教育,

2023(24):42－44.

［3］王超.新时代工匠精神研究［J］.公关世界,2023(7):75－77.

［4］傅积波.技工院校学生工匠精神培育研究［J］.成长,2023(5):48－50.

［5］刘文会,李朋.工匠精神的培育策略［J］.河北企业,2021(5):134－135.

［6］肖诚."互联网＋"时代的工匠精神［J］.中国管理信息化,2021,24(3):154－

　　155.

"中职学生职业体能测评体系的构建与实践应用"国内外研究现状及趋势

上海市新陆职业技术学校　曹美华

摘　要：推进职业体能的发展是中职体育教学改革研究的一个重要方向。本文通过大量资料检索,筛选整理了国内外对职业体能以及职业体能相关评价体系的研究情况,从而为中职学生职业体能测评体系的构建与实践应用研究提供理论依据。调研发现,近十年来高职院校在职业体能方面的研究较多,而中职学校此方面研究不多,职业体能评价体系的研究更少。在此基础上,本文确立了中职学生职业体能测评体系的研究目标、研究内容、拟解决的关键问题等。

关键词：职业体能;测评体系;国内外研究现状

一、研究背景

《深化新时代教育评价改革总体方案》中指出:健全职业学校评价,引导教师潜心育人的评价制度更加全面,促进学生全面发展的评价办法更加多元,社会选人用人方式更加科学。《〈体育与健康〉教学改革指导纲要(试行)》指出:采用科学、操作性强的发展性评价指标体系,让体育学业质量评价更加具体、客观,建立"以评价促发展"的新生态。本项目以此为契机,从五大类职业体能的岗位特点、解剖学特征、生理特征和职业病预防四个方面进行分析,对不同岗位的职业体能所需相关的身体素质为测评指标进行研究,筛选出与各类职业体能高度相关的身体素质指标,构建中职学生职业体能测评体系。

本项目的研究有利于提升中职体育课程的特色建设,对中职校职业体能的教学改革提供理论依据,为今后深入研究职业体能提供理论依据,也为社会在职岗位人才提供职业体能自我评估的参考。

二、国内外研究现状及趋势

（一）国外研究现状

从国外文献中查找关于"中职生职业体能测评"方面的资料,未曾查阅到在"职业体能课程"和"职业体能教学"等方面的资料中有一些相关表述。

吴琰在《高职院校开设职业体能课程的现状与对策研究》中指出:德国的体育教育始终秉承着"就业导向型"的原则,不仅注重基础体育教育,而且注重学生的职业体能;美国的观点是:体能训练结合社会、生活和学校体育教学三个方面开展,注重与职业挂钩,围绕学生的专业展开,并且要求在校学生主动参与体育锻炼;日本更加注重培养学生的各个方面与学校的专业相结合,并且注重学生个性发展,遵从学生的兴趣爱好,制定学生个人体育计划,旨在帮助学生建立健康的体魄、良好的心理素质和丰富的创造力;韩国历来注重学生职业素养和能力的培养,在 9 次基础教育课程改革中,不断渗透职业教育内容。

王喜峰在《基于职业体能为主的体育教学研究》中指出:19 世纪中期,美国大学将职业体能列入研究。到 20 世纪 80 年代,经过美国学者杰克逊等人的努力,健康体能测试正式出现。从 1959 年起,苏联把职业实用性身体训练列入大学和职业学校的体育教学大纲中,包含职业实用性家庭作业,课外职业实用性体育活动,职业性体育节,等等。

由此可见,国外体育教学的理念中已经融入了职业体能,注重学生能力的培养,包括生活能力的培养。代表性的观点是:无论什么性质的学校,体育教育要与学生的专业、职业特点相匹配,要注重学生的实用性技能训练,训练应围绕学生的身体素质开展。

（二）国内研究现状

笔者通过计算机检索系统查阅了"中国学术期刊网数据库"等有关国家职业教育发展纲要和文件、中高职体育课程改革、中高职职业体能教学、职业体能训练等相关论文 50 多篇,现做如下整理。

1. 职业体能相关研究

1)相关概念

测评:对事物进行客观的科学评价。

体能：是指身体适应动作技能所表现出力量、速度、耐力、灵敏、柔韧等身体素质的综合运动能力。

职业体能：是指结合学生所学专业，与未来岗位工作有关的身体适应动作技能所具备的力量、速度、耐力、灵敏、柔韧等身体素质，主要表现为不良劳动环境条件下的耐受力、适应能力、重复性的操作能力、维持工作姿势的身体协调能力等的综合运动能力。

职业体能测评：是指对中职学生各年龄阶段的职业体能状况进行客观地科学评价，诊断学生身体适应动作技能所表现出力量、速度、耐力、灵敏、柔韧等身体素质的综合运动能力。

2）职业体能的发展是职业院校体育教学改革的重要方向

房庆华在《基于职业体能特色的高职体育课程体系的构建》中指出：将职业体能教育的理念融入体育课程改革中是体育教育新观念；要凸显职业院校体育特色，在校期间不仅要提高学生的身体素质，还要加强职业体能训练，这是职业院校的体育教育的双重属性。

李锐、刘俊、丁坚在《基于职业体能提升的中职体育"菜单式"课程包的构建》中指出：中职体育课程与学生专业技能培养融合，体现了中职体育课程职业性特色的需要，体现了职业教育课程改革的需要；在中职体育教学中有意识地培养学生的职业体能，储备强健的体能和适应未来岗位工作的作业环境的能力，为更好地实现未来职业发展打下扎实的基础；中职体育课程要承担起增强学生体质的任务，还要承担起对学生开展职业体育知识教育、职业体能储备、运动技能储备、职业病防治等教学任务的，凸显中职体育教育的双重属性。

3）提升与职业相关的身体素质是职业院校体育课程的特色

闫升在《关于高职院校开设职业体能课程的思考》中指出：各岗位所需求的身体素质是不同的，要有针对性地对职业体能课程进行研究。学生获得不同岗位所需的职业体能，不仅增强体质，而且对预防职业病有着现实的意义。

叶玲、靳强、于丽在《职业体能发展视域下高职体育课程改革体系的构建》中指出：要了解不同岗位能力所需求的体能素质，从中遴选出与工作姿态相关的身体素质，不仅是与本岗位所需的体能素质，而且要有承受持续保持岗位姿态而造成身体姿势改变的能力。

李锐、刘俊、丁坚在《基于职业体能提升的中职体育"菜单式"课程包的构建》中指出：中职生正处于青春发育期，提高身体素质是为未来职业发展夯实职业体能基础的关键时期。

2. 职业体能评价体系相关研究

刘琪、施小丽在《高职院校学生职业体能评价体系的研究》中指出：高职院校职业体能的评价存在着评价目的不明确、评价内容单一和评价方式过于量化的问题；高职院校职业体能评价内容要结合坐姿、站姿、变姿、工场操作和特殊职业五大类岗位的主要身体姿势所需的能力进行。

刘秋良在《基于中职"职业类型"体能评价测试项目的遴选研究》中指出：《学生职业体能锻炼标准》是中职校"职业类型"体能评价测试体系部分，依据各"职业类型"特定的测试项目进行职业体能测试，从生理学角度分析，遴选出"座位型职业""直立型职业""动作型职业""特殊型职业"身体各部位参与运动的肌肉群，以及肌群对完成与职业工作相匹配的生理和机能动作的作用。

王文琦在《浅谈高校学生职业体能评价体系的研究》中指出：我国现阶段高校职业体能评价发展现状存在评价目的不够明确、职业体能评价过分重视结果和评价内容过于单一的问题；评价内容要考虑提高学生在体育活动中的职业体能需要，要注重学生机能角度的内分泌系统、消化系统、呼吸系统、心血管系统以及中枢神经系统等元素，要注重学生素质角度的灵敏度、柔韧度、速度、耐力以及力量等元素。

蒋维在《高职体育教育中职业体能指标分析》中指出：汽修和机械制造专业的工厂操作姿势类职业体能特征主要表现在力量、灵敏和耐力等3项练习；应发展职业体能素质为：动作灵活性、精准性、反应速度、注意力转换能力；职业体能素质评分指标和测试内容为：上肢力量（引体向上、屈臂悬垂）、腰背力量（两头起、俯卧向上举腿）、灵敏性（"W"字跑动）、耐力（1min连续跳绳）和速度（50M）。

综上所述，近十年来关于高职院校在职业体能方面的研究较多，中职学校此方面的研究不多，职业体能评价体系的研究甚少，仅针对职业体能五大类某一个角度的指标分析，或者某一个职业类型的身体素质分析，职业体能测评指标体系的应用研究更是鲜有。因此,本研究从五大类职业体能的岗位特点、解剖学特征、生理特征和职业病预防等内容分析,遴选出与职业相关的所需身体素质入手,构建中职生职业体能测评指标体系,以期进一步发展学生的职业体能、提升中职体育课程教学水平、深化职业教育体育课程改革。

三、研究意义

本研究重点关注职业体能的内涵、评价指标和实践应用研究,加强体育课程与职业技能培养深度融合,有助于强化中职学校体育课程的类型特色,促使体育课程教学更加符合职业教育办学规律,更好地服务于技术技能人才培养。

通过职业体能评价指标体系构建,进一步揭示和明晰职业体能的内涵,探索有效的职业体能教学实施建议,有助于落实《体育与健康》课程新课标要求,进一步深化职业教育体育课程改革,提升中职体育课程教学水平。

本研究注重发展性评价,强调以评促教、以评促学,注重充分结合专业特点和岗位要求开展职业体能评价指标体系的构建与实践应用,有助于进一步发展和提高学生的职业体能,培养身心健康的技术技能人才,助力学生职业生涯发展。

四、拟解决的关键问题

(1)构建科学有效的中职生职业体能测评指标体系。
(2)中职生职业体能测评指标体系的应用研究。

五、研究目标、研究内容和基本思路

(一)研究目标

(1)结合中职生身心特点,分析五大类职业体能的岗位特点、解剖学特征、生理特征和职业病预防等内容,构建科学有效的中职生职业体能测评指标体系。

(2)加强中职生职业体能测评指标体系的应用研究,诊断中职生职业体能发展现状,分析各校职业体能教学实施现状与成效,形成针对性的教学实施建议,推动职业体能为教学服务。

(二)研究内容

1. 内涵揭示,分析《中职学生职业体能测评体系》构成要素

通过文献分析和理论研究,界定职业体能的内涵特征,研究以体能六大类身体素质为体系的构成基础要素,从五大类职业体能的特点、解剖学特征、生理特征和职业病预防四个方面进行分析,筛选出与之高度相关的身体素质作为体系构成要素,确立体系的一级指标。

2. 指标建构,形成《中职学生职业体能测评体系》指标体系

利用问卷调查,通过数轮德尔菲法,初步确定各项二级指标、三级指标及其内涵,主要有以下步骤。

第一轮:第一步,设计问卷;第二步,选择专家填写问卷;第三步,整理、分析问卷,反馈专家意见;第四步,确定二级指标。

第二轮:重复整理分析和反馈专家意见,直至各专家对指标体系的看法一致,确定三级指标。

第三轮:汇总各级指标,界定各项指标的内涵边界,组织专家论证会,对评价指标进行整体和逐项的论证。

第四轮:汇总整理意见,形成《中职学生职业体能测评指标体系》。

3. 开展中职生职业体能测评指标体系的应用研究

依据职业体能测评指标体系,开发教师问卷和学生问卷,开展现状调查,选择五大类具有代表性职业的6所中职校体育老师和学生,以及在岗人员作为体系应用的试点对象,诊断中职生职业体能发展现状,分析各校职业体能教学实施现状与成效,形成针对性的教学实施建议。

依据职业体能测评指标体系,选取重点指标,开展教学实践探索,总结实施经验,打造典型的教学实施案例,建立关键指标的表现样例,为教师提供教学指引。

(三)基本思路

本文采用"分析构成要素——形成指标体系——应用研究"的研究思路。首先通过文献分析和理论研究,从五大类职业体能的特点、解剖学特征、生理特征和职业病预防四个方面进行分析,筛选出与之高度相关的身体素质作为体系构成要素;再通过数轮德尔菲法,形成《中职学生职业体能测评指标体系》;然后运用指标体系对选择五大类具有代表性职业的6所中职校体育老师和学生,以及在岗人员作为体系应用的试点对象,对中职生职业体能现状开展调查;最后针对职业体能测评现状,提出可行性改进措施,将测评体系作为表现样例,作进一步推广。

六、研究特色和创新之处

(一)选题具有重要的研究价值

自出现"职业体能"的概念以来,各种研究仅限于职业体能训练方法、职业体能教学模式等,职业体能指标分析的研究也是极少,这些研究高职院校居多,中职学校研究极少,而职业体能测评体系方面的研究几乎没有。《中等职业学校体育与健康课程标准(2020版)》中呈现了职业体能模块,因此,本项目具有进一步研究前景,为职业教育教学发展服务。

(二)项目成果将具有推广价值

一是为一线的中职体育教师提供教学依据;二是为中职生提供检验自我锻炼能力、自我评估能力的依据;三是为广大社会在职业岗位上的人员提供职业体能评估依据。

参考文献

[1] 吴琰. 高职院校开设职业体能课程的现状与对策研究[D]. 福州:福建师范大学,2022.

[2] 王喜峰. 基于职业体能为主的体育教学研究[D]. 牡丹江市:牡丹江师范学院,2015.

[3] 房庆华. 基于职业体能特色的高职体育课程体系的构建[J]. 徐州建筑职业技术学院学报,2011,11(01).

[4] 李锐,刘俊,丁坚. 基于职业体能提升的中职体育"菜单式"课程包的构建[J]. 无锡职业技术学院学报,2021,20(3):15-20.

[5] 闫升. 关于高职院校开设职业体能课程的思考[J]. 武汉职业技术学院学报,2011,10(02).

[6] 叶玲,靳强,于丽. 职业体能发展视域下高职体育课程改革体系的构建[J]. 青少年体育,2020(03).

［7］刘琪，施小丽.高职院校学生职业体能评价体系的研究［J］.体育世界，2012(02).

［8］刘秋良.基于中职"职业类型"体能评价测试项目的遴选研究［J］.考试周刊，2012(13).

［9］王文琦.浅谈高校学生职业体能评价体系的研究［J］.当代体育科技，2016，6(17).

［10］蒋维.高职体育教育中职业体能指标分析［J］.当代体育科技，2020，10(26).

浅谈教师在音乐教学中对工匠精神的初步认识

上海市新陆职业技术学校　　夏莉莉

摘　要：教师的工匠精神是指教师对自己的学生精细教育，精益求精的精神理念。作为工匠，教师也有自己的作品，那就是学生。无私地精雕细琢、精益求精地培养学生，这就是职校教师的工匠精神。精细教育是指教师不仅要注重知识和技能的传授和过程，还要注重维持学生对学习的正面情感。本文尝试从工匠追求高品质、高质量、精益求精、精雕细琢的角度去探讨职校音乐教师如何在音乐教学中理解与践行工匠精神。

关键词：工匠精神；精细教育；精益求精；音乐教学

一、工匠精神的实践内涵

素质教育推行的时代，教师也需要工匠精神。按相关学者的定义，工匠精神是指工匠对自己的产品精雕细琢、精益求精的精神理念。工匠精神与教师有什么关系？教师，俗称教书匠。"教书匠"的称呼表明在人们的心目中教师也是一种工匠，和木匠、砌匠、漆匠在本质上并没有什么两样。只不过教师是一种特殊的工匠。作为工匠，教师也要劳动，不过不是像木匠、砌匠那样的以体力劳动为主，而是像科学家、艺术家一样的以脑力劳动为主。作为工匠，教师也有属于自己的作品，那就是学生。结合上述定义，笔者认为教育中的工匠精神是指教师对自己的学生精细教育、精益求精的精神理念。

精细教育是不仅注重知识和技能本身的传授，也注重获取知识和技能的过程。"授人以鱼，不如授人以渔。"知识和技能是无限的，在当今社会，知识和技能早就发生了大爆炸。凭借老师的传授，学生不可能掌握海量的知识和技能。学生必须不断学习，接受终身教育。而且许多实践性强的知识和技能也不可能完全通过课堂学习获得。古诗云:纸上得来终觉浅,绝知此事要躬行。实践性强的知识和技能必须从实践中摸索、反思和改进才能更好地掌握和提高。所以教师必须关注获取知识和技能的过程,在所教的学生中发现出准确获取知识和完善掌握技能的方法并推广,努力培养全体学生准确获取知识和完善掌握技能的能力。这种能力的培养有助于他们参加工作后更好地做到不断学习、接受终身教育和从实践中摸索、反思和改进获取新知识和新技能。这对于他们的长远来说是极为有利的。而做到这一点,教师必须注重学生获取知识和技能的过程,在课堂上做一个细心的人,观察他们如何听讲,如何发言,如何做题,如何进行自学、合作、探究学习。尤其是自学、合作、探究的学习方式的掌握,对于学生的一生都是一笔宝贵的财富。其次,精细教育在注重知识和技能传授和注重获取知识和技能的过程的基础上,还要注重学生对学习情感的变化。

二、音乐教学中的工匠精神

作为一名在职的音乐教师,笔者认为在教学中体现精细教育和精益求精大致可以从以下几个方面入手。

(一)精细的教学设计

注重个性化教学。精细教育强调根据每个学生的特点和需求进行教学。在音乐教学中,这意味着教师需要了解每个学生的学习风格、兴趣和能力水平,然后设计适合他们的教学计划和活动。

要对课程内容精心设计。精细教育强调课程内容的精心策划和组织。音乐教师需要设计结构合理、内容丰富的课程,确保学生能够在各个方面得到均衡的发展,包括音乐知识、演奏技巧、音乐欣赏和创作能力。

优化环境与资源。提供适宜的学习环境和丰富的教学资源也是精细教育的一部分。音乐教师应确保教室环境有利于学习,同时提供必要的乐器、音响设备和教学材料。

(二)精湛的教学方法

保持教学方法的不断改进。教师要不断探索和尝试新的学习风格和需求,以适应不同认知程度的学生,这可能包括使用多媒体教学工具、互动式学习平台或创新的教学活动。

关注技术细节的帮助与指导。音乐技巧的学习往往需要精确的指导和反复的练习。精细教育要求教师在教授演奏技巧时,能够细致地分析每个动作,确保学生能够正确理解和执行。比如在钢琴教学中,教师就要关注学生的每一个细节,确保学生能够准确地掌握演奏技巧,如正确的姿势、呼吸控制、指法、音准和节奏等。

对音乐理论的深入讲解。教师在教授音乐理论时,能够深入浅出地解释复杂的概念,帮助学生理解音乐的结构、和声、旋律和节奏等,使学生能够理解并应用到实际演奏中。

(三)精准的评估反馈

一方面要注重情感与表达的培养。音乐不仅仅是技巧的展示,更是情感的传达。精细教育鼓励教师关注学生的情感表达,帮助他们在演奏中融入个人的情感和理解,使音乐更加生动和有感染力。

另一方面要注重反馈与评估的精准性。在音乐教学中,及时且准确的反馈对学生的进步至关重要。精细教育倡导教师提供具体、建设性的反馈,帮助学生识别并改进自己的不足并不断进步。

(四)持续的专业发展

教师自身的专业成长也是精细教育和精益求精的一部分。音乐教师应不断学习新的教学方法和音乐知识,定期进行自我反思,评估自己的教学效果,识别教学中的不足,并寻求改进的方法,以保持教学的活力和创新性。

通过这些方式,精细教育和精益求精在音乐教学中的应用有助于提高教学质量,促进学生的全面发展,同时也能够提升学生对音乐的热爱和欣赏能力。

三、在音乐教学中践行工匠精神

(一)充分的情感认同

儿童阶段的孩子总是对这个世界充满好奇,有许多问题显得幼稚,但也有许多有新意或有深度的问题。所以儿童的学习兴趣比青少年更容易培养。但是从少年期开始,他们的兴趣开始有了分化与选择。少年期从12岁到15岁,按照我国目前的学制大致相当于是初中阶段。也就是说初中生更容易对学习发生情感上的变化。对于那些学习成绩不理想的孩子来说,这种情感变化肯定是负面的,即我们通常说的"厌学"。作为教师要注重学生对学习情感的变化,尽量维持他们对学习的正面情感,减少他们对学习的负面情感。如果一个人对学习有负面情感,那么指望他在工作后继续学习以提高自己是很难的。对于学习差的学生,老师应该降低标准,鼓励融入,表扬进步。比方说我们在音乐的教学中,要求学生做到音准、节奏要准确,肯定有学生达不到这个标准。但是只要老师用琴声或是自己示范带领学生多唱多练,只要那个学生一次比一次唱得好,教师就应该表扬他,增强他的信心,维持他对音乐课堂的注意力和兴趣,那么就能维持他对音乐学习的正面情感。钢琴教学等也可采用这种"表扬纵向进步法"来维持学生对学习的正面情感。如果老师能够在教学中注重学生对学习情感的变化,并采取一些方法维持他们对学习的正面情感。这样水滴石穿,绳锯木断,资质驽钝的学生也会有开窍的一天。甚至那些资质驽钝的学生会因为突然开窍,而获得对学习的终生兴趣,从而获得巨大的成就。例如英国科学家牛顿,最伟大的物理学家之一,他读书时成绩一般,但是手工制作能力很强,也很喜欢看手工制作的书籍。到了初中,他开窍了,成绩变得非常优秀。他正是通过阅读手工制作的书籍和进行手工制作获得了自信,获得了对学习的兴趣,最后才能成为一个伟大的科学家。在平时的教学中,像牛顿这样成绩不好而有特长的学生是较多的。老师如果能扬长避短发挥他们的特点,维持他们对学习的正面情感。作为教师,我们要相信他们一定能学有所成!说不定在他们当中就有中国的牛顿!

(二)耐心的技术指导

教师首先要热爱自己的工作,全身心投入上好每一节课,在音乐教学中对待学生要尽心尽力地体味、感知学生的苦与乐,体恤学生、关爱学生,用爱心与热忱感染学生。在这个过程中最重要的就是耐心,教师不厌其烦地解决学生在学习中遇到的各种困难,真正做到因材施教、有的放矢,不讽刺、不挖苦,善于在教学中寻求解决问题的途径和方法,从而达到有效解决学习中问题的目的。同时,教师在教学中还要多观察、多思考,善于了解和发现学生在学习中遇到的问题,通过细心观察学生的情绪、言行细微的表现,洞察学生心理,及时找到问题的源头和解决方式。此外,在音乐教学中耐心也表现在对一首歌曲和乐曲的音乐处理上,细心体察音乐的节奏、旋律、强弱、和声、调式等,认真处理每一个乐句、每一个音符。总之,在教学中对学生要多鼓励,少批评,善于发现学生的优点和进步,及时表扬,从而让学生自身产生力量和老师一道去解决问题,攻克难题。

(三)深厚的情感陶冶

音乐教育绝不仅仅是学几首歌弹几首曲子那么简单,它与政治、历史、人文、自然等方面的知识都有着千丝万缕的联系,所以音乐教师想要改善自己的工艺,就不能仅以掌握本专业的知识为满足,必须要善于学习社会、人文、自然等方面的知识,只有这样才能真正做到旁征博引、触类旁通,才能够引导学生对音乐作品进行全面的、深入的学习,才能够唤起学生对美的追求,从而陶冶学生的情操,达到提高学生全面素养的目标。

四、反思与小结

综合上面的几点,精细教育是指教师要在学生学习过程中注重知识和技能的传授和注重获取知识和技能的过程,还注重维持学生对学习的正面情感。作为一名音乐教师,自己要对工匠精神有深刻且独特的认识,将工匠精神融入日常教学实践中,通过人格精神的"示范"或者"榜样",把美的音乐与纯洁无华的品格相融合,在教学中通过工匠精神的有效渗透,以音乐教师亲切的态度、精细的示范、耐心的指导等等,更好地激发学生的学习热情,培养他们对音乐的热爱和追求,并在音乐殿堂中体验到高雅、纯净之美,从而使心灵更加纯真与美好,更好地成就自己,进而为中华民族的伟大复兴奉献力量。

参考文献

[1] 刘丽. 谈在音乐教学中教师的工匠精神[J]. 辽宁师专学报(社会科学版),2019(5).

[2] 戴滨霞. 论高职声乐教育中如何培养工匠精神[J]. 戏剧之家,2019(10).

新时代工匠精神引领下职业学校"德技并修"培养模式的实践探索

上海市新陆职业技术学校　魏魏

摘　要：为全面贯彻党的教育方针,落实立德树人的根本任务,培养德智体美劳全面发展的社会主义建设者和接班人,在职业学校以新时代工匠精神为引领,从培育校园文化氛围、提升教师整体素质、优化教学资源平台、拓宽教育教学途径和载体等多维度探索思政教育与专业教育教学的有机融合,开展"德技并修"人才培养模式的实践性探索,有助于提升教师和学生对于工匠精神的感受和领悟度,奠定职业教育全面育人的理论基础,延伸大国工匠精神的实质内涵,提升职业教育整体质量。

关键词：工匠精神；职业学校；"德技并修"培养模式

党的二十大报告强调,育人的根本在于立德,要全面贯彻党的教育方针,落实立德树人根本任务,培养德智体美劳全面发展的社会主义建设者和接班人。国务院印发的《国家职业教育改革实施方案》也提出要"落实好立德树人根本任务,健全德技并修、工学结合的育人机制,完善评价机制,规范人才培养全过程"。因此,在职业教育发展大有可为的时代背景下,开展新时代工匠精神引领下职业学校"德技并修"培养模式研究,对奠定职业教育全面育人的理论基础、延伸大国工匠精神的实质内涵、提升职业教育整体质量具有重要意义。

一、"德技并修"培养模式的实践探索

学校课题组通过梳理工匠精神的历史演变,理解其在新时代的内涵。结合学校各专业人才培养的现状与问题,以新时代工匠精神为引领,从文化环境、实践活动、课程体系、产教融合等多维度探索思政教育与专业教育的有机融合,开展"德技并修"人才培养的探索性实践,主要聚焦以下五个

方面。

(一)以工匠精神为引领,培育校园文化氛围

学校从氛围营造、顶层设计、日常管理三个方面入手,培育师生的工匠精神。

(1)从校园氛围入手,营造与工匠精神培育相适应的氛围环境。利用新生入学、新教师入职、新学期开学典礼、校庆活动等重要节点开展校史校情教育,加深对"以人为本、德技并修、人人成才、服务社会"办学理念的理解和认同;利用学校网站、微信公众号、校园宿舍公告栏等平台开展学校办学理念文化宣传,让校风校训入脑入心,更烙印在每位师生心里,落实到具体行动中。

(2)从顶层设计入手,在学校管理制度中体现工匠精神。将工匠精神融入师生管理制度、产教融合和校企合作制度中,激发个人和组织的内生动力。在制度运行中要特别体现校企协同机制,通过制度的实施把制度优势转化为治理效能。校企协同开展劳动素养和工匠精神培养,推动行业劳模、工匠精神优秀代表进校园,校企共同培养德智体美劳全面发展的新生代工匠。

(3)从日常管理入手,将工匠精神融入微观的操作性办法中,融入师生管理日常工作中。如各专业教育教学实施中,以"养成教育"为抓手,加强过程管理、创新考核办法,培养学生的专业技能、职业道德和团队协作精神,塑造工匠精神,培养高素质技能型人才。

(二)以思政教育为抓手,提升教师整体素质

新时代的变化为职业学校教师提出了更高的育人目标,在提升教师整体素养方面,学校主要采取了以下策略。

(1)全员联动,有机融合。思政教育是全体教职员工的任务。学校推行全员导师制,组织思政教师、行政管理干部、班主任教师和专业教师,形成一支肩负培育工匠精神使命的教师团队。这支团队需要全面了解学生的思想政治教育现状,积极推进学校工匠精神与思政教育的深度融合,目标是将专业精神、职业态度与人文素养三者统一于工匠精神中。

(2)开展研修,守牢阵地。学校遵循国家政策,合理配置思政教师,确保教师队伍的稳定性和持续性。同时,学校重视青年教师的培养,为工匠

精神和思政教育提供优秀的教育教学主体。学校还组织开展联合研修活动,结合专业课堂教学示例,深入研究"德技并修"的课堂教学模式。

（3）名师引领,注重辐射。学校通过课题研究、学术研讨、理论学习、名师论坛、现场指导等多种方式发挥传帮带作用,凝聚和促进教师共同成长。此外,学校还结合形式多样、内涵深刻的校内外活动,开展宣传、指导与方法的渗透,以培养教师的工匠精神,实践"德技并修"教育教学模式,为教师的发展奠定了重要基础。

（三）创设调配教学资源,优化学生实践平台

（1）调配教学资源。学校教师在对学生进行工匠精神的教育教学过程中重视情景化的学习环境构建,注重营造和谐友爱的教育教学氛围,让学生对所学专业产生积极情绪,在日常教学中实现对工匠精神层面的认同和内化。

（2）搭建实践平台。学校将各项技能比赛贯穿在教育教学专题活动中,促进学生将专业技能知识与职业道德素养、个人创新观念结合起来,一方面提高学生动手操作的实践能力,一方面培育学生工匠精神品质,有效提升其对工匠精神内涵的认知。

（四）丰富职业教育教学方法,推进"德技并修"素养养成

（1）拓宽"德"的教育内涵,提升德育教育质量。一方面,学校结合不同职业教育专业,找到德育教育的适当融入点,将其部分案例作为专业教学的案例素材。另一方面,针对具体专业课程内容,结合相关专业实际需求,设立相应的德育教育理论课程和实践课程,以全面提升德育教育的融合比例。

（2）延展"技"的教学方法,提升实践教学质量。在教学过程中,逐渐从教法向学法转移,强调职业岗位导向,将"教、学、做"三者融为一体,以满足当下职业岗位的职业素质需求。同时,利用数字化教学资源增强专业课堂吸引力,体现实践性、职业性和开放性,丰富教学组织形式,切实提高学生的理论知识和实践技能,在知行合一中感知和内化工匠精神。

（五）以网络宣传为媒介,拓宽思政教育载体

"德技并修"培养模式的实现,需要教育教学模式的创新改革。在新时代背景下,工匠精神的教育需要与时俱进。网络技能的发展为新媒体的融入提供了可能,这种创新方式有助于更好地培育工匠精神。

(1)充分发挥新媒体在教育教学中的作用,渗透工匠精神。学校教师树立全媒体意识,重视新媒体的作用,通过新媒体平台拓宽德育的载体,加强工匠精神培育和学校德育教育的融合,让"德技并修"实践有宣传的场地。

(2)充分发挥学生主观能动性,师生畅谈"德技并修"培养心得。学校利用新媒体平台宣传工匠精神,吸引学生了解其精神内核。加强与企业的合作,请工匠大师传授技艺,让学生感受工匠精神的价值和意义,提升"德技并修"实践实效。

二、"德技并修"培养模式的实践成效

学校课题组对学校学生、各专业的专任教师、思政课程的教师、教学管理人员等进行了随机访谈,了解师生们在工匠精神不断渗透,"德技并修"培养模式实践下的切实感受。

(一)"德技并修"培养模式实践下的教师感受

(1)对工匠精神的理解。教师们所理解的工匠精神是一种职业精神,体现在职业道德、职业能力和职业品质上。对于技术技能从业者,工匠精神意味着精益求精的执着精神,严谨细致的工作态度,爱岗敬业的奉献精神,不断精进的专业技术水平,以及赶超时代的创新精神。

(2)对学校工匠精神氛围的感受。多数教师认为学校应培育工匠精神。方法包括:在校园文化建设方面,设立了宣传栏传递工匠精神核心要素;通过课程和讲座使教师理解德育教育与工匠精神的关联性;辅以职业技能大赛、见实习等实践教学,让学生更直观地感受工匠精神,促进学生的个人成长。

(3)对"德技并修"实践模式困难的认识。主要有以下两个方面:一是部分专业教师对"德技并修"内涵认识不充分,在教育教学过程中仍存在重视技能学习、忽视职业精神的问题;二是实训课程中实践"德技并修"的难度较大,尤其在岗位实习过程中,校企合作的"德技并修"实践认同度和实施力度有待加强。

(二)"德技并修"培养模式实践下的学生感受

在课题实践后,课题组对学生进行了问卷调查,多方面了解项目实施

后的现状。共发放 470 份问卷,有效回收 469 份,其中一年级学生 201 人(占总人数的 42.7％),二年级学生 182 人(占总人数的 38.94％),三年级学生 86 人(占总人数的 18.3％)。

(1)关于未来职业的选择。在被调研的学生中,80％学生愿意从事目前所学的专业,79.79％学生毕业后打算继续升学,且接近 80％学生打算继续学习目前所学专业。无论是横向还是纵向比较,可见目前学生对自己专业学习的认同度是很高的。

(2)关于一些观念的调查。在被调研的学生中,超过半数的学生认为职业学校学习中"最为重要的是道德素质",比例达到 80％以上。

(3)关于学校德育培养情况的认可程度。在被调研的学生中,83.83％的学生认为学校"德育课程大部分教师都讲得非常好,大家喜欢听";87.23％的学生"喜欢参加学校有意义的社团活动";87.45％的学生认为"专业课教师授课时会强调本专业相应的职业素养或职业精神"。此外,87.45％的学生认为"本校的校园环境是积极健康向上、文明和谐的"。

学生们作为培养主体,其感受度和认可度直接影响课题研究的实施效果。调研只是开始,持续改进才是关键,才能确保工匠精神渗透和"德技并修"的效能。今后,学校将结合学生的感受和反馈,让他们更深入地参与这一模式的实践,发挥主观能动性,促进其升华。

三、"德技并修"培养模式的实践思考

本课题在理论探究的基础上进行实践探索,在学生培养、教师培养和学校育人环境等方面都强调了工匠精神培育的重要性,为构建"德技并修"人才培养模式提供了有力依据。另外,在构建时,职业学校还需要关注以下几个关键方面:一是优化课程设置,结合职业需求,注重道德和文化素质培养;二是建立和谐的师生关系,提升教师的职业道德和教育能力;三是加强与企业的合作,提高实践教学比重,了解市场需要培养学生实践能力和职业素养;四是建立完善的评价体系,全面评价学生的道德素质、职业能力和文化修养。这些措施旨在培养德技兼备、综合素质高的职业技术技能型人才,为社会发展作出积极贡献。

参考文献

[1] 彭琳琳. 岗位导向的高职院校工匠精神培育策略研究[D]. 重庆：西南大学，2020.

[2] 李冠源. 工匠精神背景下职业教育人才培养路径探究[J]. 宁波职业技术学院学报，2021(2).

[3] 李慧萍. 技术技能人才工匠精神培育研究[J]. 中国职业技术教育，2019(13).

[4] 刘宝民. 认真落实"立德树人"根本任务，着力培养"德技并修"有用人才[J]. 中国职业技术教育，2019(4).

[5] 教职成. 教育部关于职业院校人才培养方案制定与实施工作的指导意见[Z]. 2019.

[6] 李辉政. 职业教育实施"德技并修"：目标、路径与评价[J]. 教育观察，2020(11).

工匠精神融入中职德育教育初探

上海市新陆职业技术学校　张丽倩

摘　要：本文初步讨论了将工匠精神融入中职德育教育的实践。在社会经济转型背景下，各行业对人才要求提高，以促进职业人才的职业道德和人格品质的发展。通过将工匠精神融入中职德育教育的实践，可以突出专注敬业、严谨务实、追求极致等价值观，丰富德育教育的内容和精神内涵。同时，通过倡导与践行工匠精神，学生能够将个人发展与工匠精神联系起来，激发学习专业知识和提高职业道德的热情，并自觉向成为工匠型人才的方向发展。

关键词：工匠精神；中职；德育教育

在社会经济发展转型的背景下，各个行业、企业对人才的就业能力、职业素养提出了新要求，这就需要加大中职德育教育力度，促进职业人才的职业道德、人格品质得到良好发展。通过将工匠精神融入德育教育的实践，能够突出专注敬业、严谨务实、追求极致等精神的育人价值，丰富德育教育内容和精神内涵。同时，在中职德育教育中，精神层面的引导具有重要作用，通过弘扬中国精神，能够让学生将个人发展与工匠精神联系起来，激发其学习专业知识、提高职业道德的热情，还能使其接受良好道德品质的熏陶，自觉地向工匠型人才方向发展。

一．工匠精神对中职生职业教育的重要性

（一）追求卓越，提升自我

工匠精神鼓励职校学生追求卓越，不仅仅满足于达到基本要求，而是致力于在自己的领域中取得更高的成就。这种追求卓越的态度可以激发学生的潜力，促使他们在技能和专业知识上有更大的提升。

（二）精益求精，不断完善

工匠精神强调细节和质量的重要性。职校学生通过培养精益求精的态度，可以注重细节、完善技能，并不断改进自己的工艺和方法。这有助于提高他们的专业水平和竞争力。

（三）关注细节，拉开差距

工匠精神教导职校学生关注细节，不放过任何一个环节。这种专注细节的态度对于职业技能的发展非常重要，因为在很多行业中，细微的差别可能会产生重大的影响。

（四）持之以恒，保持初心

工匠精神的本质是追求卓越、注重细节、承诺与责任、持之以恒以及对自我价值和尊重的认同。这种精神在各行各业都具有重要意义，激励人们不断提升自我，追求卓越，并为社会的进步做出积极的贡献。工匠精神鼓励职校学生保持长期的努力和热情。通过持之以恒地学习和实践，他们可以逐步提高自己的技能，并在职业生涯中取得更大的成就。

二、工匠精神在德育课程主阵地中的运用

（一）丰富的展现形式

德育课程是开展德育教育的重要阵地，是培养中职生高尚道德品质、良好职业素养的重要方面。为了高效地培养学生精益求精、执着追求的人格品质，教师应对教育形式、方法和内容进行更新，采用多元化、趣味化的教学形式，让学生在讨论、互动氛围中养成良好的职业道德、职业思想，促进德育教育与工匠精神的融合。例如，教师可以开展"工匠精神伴我行"主题讨论活动，开展人物资料搜集活动，引导学生们组建资料搜集小组，搜集不同专业领域的人物成长故事、成功经历，也可以将相关人物的故事、工作事迹整理成视频形式，带入课堂中分享，让学生们都能感悟工匠人才身上的优秀品质。其次，教师也可以搜集与工匠精神主题相关的纪录片，通过开展专题讨论活动，引导学生一边观看视频一边体悟先进精神，增强其价值认同感。此外，学校和教师可以组织工匠精神相关的演讲比赛、讲座活动，让中职生清晰地认识职业道路与工匠精神的关系，促使其形成正确的职业思想、树立良好的职业发展观念。

（二）多元的实践平台

企业文化对人才工匠精神的培养具有重要影响。因此，在促进德育教育与工匠精神融合的实践中，要凝聚校企合力，在关注学生专业技能发展的同时，运用企业文化培养学生的职业精神、职业态度。首先，要利用好校企协同平台，将工匠精神培育、德育教育作为校企共育的重要模块。在定期组织学生参观企业、参与实训时，应带领学生了解企业环境、优秀职业风气、规章制度等，也可以专门开展跟岗认知活动，让学生们扮演员工角色了解工作程序、考核标准和操作规范，使他们在企业"师傅"的带领下养成认真负责、爱岗敬业的职业精神。这样，学生不仅能够提前进入社会历练，提升自身抗压能力、动手实践能力，还能在跟岗学习和实践中感悟工匠精神，实现德育教育与工匠精神的有机融合。此外，学校和企业可以定期安排班主任、德育教师、专业教师进入企业学习，了解最新的行业技术标准和职业规范，培养"独具匠心"的教师，也可以邀请企业道德、工作模范担任兼职教师，向学生们介绍先进工作事迹、案例，引导学生树立良好的职业榜样。通过发挥校企共育合力，能够将德育教育、工匠精神培养贯穿于学生学习、职业生涯，提高工匠精神培养的长效性。

（三）强化工匠精神培养水平

德育教师在学生工匠精神培养中起到引导作用，教师与时俱进地创新工匠精神教学理念，并主动参与实践活动，如观察工匠人物生活环境、体验工匠人物技能操作，从内心深处感受工匠魅力，从而提升德育教师工匠素养。在德育工作中，教师能够获得新思路，才能将工匠精神作用价值毫无保留地向学生传递，真正强化学生的工匠精神。这个过程需要教师密切关注社会发展趋势，通过德育教育工作对人才进行科学性以及艺术性的引导，通过理论与实践的加持，全面提高学生的学习成效，逐渐养成对于本专业的热爱精神，从而确保学生能够通过自身的努力逐渐走进职场、融入社会，并以工匠精神的超高标准来严格要求自己，高标准完成本职岗位上的工作，为我国社会的建设与进步贡献出自己的力量。

三、工匠精神在其他课程中的渗透

职校其他课程也要与德育课程同向同行。比如将工匠精神融入中职信息技术课一样要注重培养学生的职业道德和专业素养。例如设计一些具有挑战性和创造性的项目,要求学生投入时间和努力去解决问题。鼓励他们追求卓越,注重细节,并不断改进自己的作品。在学生完成作业或项目时,强调对质量和细节的关注。要求学生仔细审查和检查自己的工作,确保代码规范、功能完整,并运行无误。鼓励学生积极参与自主学习和研究,主动探索新的编程语言、开发框架和技术工具。提供相关资源和指导,培养学生的自我学习和探索精神。引导学生进行实际的项目开发和案例分析。通过实践中的挑战和问题,培养他们解决问题的能力和创新思维。鼓励学生在团队合作中分享经验和知识,组织学生进行小组项目,以提高他们的合作能力和团队精神。同时,鼓励他们与同学分享自己的学习心得和技术经验,培养学生对自己工作的反思和改进意识。引导他们定期回顾自己的项目或作业,找出存在的问题和不足,并提出改进的方案。

通过上述案例,我们可以看出,在职校生信息技术课中,工匠精神的重要性体现在追求卓越、注重细节、持之以恒等方面。它可以帮助学生建立坚实的技术基础,提高解决问题的能力,并为未来的职业发展奠定良好的基础。随着社会经济的不断发展和科学技术的日益更新,对中职信息技术教育课程提出了新的要求。教师们在教学过程中要提高对工匠精神的重视程度,创新教学模式,继而使工匠精神与信息技术课程充分融合,不断实现教学的真正价值。

四、反思与小结

从国家层面看,工匠精神培养是我国经济结构转型,社会发展的需要。从教育以及学生个人角度看,工匠精神培养是促进个体全面发展的内在要求。两者又是相辅相成的。工匠精神鼓励创新、追求卓越和不断进取。这种精神有助于激发中职生的创新意识和创造力,从而为国家的科技创新和社会进步做出贡献。这种积极向上的精神态度也是爱国精神的重要组成部分。工匠精神培养了中职生对自己的工作、产品以及所从事行业的自豪感。这种自豪感有助于增强中职生对国家的认同感和归属感,形成深厚的爱国情怀。他们将个人的成就与国家的发展联系起来,愿意为祖国的繁荣和荣耀做出贡献。

综上，加强工匠精神与德育教育的融合，是丰富德育教育内容、培养高素质技能人才的重要路径。因此，学校、企业和教师应重视工匠精神培育、德育教育融合的价值，通过丰富德育教学手段、挖掘专业德育价值、实施校企共育等方式，构建多方参与的育人体系，促进学生道德素质、专业素质、工匠精神同步提升，成为全面发展的工匠型技能人才。然而，我们在实践研究不能止步于此，还要进一步深入，比如进一步加大企业参与的深度，拓展工匠案例的课程内容；再比如完善评价制度，使其成为工匠精神落地的有效保障，通过全方位的考核评价，进一步激发学生领悟工匠、争做工匠的积极性，确保工匠精神的培养在中职德育教育中得到真正的落实。

参考文献

[1] 李爱波. 基于工匠精神培育的中职德育课程改革建议[J]. 职业技术，2020，19(06).

[2] 陈亮. 中职学校德育工作中培养学生工匠精神的有效策略[J]. 现代职业教育，2021(16).

新时代工匠精神引领下的职校教学人才培养模式改革实践探索

上海市新陆职业技术学校　虞敏霞

摘　要：随着近年来职业教育在我国的迅猛发展和行业企业的快速变迁，原有的以学校为单一主体的人才培养模式已不能有效解决技能人才与企业"用工荒"之间的结构性矛盾。在此背景下，上海市新陆职业技术学校汽修专业开始探索新时代工匠精神引领下的职校教学，依托校企合作平台，建立学校企业双主体的培养模式，联合开展招生招工，健全并完善各项制度，开展基于新时代工匠精神引领下的职校教学的校企长效合作，理顺校企合作关系，构建适应校企融合工学结合的新型教学及管理体系。

关键词：工匠精神；职校教学；汽车运用与维修；人才培养模式

一、实施背景

工匠精神是一种对工作充满热爱、执着、精益求精的态度和精神理念。它强调追求卓越、注重细节、持续创新，以及对品质的极致追求。这种精神理念不仅体现在手工艺人身上，更适用于职业教育，它是推动社会进步的重要动力。

现代工业革命以后，产业结构的发展对企业人才需求提出了更高的要求，对人才的职业素质需求也在提升。传统的职业教育的不足日渐凸显，特别是学校培养的学生实践能力不足。在技术革命日新月异的时代背景下，人才是第一生产力，只有强大的人力资源优势才能保证本国在激烈的技术革命中立于不败之地。我国正是看到了这一发展重点，开始大力培养技术型人才，职业教育就成了输送人才的"血库"。中等职业教育培养的学生与社会联系最为直接、紧密，他们走出校门就参加工作，因此，如何将中职生的人力优势充分发挥成为重中之重。

从 2011 学年起,上海市新陆职业技术学校与永达(控股)集团建立紧密型校企合作关系,并开展了教师互兼互聘、课程资源建设、顶岗实习、订单培养、"多学期、分段式"教学组织模式等一系列改革。双方紧密合作,共同开展新时代工匠精神引领下的职校教学的人才培养模式,主要有以下几点优势:一是有助于进一步理清政府、学校、企业在新时代工匠精神引领下的职校教学人才培养中的角色和职能边界,为政府出台配套政策扶持,形成"政府引导市场驱动"的长效合作机制提供借鉴;二是有助于理顺校企双主体合作关系,创新办学体制,为长期可持续合作提供组织保障;三是有助于科学选择合作企业,实现共同发展,将学校职业教育与企业人力资本投资有效融合,实现资源共享,平衡企业和学生利益,开辟互利共赢合作的新途径;四是有助于完善校企长效合作机制,加强工匠精神人才培养模式的质量监控,保障合作稳定顺畅执行,为新时代工匠精神引领下的职校教学试点工作的推广提供模板。

二、实施目标

围绕新时代工匠精神引领下的职校教学人才培养模式改革推进的需要,旨在构建市场主导社会需求导向,企业积极参与的校企双主体长效合作机制模型及制度,调动企业主体参与人才培养过程的积极性,优化校企资源配置,从而实现学校教学改革与企业技术创新同步、学校人才培养质量提升与企业人力资源优化并行、学校办学效益提高与企业竞争力提升共赢。

就具体目标而言,探索新时代工匠精神引领下的职校教学人才培养模式改革主要有以下三方面:一是建立新时代工匠精神引领下的职校教学校企双主体合作的概念模型,量化分析当前新时代工匠精神引领下的职校教学校企合作现状;二是研究国内外新时代工匠精神引领下的职校教学长效合作机制的经验,提炼值得借鉴的典型做法;三是分别从学校和企业的角度,分析影响新时代工匠精神引领下的职校教学人才培养模式实施成效的因素及形成机理。

三、实施过程

新时代工匠精神引领下的职校教学实施过程中,需要企业参与学校人才培养全过程,实现招生即招工、学生毕业即就业,其实质是企业人力资本的投资行为。这将给企业带来明确的、可预期的经济收益。相对于普通职业教育公共产品属性而言,新时代工匠精神引领下的职校教学的职业教育产出具有准公共属性。因此,将新时代工匠精神引领下的职校教学长效合作机制建设定位于市场主导型的校企合作机制设计范畴,建立以市场和社会需求为导向,其中市场主导资源配置,从而体现市场机制效率的合作机制。在市场主导型校企合作机制中,政府主要扮演辅助及监督管理的角色,通过出台配套政策或委托第三方机构,对相应的市场主体行为进行规范、监督、评价。

上海市新陆职业技术学校在汽车维修与运用专业中率先开展新时代工匠精神引领下的职校教学探索——选拔部分学生组成"永达"冠名班,至今已迈过第9个年头。9年来,在学校和企业的多方面精诚合作、共同努力下,初步摸索出了一种适合新陆职校汽修专业与永达汽车集团校企合作、互利共赢的学生培养模式。该模式从整体而言,促进了行业、企业参与职业教育人才培养全过程,通过有针对性的人才培养途径,提升学校人才培养质量,解决企业"用工荒"的问题;在围观层面,新时代工匠精神引领下的职校教学的探索创新了专业课程体系及教学内容,加速了"双证融通"实施,助推了"双师型"师资队伍建设和实训基地建设进程,生成了新的质量监控体系,变革了原有职业教育招生制度、管理制度和人才培养模式。

学校汽修专业实施新时代工匠精神引领下的职校教学人才培养模式的具体过程如下所述:

(一)组建工作小组

组建由学校实习指导教师、实习单位负责人、实习单位师傅、实习学生干部等成员构成的工作小组,制定人才培养方案、课程与教学改革等相应文本,组织管理本期实习工作。工作小组一方面要按实习单位各项规章制度及学校制定的有关教育实践的管理规定,指导学生完成汽修实习工作;另一方面,针对实习单位的相关管理规定,要求学生实习期间,严格遵守听从实习单位负责人和带教师傅的安排,每天按时到实习单位,实习期间不得擅自离开单位。违反实习纪律的同学,学校将给予相应的处理。

(二)安排实习

在学生实习期间,实习指导教师通过电话、网络与学生及用人单位进行联系,解答学生相关问题、与用人单位保持沟通以便掌握学生实习情况;此外指导教师还要不定期赴实习单位指导学生实习,以保证按实习计划安排落实实习进程,掌握实习进度,使实习内容紧凑、充实合理,时间利用充分。在此期间,每个实习小组推荐一名小组长,全面负责与实习单位和实习指导师傅的联系,负责实习期间的一切其他事务。

在学生实习后认真进行实习考核,严格管理。实习生返校时必须将实习单位及带教师傅、负责人对其实习期间有关思想与行为表现、专业实践业务能力、工作态度等方面的书面评价进行密封,然后由各组小组长带回(须盖有实习单位的公章),以此作为学生实习评定的依据。

(三)明确实习纪律

学生实习期间,必须严格遵守实习单位相关规定,具体包括:①自觉遵守国家的法令、法规,遵守所在实习单位的各项规章制度,服从领导,听从指挥,以良好的状态和饱满的热情投入专业实习。②遵守劳动纪律,不迟到、不早退、不无故缺勤,因故不能出勤者,应提前向实习单位师傅和所在单位部门负责人请假。③虚心向实习单位的师傅学习,积极参加所在单位所组织的各项活动。④对无故不参加实习和实习成绩不合格的学生,按学校学生学籍管理规定不予毕业。因故经批准未参加实习或实习成绩不合格的,另行安排相应实习并考核其实习成绩。

(四)明确实习考评要求

在学生实习开始前,需要提前告知实习期间的考评要求:①每一个实习学生实习结束后必须交实习小结一份;一份汽修实践活动方案或写一篇实践活动评析;给家长做一次交流记录(谈话、宣传资料、联系本等),这些作为实习评定成绩的重要依据之一。②由实习单位师傅提出初评意见,学校指导教师依据初评意见、实习日志、实习报告、实践教学手册等的情况,提出建议成绩,最后由实习实践教学领导小组考核确定。实习成绩按优、良、合格和不合格四级记分。

四、实施保障

(一)成立领导小组

在政府主导下,成立由行业、企业参与的职教集团——上海市新陆职业技术学校新时代工匠精神引领下的职校教学试点项目实施领导小组,为新时代工匠精神引领下的职校教学的改革试点提供平台,协调处理实施过程中的问题。

(二)确定人才培养目标

学校立足浦东,面向上海城市圈,服务永达、上汽、通用等相关岗位,以培养具有吃苦耐劳品质、团队协作精神、节约环保意识等职业素养为目标,从而使培养的学生能够利用所学汽修专业知识提高设备维护能力,胜任汽修集团需求的德、智、体、美、劳全面发展的技术技能人才岗位。

(三)联合开展招生招工

依托上海市新陆职业技术学校汽车运用与维修专业,政校企三力联动,共同开展招生招工,制定招生政策、奖助学金政策;企业在招工过程中,面对那些有志学习深造者,要通过面试、考试、考核筛选、注册学籍等流程。

(四)制定教学方案

借助职教集团的平台,学校与永达集团共同制定人才培养方案,保障新时代工匠精神引领下的职校教学人才培养模式的实施。学生同时接受学校和企业的双重管理;在教学中配备了由校内专任教师和企业师傅共同组成的"双导师",教师全程跟踪,师傅密切配合。

(五)教学过程的安排

实施分级培养:打破常规的教学时段,根据企业生产周期安排教学内容,根据岗位成长周期安排教学课时,将课程的教学分为若干个"企业顶岗、学校学习"的小循环。在校内以教师为主导,主要进行理论知识学习和一体化训练为主要内容;在企业以师傅为主导,主要进行核心技能的学习和训练,培养职业素养。校内、企业教学活动交替进行,由学校、企业共同完成岗位达标考核后进入岗位的学习。

(六)完善制度

(1)校企双方共同制定相关文本,为规范人才培养提供标准依据。以汽车运用与维修专业岗位现实需求与未来发展需求为依据,兼顾个人发展需要的前提下,校企双方从职业工作岗位的任务分析,参照国家职业资格考试标准,开发适应岗位育人需求的人才培养方案、专业教学标准、核心课程标准、岗位标准、企业师傅标准、质量监控项保障体系及相应实施方案。

（2）政校企三方制定系列管理制度，为构建新时代工匠精神引领下的职校教学运行体制机制奠定基础。一是制定协议，包括学校与企业的合作协议，学校、企业、家长三方协议，师傅与学生协议等；二是制定管理制度，包括《新陆职业技术学校新时代工匠精神引领下的职校教学试点工作实施方案》《校企招生招工一体化管理办法》《企业师傅选聘培训管理条例》等；三是制定考核标准，包括《分级考核标准》《学分管理条例》《优秀评选及奖学金发放管理办法》等。

五、特色与成果

新时代工匠精神引领下的职校教学实施构成中，按照国家职业资格标准的知识、技能、素质进行综合评价考核，一旦通过考核即可获得相应的技术岗位资格证书。新陆职校为了培养学生具备新时代的工匠精神，从学生的思想和行动上加以引领和辅导，采取不定期聘请李青、黄继才等劳动模范进行成长、梦想进取及工匠是怎样炼成的主题讲座。让学生在他们的劳动经验和故事中深刻认识到劳动是实现自我价值和社会发展的关键；同时也深刻体会到如何通过自身的努力传承劳模工匠精神，奋力圆梦，最终成长为一名工匠的心路历程，树立起必须学会一技之长，学技术，用技术，传技术，将青春献给中国梦的信念。在此一系列的思想教育的引领下，旨在努力建设知识型、技能型、创新型汽车维修人才队伍，由学校和上海永达公益基金会共同主办，在上海市南湖职校举办了首届以赛促学、以赛促训、以赛促练的"永达杯"汽修技能大赛，不仅不断深化了汽修相关专业教育教学改革，而且进一步达到了学生传承精益求精的工匠精神的效果。赛后学校还以项目复盘的形式，举办赛项成果转化研讨会，围绕如何科学有效备赛，提高育人质量，做好技术服务等工作，开展了深入研讨，促进赛项承办经验转化成教学能力、管理能力。

六、体会与思考

随着社会的不断发展，工匠精神在职业教育中的地位和作用越来越突出。只有将工匠精神融入职业教育，才能培养出更多具有创新能力和实践能力的技能人才，为社会的进步和发展做出更大的贡献。

职业教育的目标之一便在于人人出彩，从而实现技能强国。近年来职业教育领域的多项改革从多层次、多角度、全方位展示了职业教育改革发展成果、典型经验和重要贡献。但是当前新增劳动力就业结构性矛盾仍然十分突出，其中最突出的矛盾是中职校毕业生就业难和技术技能人才供给不足的矛盾。要解决这些矛盾，就要大力提升现有中职校的办学水平和人才培养质量。而新时代工匠精神引领下的职校教学的职业教育人才培养新模式与传统的教育方式相比更具有时代性。它的一大特点在于与企业合作，学生在企业实践过程中能够将校园所学的专业理论知识运用于实际当中，摆脱传统职业教育模式的枯燥课堂，使学习内容变得更加丰富与灵活，提高了学习效率。学生通过不断实践与经验积累快速提高技能水平，成长为真正的技能型人才。

参考文献

[1] 马野. 关于弘扬劳模精神工匠精神促进振兴发展的对策研究[J]. 魅力中国，2017(13).

[2] 国胜. 塑造大国工匠精神[N]. 中国青年报，2015 - 07 - 06(009).

探 索 篇

中职《幼儿卫生与保健》校本教材开发研究

上海市新陆职业技术学校　　张徽

摘　要：教材是课堂教学的重要载体和依据。为了提高中职学前教育(保育员)专业学生保教技能,探究、开发适合校情和学情的校本教材十分必要。本文从原有教材的分析、编写目标的确定、编写前期准备、设计教材结构、编写教材内容等方面进行思考和梳理,在此基础上形成《幼儿卫生与保健》校本教材的开发与实践,以期提升学生的学习兴趣、专业技能与职业素养等。

关键词：学前教育；卫生与保健；校本教材

区域内社会经济发展、产业结构调整与技术升级步伐不断加快,这些变化深刻影响着职业学校的专业建设。为了适应这种新变化、新形势,必须加大专业改革力度。而在专业改革中,课程改革是根本,教材建设是重心,校本教材开发是最主要的显性成果。同时,学校办学特色的凝练同样需要开发特色化校本教材。幼儿卫生与保健是中等职业学校学前教育专业开设的一门核心课程。我校经过多年专业课程教学研究、探索,针对《幼儿卫生与保健》的教材在教学中存在的问题,从激发学生的学习兴趣,提升学生的综合职业能力,特别是实践应用能力出发,以就业为导向,以能力为本位,以岗位需要和职业标准为依据,结合学生的认知特点和规律,以学校实习实训基地为依托,积极进行《幼儿卫生与保健》校本教材的开发。

一、对原有教材的分析

学校学前专业先后使用过高等教育出版社的《幼儿卫生与保健》、北京师范大学出版社的《学前儿童卫生与保健》、复旦大学出版社的《学前卫生学》,在使用过程中发现以下问题。

（一）教材不符合专业培养定位

上海市中职学前教育的定位方向是保育员。根据上海市中等职业学校学前教育（保育员）专业教学标准的要求，本专业主要面向托幼园所、社会福利院等育儿机构，培养在学前教育第一线能辅助教师负责婴幼儿保健、养育，以及协助教师对婴幼儿进行教育工作，具有公民基本素养和职业生涯发展基础的知识型、发展型技能人才。按照标准，培养的学生需要掌握幼儿园所、社会福利院等育儿机构保育员工作岗位以及辅助教师教学工作的助教岗位所需具备的幼儿卫生保健知识。之前使用的教材都是针对幼儿教师岗位所需掌握的幼儿卫生保健知识，不符合学校学前教育（保育员）专业学生岗位能力要求。

（二）教材不符合中职生认知特点

学校原先使用的教材中有两本是源自高职高专，有一本是针对中职校的，从总体看教材的理论知识系统性强，教材内容设计比较单调，开发的时间比较久远，与当前幼儿园发展现状及各岗位的要求不一致的地方较多。也与当前中等职业教育学生的认知特点不合拍——当代中职生形象思维胜于逻辑思维，实践学习胜于理论学习，动手能力胜于动脑能力。教学时运用这样的教材往往导致学生在学习时缺乏兴趣，缺乏学习动力，学而"不留痕"。综上可见，现有的《幼儿卫生与保健》教材不能适应中职学前教育专业的教学需要。

二、校本教材的探究与开发

在探究与开发《幼儿卫生与保健》校本教材过程中，在前期调研的基础上，主要围绕确定校本教材目标、规划设计校本教材的结构和重点以及收集、编写幼儿园卫生与保健案例等几项活动进行。

（一）教材编写的前期准备

1. 研究现有教材及相关材料

校本教材开发编写是一个科学严谨的过程，参与编写人员在开发《幼儿卫生与保健》校本教材前，对现有的相关教材认真研读，并且对内容进行了梳理。现有教材中学前儿童解剖生理特点以及生长发育规律、托幼机构各项卫生要求以及卫生保健工作的规范操作都是搭建学生专业知识的基础,在选用这些原始知识点的基础上,考虑学校学前教育专业学生面向的是保育员、助教等岗位,因此在教材内容的选择上还参考了保育员初、中级考证教材,结合考证要求,选择的内容兼顾理论知识与技能需要。

此外,编写组成员对新课标下的中职专业教材进行了深入研究,分析教材的特点,教材多以图文并茂,展现操作流程,操作要点为形式,以项目、任务来构建框架,为教师的教学与学生的学习提供比较全面的支持。

2. 做好全面调研工作

编写前,编写组通过走访幼儿园,向幼儿园园长、实习指导教师以及实习带教保育员,对学生在实习过程中的实际情况作了充分了解。比如,学生在实习过程中,普遍喜欢讲道理(理论),操作的速度和规范都不够。以运动前为幼儿垫干毛巾为例,学生在操作的时候,经常会手忙脚乱,一会让幼儿脱外套,一会让幼儿转身背对自己,毛巾从衣服下摆处往上推的时候,容易卷角。但让学生讲述这个知识点,学生会娓娓道来,说出很多道理。从中可以看出,学生对于保健知识的掌握停留在理论层面,而对于流程并不熟悉。这反过来又说明学生对于理论知识的掌握不透彻。因此,校本教材既要有理论基础,又要以完整的流程和规范的操作予以支持。

同时,编写组也访谈了本校现任卫生保健课程教师。教师普遍反映现用书本都是条条框框,需要花费大量的时间和精力找案例帮助学生理解。尤其是卫生保健方面操作的知识点,教师在课堂上演示后,学生很容易忘记或者在操作的过程中不规范,如果在教材中编排一些有操作的图片,那么学生在课后可以有参照的标准。

(二)教材编写目标的确定

《托儿所幼儿园卫生保健管理办法》(卫生部、教育部令 76 号)以及《托儿所幼儿园卫生保健工作规范》(卫妇社发(2012)35 号)指出,托幼机构是学龄前儿童集体生活、学习的场所,托幼机构卫生保健工作是儿童卫生保健服务的一项重要内容,是公共卫生的重要领域。做好托幼机构卫生保健工作,对于有效预防儿童感染疾病及意外伤害,提高广大儿童的身心健康保障水平,增强全民族健康素质具有十分重要的意义。因此,幼儿园各岗位人员需要掌握相应的幼儿保教知识和技能。

依据相关文件的规定,并严格按照上海市学前教育专业(保育员)教学标准,教研组结合本校的办学特色、专业特色,编写符合学生学习特点,贴近岗位,激发学生兴趣的专业教材。

(三)校本教材编写实践过程

1. 设计校本教材结构

教材整体设计的思路考虑幼儿卫生与保健的基础性和系统性,同时考虑教材的应用性和实用性,以达到学生在掌握知识的同时,体验、理解应用知识的过程和方法,从而形成能力的提高。整本教材以实习生佳佳在幼儿园实习过程中的所见所闻为线索,设计了职前培训(幼儿生理特点和卫生保健、学前儿童生长发育、幼儿膳食和营养、微生物基础知识和消毒隔离)四个模块,以幼儿卫生保健的理论知识为基础。轮岗实习部分(入园、离园环节的卫生保健,生活活动环节的卫生保健,教学、运动、游戏的卫生保健,幼儿园安全教育以及常见意外伤害的预防及处理,幼儿园常见疾病及传染病的预防和处理,幼儿特殊行为及护理)六个模块,主要以幼儿园的一日活动为背景,对其中所涉及的卫生保健知识进行探索和学习。

教材的编写注重科学性、系统性,强调实践操作,每一模块分为几个探索,每一个探索都有小案例、小观察、小贴士、加油站等,以实习生的视角对幼儿园发生的有关卫生保健问题进行解读,对一些重点的知识点进行补充。每一模块中的"小试身手"以及模块后面的"综合任务",则考查学生对本模块知识的掌握程度以及运用知识处理问题的能力。

2. 编写校本教材内容

在上述基础上,团队在编写教材内容的过程中还紧贴岗位,一方面,紧贴幼儿园实际岗位,参与编写的教师分别到市示范幼儿园、市一级一类幼儿园下企业实践。通过跟着带教保育员体验一日活动中的卫生保健工作,看、拍摄保育员实际操作的规范动作,记录幼儿的表现、反应,把看到的、听到的、想到的融入理论知识中,让教材的内容更加丰富、生动,让学生更容易理解、掌握,也让教学紧贴岗位。

另一方面,收集学生实习手册中典型的、好的案例,把学生在实习过程中遇到的问题以"小试身手""加油站"等内容出现,关注学生在实习岗位上的真实表现,帮助学生解决实际的问题,也让学生在课堂中发散思维,提高实际解决问题的能力。此外,以校本讲义的形式出现,一边编写,一边进课堂,参与编写的成员对上课的效果、内容的合理性进行反复的斟酌,最后修改、确定教材内容,教材的形成与学习过程做到了有机结合,保证了教材的适应性。整个编写过程历时一年半,教材最终于 2014 年 8 月由华东师范大学出版社出版发行。

三、校本教材开发的反思

本次《幼儿卫生与保健》教材的开发过程取得了一定的成效,也为后续进一步完善奠定了基础。

(一)促进了教师专业化发展

学校很多专业教师都是第一次参与编写校本教材,编写的过程中教师不断地学习新课程理念和上海市学前教育专业(保育员)课程标准,认真学习幼儿卫生与保健的理论知识,积极参与幼儿园实践活动,在此基础上提炼、整合成文字呈现出来,教师在此过程中不断地成长,整个团队在此过程中也在不断地进步,同时也推动了学校专业课程的建设。

(二)促进了学生职业能力发展

校本教材开发是建立在本校学生的学情基础上的,是在充分研究学生的学习《幼儿卫生与保健》专业课的基础上,针对学生学习过程中存在的问题,有目的、有策略地在校本教材中加以改进,围绕幼儿园卫生保健工作,以"怎么做""怎么处理"等操作技能为主,丰富学生的幼儿卫生保健经验,提高幼儿卫生保健能力。

(三)拓展了后续完善的思路

《幼儿卫生与保健》校本教材的出发点是针对本校学生开发,没有和同等的学校进行类比。同时,教材注重实操性,知识梯度区分度低,如何在学生现有的发展水平上,加深理论知识的学习,这个问题还有待于继续思索、探究,也为下一阶段对教材的修改和编写,指出了方向。

四、小结

《幼儿卫生与保健》校本教材的探究、开发到出版、发行再到反馈、修改,有助于专业教师课程意识和专业素养的提高,同时也让课程内容更符合岗位需求,更适合学生的需要。校本教材的开发是一个系统工程,不是一蹴而就,更不可能一劳永逸。整个开发的过程中,笔者也充分意识到,校本教材的开发要对教学需要进行充分的调研,集多方力量共同探讨和开发,并在实践的过程中不停探索和积累,为提高职校教学质量,培养合格的技能型人才而不懈努力。

参考文献

[1] 孔艳丽. 基于校企合作的中职学校校本教材建设的研究与探索[A]. 教师教学能力发展研究科研成果集(第七卷),2017.

[2] 赵文平. 中职校本课程开发的理念、策略及应规避的问题[J]. 江苏教育,2018(68).

[3] 刘贵成,戴自璋,苏晓锋,王崇义. 浅谈校本教材开发与研究[J]. 职业,2010(26).

课程思政视域下中职学生工匠精神培育路径
——以中职数学课程为例

上海市新陆职业技术学校　　王薇

摘　要：工匠精神是一种职业素养,培养中职学生的工匠精神是国家现代化建设的需要。本文以中职数学课程为例,重点探索了课程思政视域下中职学生工匠精神培育的四条路径,即明确课程思政德育目标,对接当代工匠精神内涵;立足教学内容,做好培育工匠精神的准备;开展课堂教学实践,渗透数学德育功能;提升教师职业素养,发挥工匠精神培育者的榜样作用。

关键词：课程思政;工匠精神;培育路径;中职数学

一、工匠精神的内涵

2017 年,习近平总书记在中共十九次全国代表大会中提出,要"建设知识型、技能型、创新型劳动者大军,弘扬劳模精神和工匠精神"。通过研读工匠精神相关文献和实地考察企业工匠精神,笔者从四个维度提炼出当代工匠精神的内涵实质,即敬业爱岗、无私奉献的职业精神;严谨求实、专注执着的职业态度;勇于创新、开拓进取的职业胆魄;精益求精、追求极致的职业品质。

二、培育中职学生工匠精神的必要性

工匠精神是一种职业素养,中职校是培养工匠精神的主阵地,中职学生是工匠精神的主要传承者和实践者。当下,全球经济发展充满了很多不确定性,这也给我国的制造业的转型升级带来了严峻挑战,因此企业对中职毕业生提出了更高的要求。为深入了解企业对中职校工匠型人才的需求现状,笔者面向聘用中职学生的企业进行了问卷调查,部分调查结果如下图所示。

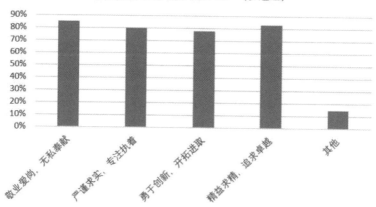

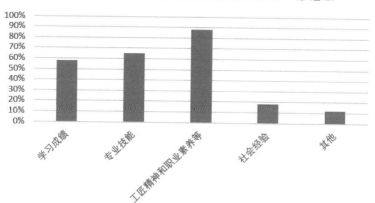

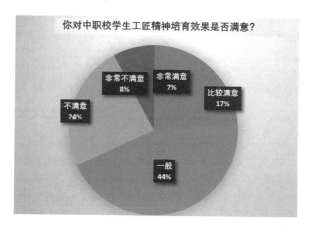

通过调查分析得出如下认识：

（1）企业高度认同"敬业爱岗、无私奉献、严谨求实、专注执着、勇于创新、开拓进取、精益求精、追求极致"的工匠精神，认为它们是对新时代工匠精神的最佳诠释。

（2）企业认为在录用中职校毕业生时，学生的在校学习成绩和社会经验并非最主要的选录标准，专业技能是大多数企业比较看重的选录因素。88％的企业把工匠精神作为录用毕业生的主要条件之一。

（3）企业对中职校针对学生实施的工匠精神培育的满意度并不高，只有7％的管理人员对此表示非常满意，17％的管理人员表示比较满意。

从调查结果来看，企业之所以对中职校学生工匠精神培育效果不甚满意，主要有如下几方面原因：部分中职毕业生眼高手低，不愿意做工人，认为工人是廉价劳动力，没有地位；个人主义倾向比较严重，不愿付出，不谈奉献，只求收获；工作时内心浮躁，缺乏细致严谨、踏实认真的态度，很少有精益求精、追求极致的信念和作为；因循守旧，进取心不强，缺乏创新意识、开拓精神。通过调查，我们看到了中职学生工匠精神的缺失，这无疑揭示了现代中职教育的一个短板。作为中职校的数学教育者，该如何有效培育学生的工匠精神呢？

三、中职学生工匠精神的培育途径

2019年，习近平总书记曾提出："要用好课堂教学这个主渠道，使各类课程与思想政治理论课同向同行，形成协同效应。"这一思想为创新工匠精神的培育路径带来了重要启发——课程思政。

数学课程在许多学校被列为必修基础课，涉及学生面广，对学生影响大，是课程思政不可或缺的主要阵地之一。当数学教育植入课程思政的理念之后，教育者不仅要向学生传授数学知识，同时还要传授与此相关的钻研精神、学习精神、创新精神等等，这些精神与工匠精神有着天然的联系，对培育中职学生的工匠精神有重要作用。将课程思政融入中职数学教育，有利于促进思政教育工作与数学教学工作的自然融合，也有利于实现工匠精神培育与数学教育的有机统一。所以，通过构建数学课程思政教育体系来培育学生工匠精神是中职校数学教育者的正确选择。

(一)明确"课程思政"德育目标,对接当代工匠精神内涵

任何教育教学活动都是为了培养社会需要的人才。数学教育教学活动也不例外,它不仅能提升受教育者的智力,而且也能在潜移默化中改变受教育者的品德修养。数学学科作为人类文明的重要结晶,不仅在提高学生运算水平、培养其逻辑思维、锻炼其发现问题的能力、提高其解决问题的水平方面,有着无可替代的作用,在提高学生思想政治觉悟、引领其坚定跟党走、帮助其树立正确的价值观、培养其成为合格的社会主义建设者和接班人方面也有着不可推卸、无可替代的责任。

数学课程思政德育目标

数学课程特点	课程思政德育目标	对接的工匠精神
课程集数学家思想之精髓,渗透着他们刻苦勤奋、默默奉献,不求回报的科学精神	培养学生敬业爱岗、无私奉献的工匠思想	敬业爱岗、无私奉献的职业精神
课程内容相对抽象,注重演绎、推理、计算	培养学生严谨细致、实事求是的工匠态度	严谨细致、实事求是的职业态度
课程知识具有连贯性、系统性,需要花费时间和精力才能学好	培养学生持之以恒、专注执着的工匠态度	持之以恒、专注执着的工匠态度

(二)立足教学内容,做好培育工匠精神的准备工作

1. 挖掘教材中的数学之美

中职数学教学是以教科书为基础的,它包括了中职数学的所有重点和难点。要渗透德育教学,教师的首要任务是挖掘中职数学教材中的数学美,渗透具有数学特色的德育。例如,几何图形的对称性美、数学符号的抽象性美等都是数学特有的美。教师应引导学生发现数学的魅力,使学生对数学学习产生兴趣,享受参与到数学教学活动的乐趣。同时,数学也具有思维之美。为了学好数学,学生们需要细心、自信、毅力,才能达到学习目标。在面对难题时,教师更要鼓励学生勇于尝试、坚持不懈,做到以心为旨、德智并举,将德育全面渗入数学教学中。

2. 结合数学家事迹鼓舞学生

在学习数学新知识点的时候,教材中通常会附注新公式发现者的生平

信息。教师可以将数学家的生平事迹作为情境导入课堂教学中,让学生对公式先产生感性上的认识,进而增强对理性知识的探究欲。数学家是活生生的人,将具有情感性的人与公式定理联系起来,学生更容易接受,学习效率也会随之提高。教师可通过生动阐述数学家的成长经历来鼓励学生,为他们树立学习的榜样,培养良好的道德习惯。

3. 挖掘社会生活中的相关因素

在中职数学的学习过程中不乏与生活实际相关联的题目,这类题目设置的情境往往是和学生日常生活紧密联系的。教师应当重视这些题目,以此为据渗透德育教育,加强对现实材料的理解和应用。这些材料或与经济发展相关,或与社会事件相联系,或从学生身边的小事入手。教师可以结合这些内容,为学生拓展延伸一些相关内容,拓宽学生对我国经济、社会、文化等方面的了解,潜移默化地进行爱国主义教育,使学生形成良好的价值观和高尚的道德情操。

(三)开展课堂教学实践,渗透数学德育教育功能

1. 创设良好的教学情境

对许多中职学生来说,数学比较枯燥,较难理解和掌握。因此,教师应针对学生的特点,为学生营造良好的教学情境。例如,在进行数学教学之前,可以给学生补充一些与数学相关的时事知识,如科技发明、科学研究和创作成果等,让学生既能认识到学习数学知识的重要性,增强学习动力,又能够对我国现代发展有更直观的了解,培养爱国情操。

例如,在"椭圆及其标准方程"的教学中,笔者在引入的时候没有立即给学生介绍用平面截圆锥面的方法,而是给学生介绍了一段数学探究史。这段探究史包括两点内容:一是历史上科学家对哈雷彗星轨道的预测,二是我国天文学家对波普彗星的研究。这两个探究史具有共同的特征,那就是科学家对彗星轨道的"预测"。此处向学生强调:在非科学的视野里,彗星更多的带有其他意味,如中国人认为它是"扫把星",意味着黑暗与灾难,而当人们发现它的运行轨迹竟然可以预测时,显然意味着规律的存在,而这个规律就是用椭圆知识来描述的。

这样的一个简单的情境创设在课堂教学实施的过程中也就几分钟的时间,但正是这几分钟可以促进学生进行深入的思考,生活中一些看似没有规则的事物,在规律与预测视野中变得有章可循,而这正是数学的力量!其后再向学生介绍椭圆的生成过程、描述椭圆轨迹的标准方程等,这个时候学生的学习动机变得很强,他们在体验用两个钉子及一段绳子画出椭圆的过程中,在基于椭圆的标准方程及其图像探究椭圆的性质过程中,表现得十分积极。从育人价值的角度来看,这样的教学过程设计对学生的智育作用是不言而喻的,而学生对数学史中的"预测"功能与数学知识之间的关系的理解,也可以让学生变得更加理性,进而认识到数学的魅力,这就是数学教学中德育的价值所在。

2. 导入数学史激发学生情感

在中职一年级的一堂数学课上,笔者给学生介绍了中国古代数学的形成和发展。首先给学生介绍了筹算方法和先秦文献中的数学思想。中国商代已有了十进位制记数制,即筹算计数制。英国科技史家李约瑟指出"中国商代的数字系统是比古巴比伦和古埃及同一时代的字体更为先进、更为科学的。"学生听到这里,眼神中明显流露出一种自豪感。接着我又介绍了一些先秦诸子的经典中的充满数学思想的名句。老子在《道德经》中说"道生一、一生二、二生三、三生万物"。这种数本原思想类似于毕达哥拉斯学派的"万物皆数"。《周易》中的"八卦"与二进位制数写法完全一致。战国时的孙膑为田忌赛马制定"斗马术",开创了对策论的先河。《庄子·天下篇》中"一尺之棰,日取其半,万世不竭",体现了无穷数列的概念。学生对于古人在几千年前就能体会数学思想钦佩不已。笔者又介绍了陈景润摘取"哥德巴赫猜想"皇冠上的明珠等说明我国在数学研究领域里,无论是过去还是今天都有着辉煌灿烂的一页。实践证明,在教学中介绍一些数学史和古今中外数学家的生平与成就,不仅能为枯燥的数学教学增添一点情趣,更能收到潜移默化的爱国主义教育效果。

3. 适当采用合作学习的模式

合作学习模式在当前的课堂教学中得到了广泛的应用。合作学习模式可以明确学生在数学课中的主体地位,让学生学会自主思考。数学是一门充满平衡美和哲学美的学科,它有其内在的矛盾发展规律。在数学教学中,为了解决问题,我们通常需要转变自己的思维方式,才能找到解决问题的方法。学生有时无法通过自己的努力解决问题,这时,教师可以根据教学实际,采用合作学习的方式进行教学,使学生团结协作,发挥自己的优势,弥补自己的不足,在合作中共同进步。

4. 构建和谐师生关系

道德教育不是向学生填鸭式的灌输,也不是为学生制定行为规范,更多的是让学生受到教师的影响和启发,把老师作为自己学习的榜样,被老师的人格魅力所折服。因此,教师需要平衡自己与学生的关系,通过外部表现让学生对自己产生尊重和信任。同时,教师还需要注意与学生沟通的方式方法,不能一味批评或赞扬,而是"对事不对人",对学生一视同仁,只针对学生当下的学习成果来评价学生,而不是根据学生成绩盖棺定论。

(四)提升教师职业素养,发挥工匠精神培育者的榜样示范作用

教师是中职校数学课程思政的实施者,也是中职学生工匠精神的培育者,教师职业素养的高低直接影响着数学课程思政的价值引领效果,直接关乎着学生工匠精神的培育质量,因此教师要身正为范,以身作则。

首先,教师要加强自身思想道德建设。在教学中做到公平公正、深明大义、恪守公德,做到以德服人、以德育人。

其次,教师要敬业爱业,严谨治学。在教学中用饱满的情绪感染学生,用严谨求实的教学风格引领学生,使学生在耳濡目染中自然形成认真细致、热爱数学的学习习惯。

最后,教师要不断学习,与时俱进。当今社会几乎每一天都发生着翻天覆地的变化,教师只有不断学习新知识、新技术、新理念、新方法,才能在数学教学中春风化雨,游刃有余,才能在数学课程思政中有效培育学生的工匠精神。

四、结语

在社会高度呼吁工匠精神的今天,数学教育者要顺势而为,充分借助数学"课程思政"这一主渠道,通过构建数学"课程思政"教育体系有效培育中职学生工匠精神,为社会、企业尽可能多地输送工匠人才。

参考文献

[1] 中华人民共和国教育部. 中等职业学校数学课程标准(2020 年版)[M]. 北

京：高等教育出版社，2020.

［2］朱志鑫，陶文辉，刘静霖，杨荔. 高职数学课程融入"课程思政"教育的路径探析［J］. 北京工业职业技术学院学报，2019（01）：82－84，118.

［3］王爱平. 刍议中职学生工匠精神的培养［J］. 职教通讯，2018（4）：58.

新时代工匠精神引领下的职校教学

——以学前教育中本专业思政课程教学为例

上海市新陆职业技术学校　李佩玲

摘　要：本文主要依托学前教育中本专业思政课程，以《习近平新时代中国特色社会主义思想学生读本》教学为例，初探思政课程新时代工匠精神引领下的职校教学，力求使思政课程更能贴近学前教育专业学生的专业特点，贴近学生生活实际，提高思政课程实效性的研究，推动学生在思政课程中得到自身道德水平的有效提升，内化为自己的行为准则，外化为个人的行为举止，成为新时代高素质的中职毕业生。

关键词：学前教育；中本专业；思政课程；新时代工匠精神

一、思政课程背景分析

（一）思政课程与工匠精神的内在联系

工匠精神是一种职业精神，它的基本内涵包括敬业、精益、专注、创新等方面的内容。中职校教育要努力培养具有工匠精神的毕业生，为其未来的工作奠定坚实的基础，同时能在竞争激烈的市场中立于不败之地。

思政课程与工匠精神有着密切的内在联系。一是体现在价值观的契合：思政课程的核心是培养学生的社会主义核心价值观，而工匠精神所倡导的精益求精、追求卓越的品质，正是社会主义核心价值观的具体体现。通过思政课程，可以引导学生树立正确的价值观，培养他们的工匠精神。二是都注重实践性：思政课程注重理论与实践相结合，强调学生的实践能力和社会责任感。工匠精神同样强调实践操作和技能的提升，要求学生具备解决实际问题的能力。三是都重视创新精神的培养：思政课程关注培养学生的创新意识和创新能力，而工匠精神则要求在传承传统技艺的基础上进行创新。两者的结合有助于激发学生的创新潜能，培养具有创新能力的工匠人才。

（二）《习近平新时代中国特色社会主义思想学生读本》背景分析

根据教育部办公厅、中共中央宣传部办公厅、财政部办公厅《关于〈习近平新时代中国特色社会主义思想学生读本〉使用工作的通知》相关要求，进一步深入推动习近平新时代中国特色社会主义思想进教材、进课堂、进学生头脑，教育部组织编写了《习近平新时代中国特色社会主义思想学生读本》（以下简称《思想学生读本》），从 2021 年秋季学期开始，上海市中等职业学校将《思想学生读本》作为必修内容，首次在中职一年级第一学期（秋季）使用。

二、在新时代工匠精神引领下的《思想学生读本》课程教学

笔者结合所教的一年级学前教育贯通专业学生特点，因材施教开展适合学生年龄特点和身心发展规律的教学活动。

（一）精心设计作业

根据学生专业特点，我采取他们喜闻乐见的形式布置作业。《思想学生读本》对一年级学生来说，理论性比较强。把一些枯燥的理论和他们的兴趣爱好相结合是我的教学的切入点。由此，我在布置学生作业这一环节上，做了精心设计。

一是要求他们的作业要有本专业的特色。学生可以以各种喜闻乐见的形式来达成作业的要求，学前教育专业学生在美术、绘画方面普遍有兴趣和特长，运用他们的喜好和特长，根据每次作业要求，可以是图文并茂，可以是以表格式、树状图、阶梯式、思维导图等形式来完成他们的作业。这样，学生在做作业的时候可以运用自身特长，就更加感兴趣了，用兴趣迁移的办法，加强对作业设计的一个整体的布局。

二是采用思政课程积分互换模式加以激励，提升作业质量。每次作业根据学生的作业质量给予不同的等第，等第可以转换为思政课程的积分，纳入学生学习的总评分。以此激励他们更好地学好理论知识。

三是理论知识与学生的生活案例相结合。同学们在回答问题时，能把自己的生活经验、所见所闻结合在理论知识的印证上，也便于他们更好地理解所学的理论知识，指导自己今后的学习、生活、工作，以辩证的思维，以

理论的知识去提升个人素养,做到学以致用。

四是适时加以鼓励。对一些优秀学生作业作品,我经常用各种方式加以鼓励。比如:展示、表扬、思政课程学分激励等。以榜样的作用不断引导更多的学生向上向美向好,形成一个浓郁的学习氛围。

(二)纳入多元考核评价办法

近几年逐步实施多元评价,目前,考核评价办法主要分为以下几类。

一是考查、考试以及小论文的方式相结合评价。课程成绩按平时、期中、期末比例构成学科总成绩。考前出卷,教研组开展教研活动,讨论试卷的结构比例,做到难易相结合。考后分析、总结,为以后的教学改进奠定基础。

二是探求过程性思政考核评价。我们利用现代信息技术手段,建立班级微信、QQ群,集体探讨社会热点思政现象或案例,设立"思政积分银行"等,纳入学生思政评价考核;将传统的"教师一言堂"转变为"以学生为中心"的授课方式,多以学生情景表演、辩论赛、小组讨论等方式呈现新型课堂教学模式,以学生课堂实践和体验的参与度为评价考核依据。

(三)整合学校资源,加强工匠精神引领

从三个方面丰富和加强优秀毕业生资源库的建设。

一是请进来——组织优秀毕业生讲座。我们邀请了部分本校优秀毕业生、宋庆龄幼儿园优秀保育员、中芯国际集成电路制造有限公司人力资源中心管理师以及永达奥迪旗舰店优秀员工等各行业、企事业单位代表,与在校学生进行面对面交流。这样的活动,普遍受到大家的欢迎。学长们解答了许多学生迫切想了解的问题和困惑,让学生看到未来的希望,从而树立职业生涯成功的自信,从现在做起,脚踏实地,学好扎实的技能,提高自身职业道德素养,为明天的岗位成才打好扎实的基础。

我们通过不断收集优秀毕业生的先进事迹,展示他(她)们的风采,激励毕业生努力提高自身素养,创造职业生涯规划的有利条件。我们把近180余名优秀毕业生的照片简介,发送给学生制作成书签,这些优秀毕业生中,有担任单位主要领导的,有技术骨干的,也有各行各业荣获了国家、市、区级各类荣誉称号的先进工作者。我们用先进人物敬业进取的工匠精神进一步教育和感召学生,用身边的榜样时刻激励学生、感染学生,引领一

批又一批学生不断地成人成才。

二是走出去——开展见习优秀毕业生半日见习活动。各专业每年组织学生到实习基地开展见习活动,这些基地都有我校优秀毕业生,他们在岗位上的现身说法更具感染力,增强学生的岗位成才意识。这里引用原学前教育(3)班康珠琦同学在博客中的一段话:以前觉得保育员就是阿姨,现在我知道了保育员就是生活老师。我们在幼儿园,也知道了学姐们都在干什么,她们从工作中得到了快乐,得到的每一份快乐都要付出自己的努力,没有努力就不会成功,成功需要自己付出真正的努力。我们现在要好好学习,不辜负家人对我们的期望。在这次活动中,我真的学习到了以前没有学到的很多知识,活动也在我的心里留下了深刻的印象。

三是树起来——进行毕业生职业生涯规划优秀方案的评比活动。榜样的力量是无穷的。在毕业生先进事例的激励下,我们抓住有利时机,对部分有创业设想和思维的学生,创设机会和氛围为他们提供创业的平台,争做明天的优秀毕业生。如:学校可开设创业讲座、举办创业大赛等,为他们走向创业的道路提供切实的帮助和指导。又如:思政教研组组织了校创业大赛,多名学生在市、区中职校学生创业设计大赛中获奖。

三、在新时代工匠精神引领下的《思想学生读本》课程教学的实践成效

(一)思政课程评价更趋多样性

思政课程评价方法发生了相当大的转变,我们不再以原来单一的笔试为考查学生学习结果的唯一手段,伴随着教学有效性的改革,我们将课堂学习表现、课后拓展探究、小组小队思政实践活动、各类思政活动大赛赛事、思政学分等多样性的考核模式交互,多元评价,真正将思政课融入日常的行为习惯的养成中去,为学生将来融入社会,踏上工作岗位奠定夯实的思想道德基础。

(二)提高了教师的育德水平

在创新思政评价机制的进程中,教师育德能力有了可喜的提升。教师主动提升自身的育德能力,重视对学生思想价值观念的引导,在不断提升学生思想政治水平的基础上,帮助学生树立正确的价值观以及养成相应的

德育品质。教师主动改进教学方式,完善课程教学内容,丰富课堂教学模式,提升课程教学质量和课程思政教学效果。同时,不断创新教学方式,完善评价机制,加强团队建设。教师育德水平的提升,为培养学生的工匠精神提供了有力支撑。

(三)培养了学生的新时代工匠精神

学生们更深切意识到思政课不单单是为了一纸分数,而是要形成自身良好的道德素养,以期为今后的职业生涯发展奠定良好的行为准则和道德评判能力,从而适应新时代的要求,做一个能适应岗位变化的知识型、发展型、技术技能型人才。我们惊喜地发现,在学习这门课程后,学生对新时代工匠精神有了较好理解,工匠精神更深入学生的心里,做到入脑入耳入心,化理论知识为实际行动,加深了对国家、对民族的热爱,从而更加自觉坚持和发展中国特色社会主义,脚踏实地,努力学习科学文化知识与专业技能,为实现中华民族伟大复兴的中国梦而努力奋斗。

多年来,我们坚持创新思政教学模式,着力培养学生的新时代工匠精神,引导她们成功规划自己的职业生涯,也涌现出一个个成功的事例。从学校走出的毕业学子中,有学生党员、国内外知名幼儿园保育员、大型国企管理师、市一级示范幼儿园园主任、公司经理等等,也有赴境外从事学前教育工作的各行各业岗位人才和职场新秀。思政课程也潜移默化地对他们职业生涯道路产生深远影响,为他们开启职业生涯锦绣前程。

新时代工匠精神引领下的《思想学生读本》课程教学对学生的思政素养的提高起到了一定的作用,使思政课程模式得到了改善,更贴近学生的需求,让学生在实践中获得进步,力争在今后的社会主义现代化建设中成为一名名副其实的新时代工匠。

参考文献

国家教材委员会.关于印发《习近平新时代中国特色社会主义思想进课程教材指南》的通知[EB/OL].(2021 - 07 - 21)[2023 - 02 - 21]. https://www.gov.cn/zhengce/zhengceku/2021 - 08/25/content_5633152.html.

弘扬工匠精神　提升职校课堂教学有效性

——以"美术欣赏"课堂教学实践为例

上海市新陆职业技术学校　洪燕

摘　要：为了解决中职生在美术课堂上学习缺乏兴趣、投入度不高的问题,教师应弘扬工匠精神,反思改进,用心琢磨自己的课堂教学。要坚持以学为中心,结合学生特点设计课程内容;要善于运用现代技术,丰富课堂教学手段;要借助团队力量,用小组合作调动学生学习积极性;要点燃学生成功的希望,用正面的评价鼓励学生;要关爱学生,用美好的师爱感染学生学习的热情。总之,教师要以身作则,用自己敬业、精业的工匠精神带动激发学生的工匠精神。

关键词：中职生;工匠精神;美术欣赏

"老师,这个太难了,我们听不懂!"

"老师,我们换个话题吧!"

……

上学期,学校安排我上专业二部的美术欣赏课程。这是开学的前两周,汽修、电子电器的大男孩们对我教授的美术欣赏课程的即时反馈。还有一些学生,对课程完全没有兴趣,一开始上课就悄悄地做其他课程的作业、玩手机,或者干脆睡觉、聊天。面对这样的课堂状态,我是应该抱怨课程难教、学生难管,还是弘扬工匠精神,不仅仅把教学当成一份工作,而是树立起对教师这一职业的敬畏,用心琢磨自己的课堂教学、对学生负责、注重细节,不断追求课堂教学的有效性呢? 我选择后者。

于是,我仔细分析课堂问题背后隐藏的关键:自己的教学设计没有抓住学生们的兴趣点,没能有效地调动起他们学习的主动性和积极性。接着,我进一步思考:学生为什么不喜欢这些课题设计? 学生喜欢什么样的课题内容? 该如何改进课堂教学? 围绕着这些问题,我秉持工匠精神,开始了我的教学反思与改进。

一、学为中心,结合学生特点设计课程内容

(一)分析学生特点,重新设计内容

这学期的授课班级以汽车修理、电子电器班级为主,240 个学生中,90％是男生(男生 214 人),其中有四个班级是清一色的男生。面对这些高大、精力旺盛、注意力不太集中的孩子们,不抓住他们的兴趣点,课堂授课效果可想而知。

面对这种情况,我再用以往十多年对待学前教育女生的授课方法,显然不适合。授课第三周开始,我改变了以往的授课内容,结合他们的专业特点,重新设计了美术欣赏课程的内容。

(二)针对不同专业,设计不同主题单元

针对汽车修理专业的班级,我专门设计了一个“汽车欣赏”的单元。单元内容有“国外汽车欣赏”“国内汽车欣赏”“改装汽车欣赏”和“奇异汽车欣赏”四个环节。汽修专业的学生对这个章节的欣赏内容表现出非常高的热情和兴趣,不但上课积极踊跃地发言,在我介绍汽车的造型、颜色、做工等知识点的基础上,学生们还积极补充了很多“车里车外”的知识和故事,有些同学在课后还主动上网收集相关资料。

针对电子电器专业的学生,我单独设计了“家居电器欣赏”的单元,收集了大量时尚、奇特、新颖、多功能的家具电器用品。当然,对于授课老师来说,要上好这个课程,就必须课前认真、细致地备课,收集大量的资料、图片和视频,这样你才能把相关的知识教授给学生们。没想到,这些单元也受到了同学们的大力欢迎,同学们上课不但不睡觉、不玩手机了,还积极举手发言,把他们课里课外学到的相关专业知识一一在课堂上与大家交流、分享。

兴趣是最好的老师,没有了兴趣,就谈不上愉快地学习,不能愉快地学习,就没有学习效率,没有效率就是我们教师的失败。如何抓住学生的兴趣点,提高学生的对美术欣赏课程的学习兴趣,是我这学期教学的重点之一。而通过“结合专业特点设计课程内容”,很好地抓住了学生的兴趣点,也收到了比较好的教学成效。

二、善用科技，丰富课堂教学手段

（一）用直观教学激发兴趣

直观教学是美术欣赏的重要特点，采用直观教学方法，对于激发学生的学习兴趣，调动他们的主动性、积极性具有重要意义。如何使艺术和科技互相渗透是提高学生审美文化素质的一个绝好的契机，多媒体教学以其绚烂多彩的表现形式，融欣赏、讲授、示范为一体，声画同步、图文并茂、生动直观，既利于激发学生的学习兴趣，又能较快地理解和掌握所学知识。

（二）精选视频素材，提高学生学习投入度

在上"中国古典园林"这门课时，我着重介绍世界园林史上的明珠——圆明园。光靠图片和实物投影的方式给学生介绍圆明园的成因、发展和规模，效果一般。所以，我选取了优秀影片《火烧圆明园》片段，当影片中出现了圆明园那如诗如画般的景色时，同学们的赞叹声此起彼伏。当看到八国联军焚烧圆明园时，同学们无不为之愤慨。最后，画面定格在了圆明园的遗址上，带着深深的思索结束了这节课。千言万语汇成一句话：勿忘国耻，振兴中华！这样的教学设计，既达到了本节课的知识传授，还激发了学生们的爱国情绪。

在讲授"外国古代建筑艺术"时，我从《尼罗河上的惨案》《罗马假日》《角斗士》等优秀影片中选取出有金字塔、卢克索神庙、罗马斗兽场等场面制成课件，播放给学生欣赏。这种"动"与"静"相结合的教学效果很好，它大大丰富了教学内容，加大知识容量，让学生看得见，感受得到，提高了学生欣赏美术作品的能力，学生的学习兴趣也随之得到激发。

三、借团队力量，用合作调动学生积极性

（一）用分组合作解决学生参与面低的问题

在调整了"授课内容"和"运用多媒体"两个教学改进之后，课堂氛围得到了很大的提高，学生上课发言的积极性也得到了比较好的提高。但是，你会发现：课堂中还有一小部分同学，总是静静地坐在那听大家说，从来不发表任何建议。针对这个现象，我开始尝试"分组合作"的教学形式，力争把每位同学都调动起来。

(二)如何在教学中有效运用分组合作

课前,我把每个班级的学生进行自由分组,让学生自己挑选出本组的组长,再让组长对本组成员进行责任分工。比如谁负责收集图片或者画册,谁负责收集相关视频,谁负责汇总和小结,谁负责本组发言等等,让每个学生都有"任务"可做,让每个学生都"动起来"。当然,在整个过程中,教师要给予适当的引导和帮助。

课中,当进行到相关的授课环节时,每个小组上来展示本组合作收集或思考得到的成果。这时,你就会发现:当本组代表在发言时,其他同学不再只是观望,而是主动地补充相关资料,当然也达到了我最初的教学目的——充分发挥全体学生的积极主动性,集合所有学生的智慧,使课堂教学效果达到最佳。

现代社会越来越需要集体意识和团结协作意识强的人,而集体意识和团结协作意识不是凭空产生的,而是需要在人的一生中慢慢培养,而中职又是人生中的重要阶段,所以培养学生的团结精神和集体意识也是每位教师义不容辞的责任。

四、点燃希望,用正面的评价鼓励学生

(一)中考受挫,亟需认同

我面对的这些"大男孩们",刚刚经历过中考的失利,他们大部分缺乏年轻人应有的积极理想和追求。《2010—2011 年上海市中等职业学校学生发展报告》也指出,70.07%的中职生因中考失利导致自卑受挫,经常觉得自己被忽视,他们有强烈的被社会认同的需求。所以,他们往往表现为精神萎靡不振,思想上不求进步,学习上不思进取,生活上自由散漫。这些学生,其实比其他人更需要关心,更需要老师的鼓励。

(二)善抓闪光点,尽情表扬

我在美术欣赏课程中,从不吝啬表扬与鼓励。善于抓住学生的每个闪光点:积极参与的要表扬;背后默默做收集、汇总工作的要表扬;哪怕你发言的声音细小,但你能突破自己举手发言,就该表扬;就算你发表的意见不是特别合理,但你能有自己的见解,就该表扬!只要学生有一丁点的进步便给予肯定。俗话说:良言一句三冬暖。简简单单的一句话,一个眼神,只

要教师是发自内心的真诚鼓励,就足以激起学生学好的勇气和学习的信心。

五、亲师重道,用美好的师爱感染学生

(一)关爱学生,拉近师生距离

正所谓:"亲其师,信其道。"一般来说,学生往往都会因为喜欢某位老师而喜欢这位老师所教的那一门学科。如果每个老师都具有这种魅力,那么学生的学习会是幸福和快乐的。那这种魅力从何而来呢?我想,教师必须尊重、关爱每一个学生,善于发现学生的点滴进步,善于用亲切的眼神、细微的动作、和蔼的态度、热情的赞语等来缩短师生心灵间的差距,培养学生的自信心。

(二)师爱感染,收获颇丰

本学期我带着以上思想尝试着去"爱学生"而不是"管学生"。在这群"人高马大"的学生面前,虽然我个子显得如此渺小,但是很庆幸,一学期下来,这些孩子没有给我一点难堪,而是积极地配合着我的教学工作。其中汽修班和计文社的几个学生,还常常针对我课堂中留下的疑问上网查找资料,利用 QQ 发送给我。汽修(2)班的蒋俊文同学,在我教授完"建筑欣赏"后,一直带着浓厚的兴趣与我探讨荷兰的各式建筑。你真心地爱学生,学生也一定会爱你,有时候因为自己咽喉炎而声音细小时,班级大男孩们会主动关心、问候你:"老师,您生病了吗""老师,您感冒了吗""老师,您多喝点水"……上课时同学们也会相互提醒保持安静,这也更让我相信:不管你面对的是什么样的学生,只要是发自内心真正地去爱学生,学生也一定会回报给你一颗真诚的心!

一学期以来,通过以上几个方面的教学实施与改进,很好地达到了原先设想的教学效果。也让我更加坚信:要充分调动学生主动学习的积极性和参与性,发挥学生的潜力,一定要贴近学生的学习与生活去设计教学内容,充分利用现代教学手段,带领学生学会团队合作学习,带着一颗"爱心"去积极地肯定、鼓励学生,让学生在轻松、愉悦的教学环境中去感受美、体验美、欣赏美、创造美,培养学生审美的能力,最大限度地强化学生的视觉审美感受。让我们将"美术欣赏"课程进行到底!

中职生的美术教育教学中弘扬和融入工匠精神,是时代发展的必然趋势,也是提升中职生美术素养的必然选择。在要求学生之前,教师首先要具备并展现工匠精神,正所谓"身教大于言传"。所以,我们教师在开展美术教育教学过程中,要时刻本着精业、精益、专注、创新的工作态度,不断提升自身的专业能力和教学素养,用自己的实际行动引领、孕育学生的工匠精神。

参考文献

[1] 周荣.美术:"欣赏"的艺术[J].中学课程辅导(教学研究),2010(10).

[2] 刘阿燕.如何培养初中学生的美术学习兴趣[J].中小学教育,2011(3).

浅谈德育在古诗词教学中的渗透
——以辛弃疾《永遇乐·京口北固亭怀古》课堂教学为例

上海市新陆职业技术学校　韩晶晶

摘　要：中职学生人格心智尚未健全，在面临信息世界中良莠不齐的文化与价值观冲击时，缺乏甄别繁复冗杂信息的能力，故德育尤为重要。以辛弃疾《永遇乐·京口北固亭怀古》为代表的南宋爱国诗词不仅能让学生领略古典诗词魅力，坚定文化自信，还可学习词人的爱国精神及高洁品格，帮助他们树立正确积极的价值观，是在语文课堂教学中渗透德育的良好素材。本义以该词教学为例，通过"知人论世，走近词人""诵读点拨，品读诗歌""体味情感，总结归纳""小组讨论，思考启示""教师拓展，延伸总结"五个步骤与策略将德育渗透在语文课堂教学中。

关键词：德育渗透；古诗词；课堂教学

一、背景介绍

《中等职业学校语文课程标准》（2020 年版）指出："价值观教育与学科知识教学相结合。同时，价值观教育不是简单贴标签，而是要与学科知识有机融合。课程标准研制注重以学科知识为载体，充分挖掘学科本身独特的育人功能，在知识传授与培养学生学科能力的过程中，实现价值观的引导。"古诗词中蕴含了丰富的中华优秀传统文化与中华优秀传统精神，是语文课堂教学中将德育与学科知识相结合进行德育渗透的重要阵地。语文教师要充分挖掘古诗词教学中的德育意义，以更好地实现语文课程的育人功能。

二、实施目标

教学目标作为教学活动的重要依据，对课堂教学的具体实施具有指导意义。语文课堂教学中德育的渗透与实施就要从教学目标的设立开始。

根据课程标准、单元教学目标要求及学情特点,可将辛弃疾《永遇乐·京口北固亭怀古》这首词教学目标设立为:了解词人生平及本词写作背景,掌握怀古诗词的结构与特点;通过诵读法感知辛词豪放派风格及善用典故的特点,通过小组探究法合作探析本词所用典故的内涵,体会词人壮志未酬、渴望收复失地、恢复中原的满腔爱国热情;感受古典诗词的魅力,坚定文化自信,激发爱国热情,树立青春远大理想。

三、实施步骤

(一)知人论世,走近词人

文以寄情,文以言志。文学作品是作者思想情感的传递,思想情感取决于作者所处的时代背景及其人生际遇。因而,带领学生品读诗歌,就要先做到知其人,即知人而后论世。在课前,教师为学生布置了解词人生平的预习作业,在课上请同学进行分享。由于我所任教的班级为幼儿保育专业,班级学生全部为女生,她们大多性格内向,课堂气氛不够活跃。因此,在分享过后,为学生播放辛弃疾的纪录片作为背景知识补充。一方面增加课堂趣味性以调动她们参与课堂的积极性,一方面使辛弃疾的形象在她们的头脑中更加全面立体形象,更好地拉近与词人的心理距离,为其在之后的词作鉴赏中与词人更好地产生情感共鸣奠定基础。

结合课堂同学间分享及教师通过纪录片补充的写作背景,学生梳理出辛弃疾的重要人生经历。如22岁时,他曾带50名勇士突袭金营,活捉叛徒,可见辛弃疾年少时便胆识才能过人。如辛弃疾一生都在践行抗金杀敌收复失地的志向,抱用世之才却备受排挤,几经弹劾,却从未改志。学生从中可感辛弃疾其心之坚定。词人写这首词时已66岁,被当时主张北伐的宰相韩侂胄启用,且一到任便积极准备北伐。然而,韩侂胄只想侥幸求逞,不愿认真北伐。1205年秋,辛弃疾就因谏官的弹劾而被罢免,北伐梦再次破碎。1207年秋,辛弃疾抱着一生没能实现北伐梦的缺憾离世。

通过以上教学活动,学生对于辛弃疾及这首词的写作背景都有了较为深入的了解,为后面品读辛弃疾在词中表达的抗金杀敌的爱国热情及报国无门的愤懑之情降低了难度,也为德育的渗透与实现奠定了基础。

(二)诵读点拨,品读诗歌

在带领学生了解词人生平及写作背景后,为使学生初步感知本词内容及情感,教师引导学生对全词进行有感情的诵读。为了让学生掌握这首词的停顿与轻重音,感受这首词的韵律与节奏,教师先为学生进行一遍范读并提醒学生自主根据教师范读做好停顿等标注。范读结束后,请学生进行自由诵读练习。之后,请同学展示诵读,并找同学进行点评。教师根据学生展示诵读及点评的情况进行总结。最后,趁热打铁,教师再组织全班进行齐声诵读。诵读是拉近读者与文字、读者与作者关系的有效方法。如读"千古江山"则起调高昂,读出辛词作为豪放派的豪迈无垠,读后句"英雄无觅,孙仲谋处"则语调低沉,读出英雄不再的惋惜与对朝廷无有力之人的担忧。这前后的起伏跌宕,就可以让学生感受到古诗词抑扬顿挫及所蕴含情感丰富的魅力。如读"想当年,金戈铁马,气吞万里如虎"可以语调高昂,读出刘裕气势如虎的豪迈与雄壮,读"元嘉草草,封狼居胥,赢得仓皇北顾"则语调低沉,读出刘义隆仓皇落败的窘迫与不堪。这前后可以形成非常明显的对比,可以体会出词人对南宋朝廷的不满讽刺以及想要仓促北伐的告诫。如读"可堪回首,佛狸祠下,一片神鸦社鼓"则应沉重舒缓,读出家园沦陷山河破碎的悲痛不忍及对南宋朝廷偏安一隅的讽刺与告诫。再如读"凭谁问:廉颇老矣,尚能饭否"则缓慢低沉,读出词人满腔报国志报国情却无处施展被闲置的愤懑与无奈。词人的字词义墨之间流淌洋溢的都是满腹的爱国热情,在富有情感的朗读中使学生树立起坚定的爱国志向,在无形之中就已经达成德育渗透的目的。

(三)体味情感,总结归纳

教师明确怀古诗词常用手法为用典和对比,并说明辛词尤为善用典故的特点。请学生找出本首词所用到的典故并了解典故背后的人物故事,然后和同桌讨论词人借用典故的表达意图。通过同桌间讨论及师生问答,教师明确并进行要点梳理,内容如下:

辛弃疾临古地(京口)	思古人	孙权	借古抒怀		委婉含蓄	对英雄的仰慕、收复失地的决心
		刘裕	借古讽今	对比		对主和派及朝廷贪安的讽刺
		刘义隆				对草率北伐的韩侂胄的警告
		拓跋焘	借古讽今			对南宋朝廷的警示及不满
		廉颇	借古抒怀			忠心爱国及不被重用的不满

教师通过引导学生对该词写作手法及词人情感的解析,不仅使学生领悟到了辛词善用典故的特点,还使学生领会到了词人辛弃疾高度的爱国热情。纵使现实艰难,前路黯淡,自己年迈不受重用,仍坚定不移地践行着幼时便怀揣的北伐抗金收复失地的人生理想。辛弃疾作为文武双修之才,本身就已夺目璀璨,他将自己的一生与志向都托付给了国事,虽屡遭坎坷排挤,北伐梦几度破灭,却从未改志,至死无悔。这样的人物,自当不朽,垂万世之名。这样的人格,自当虽死,仍凛凛犹生。这样的人,才应当是被历史和人民铭记的人。自然而然中便给了学生思想精神的洗礼与教导,让学生为其动容,并深深地体味到爱国之情是每一个人都应具备的情感,一个人应当有理想并矢志不渝地用一生去践行它。这就为学生树立并形成正确的人生观价值观世界观产生了积极影响,从而发挥了在语文课堂中进行德育渗透的作用。

(四)小组探讨,思考启示

在前面的教学中,这首词的学习已经对学生起到了一定的德育引导,也产生了一定的德育效果。为使《永遇乐·京口北固亭怀古》这首南宋爱国诗词尽可能最大程度地发挥课堂中的德育作用,教师设置了"结合这首词的内容,说一说你从这首词的学习中得到了哪些人生启示"的小组讨论活动。通过小组讨论,学生可以进一步深入思考《永遇乐·京口北固亭怀古》这首词的思想精神内涵,这首词的德育意义与价值也就得到了进一步的深化。小组的交流结果整理如下:

	人物	人生启示
上片	孙权	世事变幻,光阴流转,要珍惜时间
	刘裕	要努力有所作为,居安思危
下片	刘义隆	做事要慎之又慎,不可骄傲自大,要明辨是非
	拓跋焘	要不断学习,积极进取
	廉颇	忠诚爱国,坚定志向,为国家做贡献

　　通过小组讨论环节,学生也完成了对《永遇乐·京口北固亭怀古》这首词德育价值的深入、充分领悟。小组探讨结束后,教师对探讨交流结果进行肯定与有针对性的具体的点评。并针对探讨交流结果进行适当补充,如词中写到孙权,辛弃疾将孙权的形象描述概括为"英雄"。可见,辛弃疾对孙权是十分敬仰的,也是渴望自己能够成为像孙权那样名垂千古、建功立业的大英雄的。可以说,孙权是辛弃疾的偶像,借此引导学生要树立正确的偶像观,尤其是当下的明星文化、饭圈文化泛滥,告诫学生要保持清醒的头脑和认知,不盲目从众,找到属于自己的真正的人生偶像。

(五)教师拓展,延伸总结

　　为进一步巩固加强《永遇乐·京口北固亭怀古》这首词的德育效果,教师适时拓展补充南宋其他爱国诗词。如位卑未敢忘忧国的陆游的《示儿》"死去元知万事空,但悲不见九州同。王师北定中原日,家祭无忘告乃翁";如留取丹心照汗青的文天祥的《扬子江》"几日随风北海游,回从扬子大江头。臣心一片磁针石,不指南方不肯休";再如写"一种相思,两处闲愁"的李清照也写出了"欲将血汗寄山河,去洒东山一抔土"的热血豪情。适当为学生介绍南宋之所以涌现出如此多的爱国诗词是因为靖康之乱造成的山河破碎与家园失守。从这个角度来说,文人的作品从不仅仅局限于个人际遇,更是与国家命运民族兴衰紧密联系的。而这一切,都是源自古往今来每一个人深植内心的爱国情怀。远到楚国的爱国诗人屈原作《离骚》、《诗经》的秦风《无衣》,再到我们熟知的弃医从文的鲁迅,每一个人都会在自己的国家危难之际为自己的民族、同胞摇旗呐喊。到这里,学生自然知晓爱国主义情怀是每一个人与生俱来或者都应当具备的基本情操。教师借此生发"在当代,作为青年一代,我们应当如何践行爱国主义"的问题。学生结合此前的小组讨论,举手发言对这个问题进行了回答。教师进行一一点评,总结归纳如下:

热爱自己的国家与人民,维护国家利益与荣誉	珍惜时间,把握青春年华
树立正确的人生观价值观偶像观	树立远大的人生理想,并持之以恒地践行它
努力学习知识,做建设国家的栋梁,报效国家	居安思危,以史为鉴,珍惜并感恩现在拥有的和平生活

四、结语

在教学实施过程中,由于学情方面学生的人文知识背景不足,对于本首词典故中的人物较为陌生,导致在体会典故内涵时效果不够理想。可以将了解典故背后的人物背景故事一并作为课前预习作业布置下去,这样可以降低学生理解难度,还可以节省课堂时间,为后续德育的进一步渗透留有更多的时间。在"教师拓展,总结延伸"环节,教师可以结合时代背景为学生提供一些熟知的践行爱国主义的人物案例,如写下"清澈的爱,只为中国"的戍边英雄陈祥榕,如一心为民,把扶贫路当作"长征路"的黄文秀,使学生对"在当代,青年如何践行爱国主义"有更深的认识与体会,进而进一步提高德育的效果。

教育的目的是为国家和社会的发展建设培养需要的人才。教育密切关系着一个国家和民族的未来。身为人民教师,我们今天在课堂之上的教育质量便决定了明天的国民素质。教师肩上的责任意义实在重大。作为语文教师,一方面要不断提升自己的个人品德,涵养自己的灵魂为学生树立德行的榜样。另一方面,更要积极履行知识人文教育及德育的重任,努力改进教学,钻研教材深挖德育资源并改善教学方法,将德育贯彻渗透到每一堂语文课中,让德育和知识人文教育成为语文课堂的并蒂之花。

参考文献

[1] 项贤明. 新时代德育理论解析与反思[J]. 中国教育学刊,2024(01):84-92.

[2] 郑媛. 注重德育渗透,助力高中语文教学[J]. 新课程教学,2023(13):128-130.

[3] 刘长峰. 南宋爱国诗词之意蕴[J]. 中学语文教学参考,2021(06):56-57.

[4] 梁飞燕. 古诗词高效课堂中的德育渗透策略——以"辛弃疾词四首"教学课堂为例[J]. 中学教学参考,2023(19):7-9.

[5] 杨静. 辛弃疾爱国词群文阅读思考[J]. 语文教学之友,2024,43(03):38-40.

[6] 中等职业学校语文课程标准[M]. 北京:高等教育出版社,2020.

浅议在硬笔书写中夯实文化根基培育工匠精神

上海市新陆职业技术学校　　俞燕

摘　要：汉字是中华民族文明的源头，它的流传演变记录着中国漫长的文化历史；书法则是中华民族文化的核心内容之一，它是植根于汉字这种特殊土壤之中的艺术瑰宝。硬笔书法教学初旨在于提高学生的书写兴趣和技能，同时不失为传承中华文化的有效路径，将历史精髓和文化瑰宝融入课堂中，既夯实了学生的文化根基，又锻造良好的精神品质，值得大力实践和研究。

关键词：硬笔书法；文化根基；工匠精神

书法是植根于汉字这一特殊土壤之中的艺术瑰宝，硬笔书法以其便捷的实用价值被世人公认。在中职学校开设硬笔书法课程，不仅能够提高学生的职业能力，磨炼学生的悟性、静性与耐性，陶冶心灵，更可以让学生在书写中感悟中华文化，夯实文化根基，进一步提升中职学生的时代责任感，助力培育新时代工匠精神。

一、在课堂教学中融入唐诗书写的必然性

有人说过，"缺乏人文素养，失落人文精神"就会造成巨大退步和巨大灾难。当今，相当多的中职学生对人文社会科学等非功利的学科知识缺乏兴趣，对国家和民族的历史知识知之甚少，对世界文化了解不够，缺乏历史的观念、民族认同感和广阔的胸怀。因此，有必要在课堂教学中夯实中华文化根基，提升中职学生的精神品质和人文素养。选用经典唐诗作为书写题材，使学生在书写汉字的过程中感知唐诗的意境美、主题美、语言美和情感美，助力培育中职学生的文化自信和文化传承的使命担当。

（一）基于党的二十大报告精神

党的二十大报告指出，教育是国之大计、党之大计。培养什么人、怎样培养人、为谁培养人是教育的根本问题。学校把落实立德树人根本任务放在首要位置，紧紧把握立德树人内涵，加强学科育人功能，实现在知识能力和全面促进学生的心智情感、思想品德、社会责任等方面共同进步的目标。

（二）基于时代发展的总体需求

时代发展，需要大国工匠；迈向新征程，需要大力弘扬工匠精神。习近平总书记在 2020 年 11 月召开的全国劳动模范和先进工作者表彰大会上强调："劳模精神、劳动精神、工匠精神是以爱国主义为核心的民族精神和以改革创新为核心的时代精神的生动体现，是鼓舞全党全国各民族人民风雨无阻、勇敢前进的强大动力。"我认为，中职学生对劳模精神、劳动精神、工匠精神的认知和传承需要一个递进的过程，教师充分发挥书法教学内容的多元化这个特点可实现培育学生的心智情感、思想品德、社会责任等方面的目标，而唐诗书写正是这个教学阵地中的良好素材。

（三）基于培养学生文化自信的使命要求

文化是一个国家、一个民族的灵魂，民族的复兴需要强大的物质力量，更需要强大的精神力量。中华民族生生不息绵延发展、饱受挫折又不断浴火重生，都离不开中华民族文化的内在涵养和有力支撑。中华民族能够在几千年的历史长河中生生不息、薪火相传，一个很重要的原因就是有一脉相承的精神追求和民族文化。中国古典诗词是古代文学艺术的精髓，是中国文化长河里的瑰宝，她的魅力在于任凭时光流逝，岁月更迭，浓厚的诗情依旧在人的精神中熠熠生辉。唐诗具有浓厚的历史文化底蕴和很高的历史文化价值。杜甫的《春望》、李白的《将进酒》、王之涣的《登鹳雀楼》、白居易的《赋得古原草送别》，这些诗歌蕴含了深刻的哲理和思想，成为中国文化的重要组成部分。学生通过吟诵唐诗，书写唐诗、感受盛唐的政治历史、人物传奇、风俗民情等，是塑造文化自信的一个绝佳契机。

（四）基于中职学生锤炼核心素养的自我需求

大书法家沈尹默说："练字不但对身体有好处，而且可以养成善于观察、考虑、处理事务的敏锐和宁静的头脑。"练一手潇洒漂亮的字，塑一张高素质第二张名片；练一手潇洒漂亮的字，增一份赢得成功从容的自信。我用身边事、身边人激励学生学好硬笔书法,例如用历届学生作品集的展示、各级各类比赛的获奖荣誉,如学校获得的上海市中职学生星光计划比赛"硬笔书法"项目团体一等奖的荣誉,来引导学生将书法课的认识从"写字"上升为"技能",从"作业完成"提升到"艺术创作"。

二、在课堂教学中融入唐诗书写的核心基础

汉字与生俱来的美在于形美感目,音美感耳,意美感心。硬笔书写要表现出汉字的形态美,就一定要掌握三要素,即笔画、结构、章法。因此,要创作完成一篇较好的书写作品,首先要掌握扎实的笔画和结构方法,再合理运用章法。笔者在教学中按如下方法推进,为教学中开展唐诗书写打下核心基础。

(一)采用形象记忆法开展基本笔画教学

1. 笔画与生活的巧妙结合

要写好基本笔画,无外乎正确的用笔笔法。在硬笔书法中,常见的用笔方法包括起收、提按、转折、轻重等,这些笔法对于初学者来说,犹如婴儿蹒跚学步,对于写好汉字起到基础作用。课中,我始终要求:笔画线条不能笔笔独立,而要借助运笔的收起变化,使上下俯仰,左右顾盼,前后连贯,使所有笔画成为有机的整体。学生在书写之初,往往在把握用笔方法时比较困难,难以表现出笔画的长短、粗细、宽窄、曲直。因此笔者在进行系列化的控笔训练基础之上,再运用形象记忆法来进行教学,将笔画与生活中的美好事物进行联系,点如坠石,横如浮云,竖如枯藤,撇如兰叶,捺如刀锋,勾如铁钉……形象而直观的语言——刻画出基本笔画的形态和结字要点,便于学生观察、理解、记忆,帮助他们在书写时改进用笔方法。虽然学生练习的过程不免感到枯燥乏味,但教师的严格要求和持之以恒使学生能够正确对待。笔画的训练需要时间的雕琢,唯有花苦功才能精进,这个过程也是我对学生灌输工匠精神之"执着专注"内涵的最好时机。

2. 强调书写中的"三度"与"三到"

在平时的训练中,我强调用好"三度"来表现笔画的线条美,即长度、力度和弧度。例如在捺画中用"一波三折,蚕头燕尾"来形容,更为贴切(隶书更是充分体现了这一特征),在点画中用"尖头圆尾、形如雨点"来描述要

点,在斜撇中则运用"撇如兰叶,形似滑梯"来概括其特征。课中,我时常要求"三到",即眼到、手到、心到,从而争取做到每周有提高,每月有进步。在练习觉得枯燥乏味时,想想人民军队是怎样锻造钢铁之师的,三军仪仗队是如何做到"四十秒"不眨眼的,分析他们是如何做到整个方阵行进时百秒不差、百步不差的,以此促进学生端正态度,凝聚精神,精益求精,从而逐步提高表现线条美、结构美的技法。

(二)遵循间架结构规律开展教学

汉字的间架结构就是由基本笔画和偏旁部首按照一定的规律巧妙地组合在一起的方法,从而达成"书写汉字、创造意境、表达感情的造型艺术"之目标。古人将结构方法归纳得完整且实用,可使我们依法临习。我校在教学中使用的教材,依据重心平稳、疏密匀称、比例适当、相互容让、变化参差等大类方法安排教学内容与步骤。

1. 融入几何图形法增强学生感悟认知

在教学过程中,笔者发现将数学的几何图形概念运用到结构方法的教学中,能取得事半功倍的效果。例如在讲解"田""甲"等独体字时,应呈倒梯形;"月""身"等字呈长方形,"曰""皿"等字是宽扁形,"上""下"等字是三角形。而在书写"森""磊""鑫"等三叠字时,用等腰三角形的概念强调形态更为生动直观。在口传身授后,让学生多多练习,使学生不断感悟,举一反三。

2. 利用口诀记忆法固化学生构字能力

笔者结合书家宝贵经验,利用口诀记忆法加强学生掌握结构方法的能力。例如在书写斜体字"戈、母、勿"等字时,记牢"斜体身不斜,整体要端正。斜笔虽明显,立稳是主功。"在书写合体字中的"冷、洪、海"等字时,记住"以点为字边,上下要照应。上点俯其下,下点望星空。"在书写合体字中笔画较多的"赢、臁、缠"等字时,贯穿"密者笔画多,下笔当仔细。布白应均匀,粗细要适宜。"在书写上下结构的合体字"星、要、寓"等字时,谨记"此字下要大,托住上半边。如盘托仙果,盘大最保险。"利用口诀法进行教学,不仅能固化学生构字能力,且因生动形象,方便记忆,容易激发学生书写兴趣,保持"一丝不苟"的专注度。

三、在课堂教学中融入唐诗书写的主要举措

硬笔书法学习进入到第二学期时,学生的练习步入了瓶颈阶段。她们在羡慕书家写得一手好字的同时,却又有些急功近利的心态,想要尽快摆脱正楷练习的枯燥单一,自由潇洒地书写行书或草书。这时候,笔者用九个字告诫学生"楷如坐,行如走,草如奔",唐代书法家、评论家张怀瓘在《书断》中说:"楷者,法也,式也,模也。"楷书是书法学习的基础,是为学习其他书体打基础的,唯有打实基础,才能更好地保证后续学习。

为了提高学生学习兴趣,体现硬笔书写的内容美,在完成笔画、结构教学的前提下,适时融入经典唐诗开展书写练习,例如杜甫的《登高》、李白的《望庐山瀑布》、张继的《枫桥夜泊》、孟浩然的《春晓》、柳宗元的《江雪》等。特别是在书写杜甫的《登高》一诗时,首先让学生高声诵读,了解全诗通过登高所见秋江景色,倾诉了诗人对国家和人民的深深忧虑以及对个人命运的无奈感慨,体会全诗深远的情感和意境。练习中,笔者会选取其中的典型例字进行形态分析、结构分析、技法分析。例如在分析左右结构的字时:猿、滚(左窄右宽、上下齐平)、啸(左小右大);在分析上下结构的字时:哀(上窄下宽、上下对齐)、常、繁(上宽下窄、中部紧小);在分析左中右结构的字时:难(左中右结构,呈左低右高形态)……

四、融合中华文化进课堂的现实意义

书法历史源远流长,书法内涵博大精深,书法教学漫漫长路,惟继承发扬民族瑰宝,才不负华夏文明和祖先智慧。

在学期的最后阶段,笔者采取了分层练习,在书写内容与幅式方面作进一步要求,促进学生对作品的整体把握和布局能力。例如在横写幅式的练习时,选用岳飞的《满江红》表达精忠报国、一腔热血的英雄气概;苏轼的《念奴娇·赤壁怀古》雄浑苍凉,大气磅礴之艺术力量。在期末随堂考查的命题中,则选用了毛主席的《沁园春·雪》作为书写内容,诗词气势恢宏,豪情万丈,突显伟人风骨。

学校将借力上海市首批"硬笔书法"进校园这一研究项目,进一步探索提高中职学生硬笔书写素养的有效做法,将中华文化的血脉根植于书法课

堂,结合社团开展和各项比赛、展示活动,鼓励有特长的学生开展硬笔书写创作。学生可以抄写诗歌、散文等文学作品,也可以抄写歌词、电影台词等喜欢的文字内容,从而创作出一篇篇启迪人的智慧、激发人的情感,表现汉字美、意境美的佳作,不断提升学生的职业能力,培育认真专注、追求卓越的工匠精神。

"五育"并举背景下中职校美育教育
价值实证探究
——以新陆职校 18 级汽修班为例

上海市新陆职业技术学校　　王珏

摘　要：职业教育的目标是培养学生具有一定的知识技能和健全人格,因此德智体美劳必须全面发展,缺一不可。美育与德育相辅相成,德育确保美育发展的正确方向,美育又促进着德育的发展。美育使学生在潜移默化中形成科学进步的人生观、道德观,有利于树立正确的审美观,本文通过探究新陆职校 18 级汽修 1 班学生舞蹈美育,探索"五育"并举新路径。

关键词：中职生;美育;"五育"并举

2019 年 6 月《中共中央　国务院关于深化教育教学改革,全面提高义务教育质量的意见》中明确要求"坚持'五育'并举,全面发展素质教育"。2020 年 10 月,中共中央、国务院印发《深化新时代教育评价改革总体方案》再次强调"五育"教育的重要性。美育作为"五育"必不可少的重要环节,在促进学生德智体美劳全面发展,培养学生综合能力,落实立德树人、实现培根铸魂方面发挥着重要作用。近年来,上海市新陆职业技术学校高度重视美育课程体系构建,以"上好美育课程　培育优秀人才"为目标,把美育逐步纳入学校人才培养全过程,实现以美育人、以美化人、以美培人,绽放"美育之花"。

一、中职学校实施美育教育的价值

(一)中职学生心理发展特点

经文献梳理及与多校相关教师访谈后发现,目前我国各类中等职业学校学生年龄在 15～18 岁,他们在中小学阶段因学习成绩和学习习惯欠佳,常受到家长和老师的批评,内心长期处于自卑状态,使他们感受不到美、体验不到美,所以情绪消沉,自暴自弃,形成很多不良的行为习惯。在价值观多元化和信息爆炸的现今,良莠不齐的审美观念会影响思想尚未发展完全成熟的中职学生。他们渴望独立、展现个性,但是由于缺乏必备的审美知识、审美情趣和审美能力,一旦受到不良审美思想的影响,他们的行为表现就极易出现偏差。

(二)中职校实施美育教育的意义

美育,又称美感教育,即通过培养人们认识美、体验美、感受美、欣赏美和创造美的能力,从而使人们具有美的理想、美的情操、美的品格和美的素养。孔子提出"兴于诗,立于礼,成于乐",中华民族自古以来便重视美育对人和社会发展的重要意义。进入新时代,习近平总书记从培养德智体美劳全面发展的社会主义建设者和接班人的高度,明确提出要全面加强和改进学校美育,让祖国青年一代身心都健康成长。

目前,中等职业学校美育仍存在问题和不足的当下,深入推进"五育"并举下的中职学校的美育工作,探索美育教育的改革与发展,无论是从理论层面还是现实依据上都显得十分重要。

(三)18 汽修班开展美育教育的成效

18 汽修 1 班是新陆职校 2018 年入学的汽车运用与维修专业的学生,班级共 30 人,其中本市统招 11 人,随迁子女 11 人,成人中专 8 人,全男生班。班级内大部分学生存在着中职生特有的一些状态:凡事以自我为中心、与同学沟通方式简单暴力、缺乏规则意识和集体荣誉感、吃苦耐劳精神欠佳,等等。汽修是工科类专业,学生基本从未接触过舞蹈课,我作为一名专业舞蹈教师,深知美育对学生成长教育的意义。当我担任汽修专业班主任一职时便决定将美育以舞蹈这一具体的教育形式融入班级文化建设中。

经过一学期的舞蹈教学,不仅拓展了学生的艺术修养和舞蹈技能,同时也大大提高了他们的综合素质,推动学生发展完整的人格。学校其他教师、同学及家长都反映我班学生的精神面貌和行为举止与原先大不相同。渐渐地,18 汽修班有了良好的课堂学习氛围,班干部能带头树立榜样,同学间关系也变得融洽,自卑内向的同学也结识了三两好友、集体荣誉感增强等实实在在的进步。可见,美育教育对德育教育有着潜移默化的重要意义。

二、中职学校实施美育教育实证探究

(一)美育和德育相辅相成

苏联教育家卡巴列夫斯基在《更新艺术观念》中指出,艺术课程与技术课程原则上的区别,就在于任何一个真正的艺术作品或艺术活动都兼有道德伦理因素和美育因素。由此可见,在实施艺术教育时,美育和德育是相互包容、相互渗透、不可分割的。

德育确保艺术教育发展的正确方向,艺术教育又促进着德育的发展。使学生在潜移默化中形成科学进步的人生观、道德观,有利于树立正确的审美观,增强中职生的艺术修养。如:舞蹈课课前需提前换好练功服和练功鞋,严格执行老师制定好的训练内容等,它能有效提高学生的规则意识;当训练身体柔韧度时,需克服畏难情绪,体会疼痛感并继续施压,加强学生自控力和抗压性;当排练复杂队形时,既要完成个人舞蹈动作又要走到相应的位置,确保整体队形,突出舞台调度,这能平衡个人与集体的关系,培养学生的团队合作意识;舞蹈课上所学部队风格舞蹈表达了年轻士兵的血性和担当,学生通过演绎艺术作品里的人物形象及感情表达从而得到深刻启示,触及了内心深处,由内到外地改造着原本不听话、无规矩的不良习惯,激发学生对人类崇高行为竞相效仿的欲望,从而实现德育的培养。

舞蹈教育中的欣赏教学对德育教育也起着非常重要的作用,它能够培养学生健康的艺术审美情趣,并形成审美经验和审美能力。如:欣赏 2005 年央视春晚舞蹈《千手观音》时,告诉同学这是由 21 名聋哑男、女演员,模仿莫高窟的"千手观音"像,塑造出丰满鲜活的舞台形象。巧妙地把"只要你心地善良,只要你心中有爱,就有千只手来帮助你;只要你心地善良,只要你心中有爱,你就会伸出千只手帮助别人。"舞蹈将这种深刻意义通过优美的肢体语言传达给观众,让观众的感官和心灵受到了一次洗礼和震撼。

(二)美育促使中职学生心理健康

心理学家认为"艺术是最好的心灵教育",通过艺术教育不仅可以满足学生的兴趣爱好,还可以提高学生的自主意识,使其保持乐观的心态和充沛的精力。从 20 世纪 30 年代开始,美国一位舞蹈老师将舞蹈与医学、心理学结合成为一门学科——舞蹈治疗(Dance Therapy)。运用身体做舞蹈动作进行心理治疗,将个体的生理、情感和认知过程整合到一种自我引导的生命表达中,让参与其中的人,获得认可,找到自我,发现真情,渴望创造。在西方国家,舞蹈治疗已被证明是特殊且有效的心理治疗方法之一。

我在18级汽修1班的舞蹈课教学中加入了舞蹈治疗的训练方式和内容,尝试解决中职学生特有的一些心理状况。比如:通过集体配合的动作,勇敢打开胆怯自卑的内心,帮助学生走出个人封闭,创造有力的社会和情感纽带,使其感受到与他人在一起的快乐;根据流行音乐节奏做出卡点的动作,帮助学生去除不常运动的肌肉紧张,减低焦虑,提高活力和精力;通过单人练习,教师表扬鼓励,帮助学生认识自己,对自己建立信心;通过简单的造型编创,激励个人化的表现,激发学生尝试新的思维方式和行为。

通过18汽修1班学生的改变,我发现指导学生参加不同形式的艺术活动,引导他们表现自我,进而得到老师或同伴的赞扬与肯定,有利于增强其自信心和成就感,培养其参与意识与良性竞争意识。由此可见,美育可以增强学生自我调节能力,使其保持饱满、积极的精神状态,促进中职生心理健康。

(三)美育促进中职生创新能力

纵观工业发展史,"工人发明家""工人创新专家""技术革新能手"等名词屡见不鲜,这充分说明了中职生的发明创造对企业、国家和社会都具有不可估量的作用,所以中职生的创新能力尤为重要。而创新的"灵感"在大多数情况下是通过艺术思维来实现的,艺术教育在直觉能力、想象力培养等方面不仅能影响和促进人的智力发展,还常常促使人产生新的发现、发明和创造。

学生通过舞蹈课堂中的练习、模仿等训练,能掌握简单的舞蹈语汇和一定的表现力,加上教师的引导和激励,学生展开头脑风暴,对于队形、动作等元素进行丰富的联想、设计、创编。在我校第七届校园广播操比赛中,18汽修1班凭借独具特色的方阵表演崭露头角,他们每天利用休息时间自发组织练习,分组互相纠正广播操比赛动作,并创新出能彰显汽修专业相关的方阵表演——通过多人肢体造型拼成汽车与车标造型,直观展示了他们所属的汽修专业特点。充分的赛前动作练习和独特的创新能力使班级在广播操比赛中获得全校总分排名第一的好成绩。由此可见,美育可促进中职生的创新意识和创新能力。

（四）美育培养中职生团队合作能力

"拥有较强的团队合作能力"是职业学校人才培养中非常重要的一点，也是用人单位非常重视的一点。中职学生必须重视培养自己的"社交能力"，在充分发挥个人能力、展现作为的同时，服从集体的指挥与统一的调配，处理好与集体内部成员的合作关系，避免出现不可调和的现象，这样才能形成一个有力量的团队。

在 18 汽修 1 班的舞蹈课教学中，以男子群舞剧目为主要教学内容。群舞排练是在充分发挥个人水平的基础上进行的团体协作活动，表演者要共同完成舞蹈动作、节奏、舞台调度等要求，才能达到群舞的艺术视觉效果。表演者不仅要确保动作、节奏、队形调度完全准确，还要求同伴间互相包容、对同一个目标达到高度的思想统一，才能完成一个优秀的群舞作品，比如变换队形时，有两人的路线交替，在有限的时间和规定的动作下，则需一方礼让，前后交替避免冲撞，才可顺利完成下一个队形。此外，当进行小组创编时，更要学会利用团队合作的方式，发挥各自的自身优势，取长补短，高效完成共同目标，比如有的同学思维较活跃，对于肢体动作有很多改编创意，适合编动作；有的同学空间感较好，对于图形图像较敏感，易于舞台队形和调度的设计；有的同学平时爱听音乐，乐感较好，对于音乐节奏的理解更深入，可以在原节奏的基础上玩些花样节奏，使舞蹈动作更灵动……群舞排练课是多重性、高度协调、智慧与技术完美结合的重要过程，这样的训练能让学生迅速体会到如何将个性融入共性之中，起到了沉浸式培养学生团结协作的能力。

三、总结与展望

"五育"具有各自的特征和独立性，在教学中也有不同的教学方式、评价体制，但这种独立是相对的，不是绝对的，不可将其中的一个单独作为衡量一个人是否成才的标准，也不能绝对地将其中一个完全舍弃，否则将导致学生发展的片面性。只有将"五育"作为一个相互融合的整体，学生才能成长为德技兼修的"完整人"。中职学校的舞蹈美育目的并不是为了让每个学生都成为专业的舞蹈家，而是把它作为一种审美教育、素质教育。目的在于培养学生的文化修养、提高学生的审美能力,打造健全人格。

对教师而言,中职舞蹈教师在专业上保持精益求精的同时,还应多参与跨学科知识培训,以丰满教学"羽翼",能针对不同专业学生更灵活的运用多元方式开展舞蹈教学。学校可以尝试组织舞蹈教师与心理教师开展交流学习活动,以准确把握所授对象生理与心理条件,从而提高舞蹈教学质量、突破舞蹈教学对象。

参考文献

[1] 毕海燕. 艺术教育在中职校园文化建设中的作用[J]. 艺海,2016(10):119-120.

[2] 宿红霞. 浅析中职学校艺术教育的德育功能[J]. 卫生职业教育,2014,32(15):152-154.

[3] 姜德民. 推进中职学校艺术教育 发挥校园文化育人功能[J]. 卫生职业教育,2015,33(18):23-25.

[4] 周佳. 对高职素质教育中舞蹈艺术教育的探索[J]. 科技创业家,2013(16):184-186.

[5] 黄琰. 浅谈群舞在中职生素质教育中的作用[J]. 名家名作,2018(04):50.

指向思维发展的"数学情境与提出问题"教学实践

——以中本贯通班"归纳—猜想—证明"教学为例

上海市新陆职业技术学校 丁亚兰

摘 要："数学情境与提出问题"教学模式强调创设能激发学生思维火花的情境,围绕相关问题链的探索,教师引导学生合作交流、集思广益,共同提高。本节课教师在创设情境的前提下,引导学生发现并提出问题,帮助学生经历从特殊到一般的探索真理的过程,让学生学习和体会数学归纳法在探索性问题求解中的运用,体会"归纳—猜想—证明"这一认识事物重要方法的意义。

关键词:归纳—猜想—证明;数学情境;提出问题;数学

一、教学设计:聚焦思维,助推探究

(一)教学对象及目标

本课程安排在中本贯通班,在完成中职阶段基本教学内容的基础上,提高中本贯通学生的数学思维能力,以及提出问题并分析、解决问题的能力。

(二)教学设计思路

在学生已基本掌握数学归纳法的基础上,本节课引导学生运用由特殊到一般的归纳思路来解决一类探究性问题。在学生运用归纳法解决问题的过程中,进一步加深对数学归纳法的理解,并在归纳的基础上大胆猜测、小心求证,逐步体会、形成"归纳—猜测—论证"的思维方式,从而提升学生对问题的分析与解决能力。

作为一种解决探究性问题的课型,课堂上要引导学生深度参与,鼓励他们通过头脑风暴等方式进行积极、深入的探讨,在交流合作中共同探究解决问题的方法、执行解决问题的方案。

基于以上考虑,本节课采取了"情景—问题"的方法。课堂一开始,教师就引入了哥德巴赫猜想这个有趣的问题,用富有感染力的例子活跃了课堂的氛围,为"总结、猜测、论证"这一探究真相的主要途径打下了基础。接着,就是要让情境和问题形成链条,互相滋养,依次发展。总之要通过问题情境及其问题链的导引,帮助学生形成"归纳—猜测—证明"的重要思维方式。

(三)教学准备

教师在课堂之前需要进行以下的预备工作:第一,把整个班级分成几个小队,每个小队大约 6 个人,原则上可以自由地进行分组,教师根据具体情况进行相应的调节,让每个小队都有足够的时间来进行讨论。第二,布置一个课前任务,引导每个学生进行独立思考、试验、分析,为在课堂上分组讨论问题打下坚实的基础。第三,制作适当的多媒体,帮助教师在课堂上适时进行引导、讲解。

二、教学过程:情境引领,有序开展

(一)创设问题情境

老师:同学们,1742 年,德国哥德巴赫写信给居住在德国的伟大数学家欧拉,提出了一个自己的猜测:凡是超过 6 的奇数,都可以用两个以上的奇数来表达。这个猜测被称为哥德巴赫猜想,它吸引了众多数学工作者的关注。人们曾将 3.3 亿前的所有奇数都一一证实为真。但是,证实并不能取代证明。许多国际、国内的数学家们仍然在努力寻找着哥德巴赫猜想的证明方法。

老师:哥德巴赫猜想的相关研究中包含了一种发现规律、探求真相的思路。请大家谈一谈,你认为这是一种什么思路,你是否从中获得了启发?

学生:数学规律的生成往往是先从个别现象的发现开始的,然后再需经过普遍的严密性论证。

老师:大家说的对,我们这次的集体任务就是在解答探究性问题的过程中进一步加深对归纳法的认识,积累从个别出发探究普遍规律的数学活动经验。

课前老师给同学们布置了一个任务:在纸上按顺序划出若干不平行不

重合的直线,然后以小组为单位,快速、精确地计算出直线的交点数和区域数,并将探究的过程及其结果记录下来。

（二）提出数学问题

老师:同学们,经历了之前的计数过程,我想你们一定会在探究过程中发现问题。现在,你们可以自由地提出自己的问题了。

学生:如果直线的条数比较少,我想大家都能比较容易地计算出交点数和区域数,但是当直线的条数变多的时候(比如说 100 条),就很难计算了。那么,有什么好的办法解决难题吗?

学生:解决这个问题的时候必须要一个一个地数吗? 能不能总结出什么规律呢?

老师:每个组都很积极地提出了自己的问题。至少可以总结出如下几个问题:

（1）一张一张地数,能不能更好地解决这个问题?

（2）有什么规律性吗? 如何找到模式?

（3）这些点和区域之间有什么关系吗? 他们与线数有何联系?

（4）由 n 条线分割成的区域数 $f(n)$ 如何表示? 由 n 条线构成的相交点数 $g(n)$ 的表达式如何?

（三）**解决数学问题**

根据同学们所画的直线,下面增加一张表格,请各小组迅速而准确地看图、填写,并有条理地陈述表格的信息。

直线划分平面区域数

直线数 n	交点数 $g(n)$	区域数 $f(n)$	直线数 n	交点数 $g(n)$	区域数 $f(n)$
1			4		
2			…		
3			n		

注:规定 1 条直线的交点数为 0。

各小组积极讨论探索,讨论时间大约五分钟。

教师:现在,请填完表格的小组派一名代表上来陈述一下你们的思考过程及结论(利用投影仪),其他小组认真倾听并与自己小组的观点进行对比分析。

学生:我们小组已完成了区域数问题,当直线为 1 条时,平面区域为两个;增画第二条直线,平面区域 4 个,增加了两个;当增画第三条直线时,平面区域 7 个,增加了 3 个⋯⋯由此,我们猜想,当画出第 n 条直线时,平面区域个数比 $n-1$ 条直线时增加了 n 个,由此可以得出 n 条直线所划分平面区域的个数 $f(n)$,即 $f(1)=2,f(2)=f(1)+2=2+2,f(3)=f(2)+2=2+2+3$⋯⋯

由此猜想:

$$f(n)=2+2+3+\cdots+(n-1)+n=1+\frac{n(n+1)}{2}, \text{即} f(n)=1+\frac{n(n+1)}{2} |.$$

还有交点数问题,$g(n)=\frac{n(n-1)}{2}$,方法相同。

教师:(其他同学都鼓掌表示赞同)看来很有道理。我们现在是否已经完全解决了大家提出的问题?

学生:我们小组赞同刚才的结论,但这只是根据几个特殊数据的规律做出的猜想,还需要严格证明。

教师:说得好,从特例中殊获得的猜想,是一种不完全的归纳,只有加上严格的证明,才是安全可靠的结论。哪个小组上来展示一下你们的严谨严格证明?

学生:我们小组是用数学归纳法证明的,先说对 $f(n)$ 的证明:

第一步:设 $f(k)=1+\frac{k(k+1)}{2}$,而第 k+1 条直线与前 k 条直线相交被分为 k+1 段,每段将所在区域一分为二,所以增加 k+1 个区域,即:

$$f(k+1)=f(k)+k+1=1+\frac{k(k+1)}{2}+k+1=1+\frac{(k+1)[(k+1)+1]}{2}$$（略）

老师:各位,在这十几分钟的时间里,我们亲身体验了"从特别例子的观测到科学的假设、猜测、概括和严密的论证"这一探究方式的整个过程。

（四）总结数学探究过程

老师：我们可以用三个步骤来概括刚刚的探究过程：归纳——猜测——证实。归纳法，是从具体案例中归纳推测结论、论证结论，保证猜想的正确性，保证推广应用的安全。大家看看大屏幕，下面就是一道关于通项公式的问题，我们一起来看看如何解答。

例 1：在正项数列 $\{a_n\}$ 中，前 n 项的和为 S_n，而且 $S_n = \frac{1}{2}\left(a_n + \frac{1}{a_n}\right)$ $(n \in N)$。求数列的通项公式。

分析：通项公式，它与题设条件的关系较为隐蔽，让人感觉不好下手。怎么办？

学生：猜想。

教师：怎么猜？能否说得具体点？

学生：先看 $n = 1, 2, 3$ 等特殊情况，是否可以从中发现什么规律，从而做出合理的猜想，然后再证明。（这时大多数同学鼓掌或点头表示赞同）

教师：各组马上实践，看看刚才的思路是否可行？（小组探究时间大约五分钟）

学生：老师！有了，我们小组的结果是 $a_n = \sqrt{n} - \sqrt{n-1}$ 。

教师：很好，其他小组有意见吗？请各组把求解结果放到投影仪上来，相互讨论并借鉴。

连续三个小组提交了自己的答案，在大屏幕上播放的时候，不少学生都在质疑那些只有猜测却没有证明步骤的回答，而那些没有给出回答的人，则借鉴了别人的想法，对自己的结论重新进行思考、改进。

老师：刚才的问题，乍一看，无法发现条件与结论之间的明显联系，但是学生从"特殊"出发，初步发现了问题的秘密，进而给出了一个"科学假设"，然后用"数学归纳"的方法对这个猜测进行了严密的论证，得到了完全的解答。学生运用"归纳—猜测—论证"的思维方式解决了一道代数问题，取得了很好的学习效果。

三、教学反思：总结经验，持续探究

回顾整个教学过程，在评估了学生的课后学习情况后，我进行了如下

反思。

(一)活泼的班级学习氛围是学生深度学习的保证

整个上课过程中,同学们都对课堂上的问题进行了热烈的思考与探讨,表现出了浓厚的学习热情与自信,为实现教学目标打下了坚实的基础。而合适的情景设计是创设浓厚学习氛围的重要环节。在课堂中引入哥德巴赫猜想有利于达到教学目的,也为课堂营造了一个好的学习氛围。

(二)探究性学习有利于提高学生问题解决能力

本节课的教学目标是引导学生运用"归纳—猜测—论证"的思路来处理一系列探究性问题。整个学习过程都因问题的探究性而弥漫着一种民主、融洽的氛围,学生们进行了热烈的探讨,他们的思想也变得更加活跃了,不但围绕着教师预想中的问题进行了深入的探讨,达到了预定的目的,而且有一些学生还给出了教师意料之外的其他的解决方案。传统的教学中,预设外的方案往往会因为"与本课的主旨不相符"而被忽视,这就会在一定程度上挫伤学生的思考积极性,让他们无法从教师的固定思路中脱离出来,而是被动地被教师填鸭式灌输。时间长了,学生就会丧失对数学的学习兴趣和能力。在今日的教学中,学生们积极主动地思考,受到了教师的极大认可与鼓励。学生可以根据所要研究的主题,主动思考,发表自己的看法,并通过深入的探讨、交换、对比等过程,逐步养成培养学生的分析与解决问题的能力。

(三)促进数学思维的发展是打破机械化学习的关键

在多年的考试教学中,中职的数学教学已经养成了"概念、例题、训练"的机械化填鸭式教学方式。老师不停讲解,学生囫囵吞枣,死记硬背知识、技能与题目等。一堂课看似信息量很大,但是其中的知识、技能、题型的存在背景、来龙去脉以及它们之间的联系,许多同学都没有足够的精力和时间将其吸收。在这个案例中,老师和学生们就一些典型的问题进行了深入的探讨,学生们在提问、讨论、评价和总结的过程中,建立起了自己对数学知识的理解,提高了数学思维方式。这样的学习方式激发了学生们积极思考、努力探索的动机,激发了他们的智力资源,达到了举一反三、触类旁通的目的。在一节课的短短时间内,学生就可以理解并运用由特殊性向一般性的推理思路,成功地得到了定性的结论。虽然在运用数学归纳方法进行推论时,有些学生会感到困难。但大多数学生都能理解数学中的抽象是一种客观现象,而且对这节课程中所用到的一些观念和方法也有了很好的认识。

(四)充分发扬"情境—问题"教学方式的经验

"情境—问题"是符合我国教改精神的一种新颖的、便捷的、有效的教学方式。同时"情境—问题"教学模式也与当前倡导的"探究式学习"理念相辅相成,有助于在国内开展"探究式学习"在学校中的推广与运用。这一教学方法,使学生的思想感情达到最优,与认知发展规律、认知的基本原则相一致。这种教学方法着重于营造可以让人产生思想火花的情境,把学生与教师的融洽结合,在有关的问题上进行探讨,共同进步。

参考文献

[1] 江秉彝,吕传汉. 创新与中小学数学教育[J]. 数学教育学报,2000,9(4):34.

[2] 吕传汉,汪秉彝. 论中小学"数学情境与提出问题"的数学学习[J]. 数学教育学报,2001,10(4):9-14.

在英语教学中培养学生工匠精神
——以英语课程（"Beijing Opera"）为例

上海市新陆职业技术学校　　汪晓莹

摘　要：工匠精神是现代职业教育追求的一个重要目标，要求学生在实践学习的过程中，能够不断地学习与创新，形成精益求精、精雕细琢的品质。本文尝试以华东师范大学出版社出版的中等职业学校教材试用本《英语》第三册中的"Beijing Oprea"（"京剧"）一课为例，通过对职业教育中工匠精神的必要性进行研究，分析其对于学生和学校的重要意义，从而引起教育工作者对于培养职校学生工匠精神的重视，加强学校对学生工匠精神的培养。

关键词：工匠精神；教师素养；德育渗透

一、工匠精神融入课堂的案例简述

（一）教材

本课为新课导入以及泛读课，围绕着"京剧"展开话题，简单介绍了京剧的起源和基本特点，旨在让学生在阅读的过程中，了解中国的传统文化，在学习英语语言的同时，注重我国传统文化的输出。本课在内容上关于京剧人物角色的专有名词较多，是 Lesson10 的一部分，需要了解并掌握一些相关的专有名词、用英语谈论中国京剧的特点。教师通过交流的方式创造一个轻松愉快的学习、交流环境，通过听、说、读、写来培养学生综合运用这些知识的能力。

（二）学情

本课教学对象为新陆职业技术学校二年级学前平行班的学生。学生文化基础相对而言比较薄弱，在用英语表达自己时，常表现得自信不足，语言不流畅，用词欠准确。但是这些学生有一定的表现欲，需要老师在课堂上提供机会给她们展现自我、表达自己的观点以及调动学习的热情。

（三）教学方法

本课运用交际教学法和任务驱动教学法，使教学过程交际化，通过完成一个个以小组为单位的小任务，提供给学生合作交流的空间和时间，通过大量的言语交际活动，尽量鼓励学习者发挥言语交际活动的主动性和积极性。促使学生为完成任务和同学进行合作学习。笔者会在后续部分将整个教学思考与相关过程进行详述。

（四）案例评析

职校学生在学习职业英语时，许多基础知识本来就薄弱，加上不少英语教师在面对这些学生的时候，在教育观念上有着过于保守的思想，导致在教学过程中总是出现高难度大容量的讲解方式，这种方式又往往导致学生在学习过程中出现学习呆板、上课时注意力不集中、心不在焉的情况。因此，职校英语教师要多学习现代教育理论和现代教学方式，树立新兴的教育观和学生观，学会重视学生的情感、意愿、知识需求，能够从学生的角度去理解学生。教师本身首先要对学生有信心，相信自己的学生有发展潜力。

本课通过阅读与中国传统文化相关的内容，让学生意识到学习语言的目的不仅在于学习和吸收语言的听说读写技巧，也在于文化的交流和互通上。本课以习近平新时代中国特色社会主义思想为指导，全面贯彻党的教育方针，落实立德树人根本任务，以"Beijing Opera"为主题，贯穿整堂课，将英语教学与思想教育融合，让学生不仅能够了解中国传统文化的精髓以及中国匠人的伟大精神，学习并弘扬工匠精神，还能够坚定文化自信，树立成为大国工匠的职业理想。

二、工匠精神融入课堂的实践探索

（一）在常规教学中渗透工匠精神

工匠精神是劳动者对工件进行精工制作的内在意识，是工匠对制作产品进行精雕细琢的精神，也是劳动者在工作过程中精益求精的一种内在精神的体现，同时，工匠精神也是追求卓越，在实际工作中不断地创新进取，将产品质量的精益求精、社会责任、对事业的专注与工作的敬畏作为劳动者的基本素养。现代职业教育把对学生的技能培养作为其首要的目标,将学习者的实践技能提升、知识的学习作为职业教育的基本手段,而在实际教学的过程中,忽略了对学生的思想道德、个人素质、人文素质的培养,导致培养的人才在技能方面得到了提升,缺乏社会责任意识与担当意识。

英语作为一门语言有其工具性,也就是说在英语课上,任何符合国家教育部门要求的话题都能成为课堂的主题。因而作为一名职校英语教师,要在日常的英语教学中见缝插针地渗透工匠精神。就本课而言,它涉及中国的传统文化,主题是有着国粹之名的京剧。对如今的青少年来说,这是一个熟悉又陌生的话题,所以教师可以通过这个主题,在使同学们掌握相关词汇语法知识点的同时,对京剧这种戏剧的历史、发展以及主要形式有所了解,从而体会到中国文化的博大精深,传统文化的深厚底蕴,提高学生民族自豪感和自尊心。用英文表达来讲述"京剧"传承故事,让学生体会坚持不懈、精益求精、大胆创新的工匠精神,树立传承中华优秀传统文化的责任感与使命感,落实立德树人根本任务。

(二)提升教师个人素养

在传统英语教学课堂中培养学生工匠精神,这对普通教师提出了更高的要求。教师不但需要具备过硬的专业知识和素养,还需具有一定程度的文化素养。因此,在课程的准备阶段,教师需要查阅相关资料以求做到上课内容准确精练,用正确的三观引导学生精神层面的发展。就这节课而言,在备课时,我从网上搜集了各种关于京剧尤其是现代京剧发展的资料,也相当于给自己"扫了盲"。京剧是我国的文化瑰宝,也是不可多得的教育资源。

文化知识的累积不是一朝一夕就能达到一定高度的。所以在日常生活中,教师也应该注重提升自己的个人素养,多看多听多思考,扩大阅读面,多读书,读好书。笔者平时对历史文化比较有兴趣,喜欢阅读相关书籍,京剧方面,也读过类似"京剧十讲"的科普书,对传统文化的发展比较关注,因而才能在讲授本课的"京剧脸谱"时,举不同的例子来说明各种脸谱表达的人物个性以及历史人物在历史上的形象与戏剧中形象的差别。尤其是京剧人才台下的"十年功",更是对工匠精神的深刻表达,对职校学生具有非常深刻的启迪价值。

在教学过程中,教师总是在育人。教师的言行举止都会对学生产生潜移默化的影响。作为一名英语教师,我注重"从我做起""从小事做起",让自己的细小的言行都成为学生的榜样。要求学生做到的,教师首先自己要做到,比如,要求学生认真写好每一个单词,教师自己首先要板书认真、美观。教师的板书设计、语言的表达、教师的仪表,教学中体现的激情和精神面貌等都可以无形中给学生美的感染,从而陶冶学生的情操。只有让学生置身于良好的环境中接受熏陶,才有利于学生养成良好的品行。

（三）挖掘教材的深度

教材是寓德的重要载体,依据教材挖掘德育因素是进行课堂德育的前提。要在教学中有效地实施德育,就应在研究教材上下功夫、教师应认真钻研教材,充分发掘教材中潜在的德育因素,有目的、有计划地寓德育于英语课堂教学之中。通常,职校的英语教材是相对浅显易懂的。但如何在看上去简单的内容中去挖掘教育思想的深度,是每个教师应当思考的问题。

在"Beijing Opera"这一课中,笔者特地在导入部分提了一个很大的问题,我们为什么要学英语？我也能预见到同学们的答案不外乎"和外国人交流""能看懂日常的文字"甚至是"为了考试"等。所以在学生回答之后,教师将话题引到了"交流"上,强调交流应当是相互的,而不只是文化的引进,还有文化的输出,如何用国际语言去表达传统文化、传承工匠精神也是我们学习英语的一个部分。通过这样的思考,可以使学生产生相关的文化意识,扩充学科的内涵。

三、反思与小结

在职业英语教学中,教师在备课时,要深入挖掘教材的内涵,结合教学纲要和学习目标,准确把握重难点,理顺思路,然后再结合实际去开展灵活的教学活动。如果教师能够在驾驭教材的前提下结合实际情况,灵活处理教材,抓住知识重难点,精心操练,精益求精,这样的课堂必定充满生机,妙趣横生,学生的积极性也会发挥得淋漓尽致。在职教英语教学过程中,教师要引领学生潜心修养,静心学习,耐心实践,每一步也都要像匠人雕琢玉器一般,使学生在教学中愉悦身心,锤炼能力,培养素质。同时,作为教育者,我们不仅要引导学生多思考、多钻研,更要为学生创造机会,如让学生对做题的步骤和方法进行梳理,留足时间给学生思考钻研,让学生自主发挥、互相展示、互相点评,尝试用各种不同的方法解题,创造有利条件让学生对所学知识做深挖深钻的尝试。这样不仅提高了职校学生学习英语的兴趣和信心,也潜移默化地培养了学生思考钻研、勇于创新的工匠精神。总之,在职校英语教学中,要求师生都要有一颗"匠人之心",脚踏实地感受教与学的过程,精雕细琢每一个过程,夯实英语学习基础,以达到基础知识学习、能力发展与创新、情感态度与正确的价值观体现等的教学目标。

视角放大整个现代职业教育体系中,培养应用型的人才是当前社会发展的必然要求,全方位加强对学生工匠精神的培育,需要重点对学生的精益求精、爱岗敬业、精雕细琢、一丝不苟的精神进行培养。对于我国职业教育来讲,培养学生的工匠精神是非常必要的,这是我国社会经济转型对人才的要求,是我国职业教育体系改革的要求,也是学生个人发展和进步的需要。需要教师和学校充分意识到工匠精神的重要性,并在理论与实践教学的过程中,通过多种途径对学生的职业能力进行培养,为学生营造工匠精神的文化氛围。这就要求学校和教师在学生学习和社会实践的过程中,对学生实施潜移默化的影响和不断地培养。

参考文献

[1] 徐霞. 浅谈工匠精神在职高英语教学中的体现[J]. 学周刊,2019(9).
[2] 刘春. 工匠精神培育与高职院校的教育追求[J]. 职教通讯,2016(32).
[3] 李明. 浅谈高职院校教师如何在弘扬工匠精神中发挥引领作用[J]. 科技展望,2017(20).

工匠精神融入中职课程资源开发初探
——以"婴幼儿早期教育与护理"课程为例

上海市新陆职业技术学校　　聂艺苑

摘　要：培育工匠精神是中职人才培养的基本任务,是中职"立德树人"的主要抓手,更是中职专业人才培养的主要内容。为了将工匠精神更好地融入专业教学内容,在"婴幼儿早期教育与护理"课程资源开发过程中,要有意识地从人才培养目标、教材、学生学情出发,根据专业工匠精神培养基本要求,挖掘并形成对应课程资源,贯彻任务引领理念,在课堂上传递"匠心",探索将新媒体教学手段辅助工匠精神融入教学。

关键词：工匠精神；中职课程；资源开发

工匠精神是一种职业精神,是从业者的一种职业价值取向和行为表现,即表现为高超的技艺和娴熟的技能,专注、认真负责的工作态度,力求完美和匠心独运的工作思想。工匠精神的特点包括关注细节、精益求精、追求卓越、坚持不懈、奉献与创新等。这些方面也正切合了当今社会对于学前教育工作者的要求。所以,在中等职业技术学校的课堂教学中,不应该仅限于关注学生的专业技能培养,更应该关注对学生职业精神的塑造,注重培养学生工匠精神的观念,使学生能够高标准、严要求地对待学习和工作以及自己未来的事业。

一、工匠精神融入中职课程资源开发的背景

2016 年全国两会期间的政府工作报告中提出："鼓励企业开展个性化定制、柔性化生产,培育精益求精的工匠精神,增品种、提品质、创品牌",这体现了国家对工匠精神的重视。工匠精神是一种认真精神、敬业精神。它的核心是树立对职业地敬畏感和对工作的执着追求。《教育部关于职业院校专业人才培养方案制订与实施工作的指导意见》(教职成〔2019〕13 号)

强调要构建德智体美劳全面发展的人才培养体系,突出职业教育的类型特点,明确提出"将工匠精神融入人才培养全过程"。

近几年来,随着育婴师、幼儿园教师等学前教育工作者虐童事件的频繁曝光,社会公众也对学前教育工作者,尤其是育婴师的职业道德产生了一定怀疑。而目前幼儿园教师和育婴师严重缺乏,职校作为育婴师、幼儿教师培养的专业场所,更要注重中职生早期教育与护理课程中的德育工作,在工匠精神的引领下,培养职校学生认真工作、追求完美的工作态度。

"婴幼儿早期教育与护理"是学前教育专业的必修课。此时,学生刚刚入校,年龄较小,对于托幼机构育婴师的定位以及育婴工作都还不了解,对专业认知还较为浅显。因此,将工匠精神融入学前教育的专业课程,在课程学习中帮助学生树立起对职业的敬畏和对工作的执着态度就显得尤为重要。

二、工匠精神融入中职课程资源开发的实践

在过去的两年里,本人参与了我校课程资源建设,初步尝试将工匠精神融入"婴幼儿早期教育与护理"课程,利用信息技术生成了一系列课程资源,并将其应用于日常教学实践,帮助学生潜移默化地树立工匠精神。

结合工作需要以及时代背景,从微观层面解读工匠精神可概括为匠德、匠心、匠术三个方面。其中匠术主要体现在工具运用、技术扎实、沟通艺术等方面。因此,在工匠精神的引领下,在课程资源开发前,先对本专业的培养目标、教材、学情进行了分析,再结合新时代时代发展要求,有选择地运用信息技术来提升学生的创新意识和专业技能。

(一)培养目标分析

本次资源开发选择的课程是中职学前教育专业"婴幼儿早期教育与护理"。根据课程标准确定的课程目标和教学内容,挖掘本课程的知识点、技能点与工匠精神培育的对接点。在对接点挖掘过程中,聚焦职业技能目标兼顾职业素养目标。依据对接点进行教学设计,将工匠精神培育融入课程资源开发的全过程。本门课是我校学前教育专业中高贯通班级的专业课程,是培养以就业为导向,以岗位能力为基准,培养从事0～3岁婴幼儿照料、护理和教育的工作人员。

（二）教材分析

本门课采用的教材为《育婴师（国家职业资格五级）》，涵盖了婴幼儿生活照料、保健与护理、教育三方面内容。在对教材分析与梳理的基础上，以任务引领为基础，借鉴《上海市中等职业学校学前教育（育婴员）》教学标准，将课程分为"婴幼生活照料""婴幼儿发热护理""婴幼儿运动锻炼"等多个模块。本门课具有理论性与实践性相结合的特点，因此要强调理实一体化。

（三）学情分析

本门课的授课对象为学前教育中高职贯通一年级的学生，在知识储备上学生缺乏关于婴幼儿的基本知识；在学习能力上比一般中职生稍强，对知识的接受度更快，领悟力更高，同时学生年龄小，缺乏照料婴幼儿的生活经验，习惯于传统课堂上的听学模式，缺乏操作练习和实践，实践操作的细节还存在不足。在学习态度上较为认真，但对育婴知识没有本质需求，学习的动力、积极性较弱，对操作环节的演示不够投入，对待婴幼儿不够有耐心。因此在教学方法上遵循以学生为中心的原则，选择凸显职业教育特色的教学方法，融合任务引领、翻转课堂、情境教学等。

（四）资源开发设计

基于以上分析，该课程急需丰富学生与婴幼儿相关的生活经验，解决学生的实际操作技能培养、学生专业课兴趣培养、学生学习过程中的动态性监测等问题。因此在本次课程资源开发过程中，融入了信息化平台进行数据实时收集与处理、微信小程序、VR 体感等多种信息技术，借助信息技术实现收集学生实时信息、进行个性化学习与精细化管理、打造真实的工作情景、在操作中增加互动反馈等功能，整合课程资源搭建学校信息化平台，最终生成了一系列的课程资源（如下图）。

 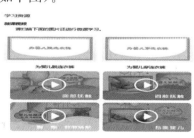

"婴幼儿抚触"的微课资源　　　　　"1 岁婴幼儿运动发展特点"的微课资源

三、工匠精神融入中职课程资源开发的思考

在实际教学中,工匠精神要渗透在深化专业教学改革之中,基于信息技术不断摸索和反思,逐步探索教学实践。

(一)贯彻任务引领理念,开展工匠精神培育

在本次课程资源开发过程中,通过与技术专家进行充分沟通交流与合作,真正让技术专家走进一线教师的课堂,改变日常课堂教学的方式,如通过借助信息化平台发布课前任务,调研学生课前的生活经验,再通过对课堂调研数据的处理与分析,了解学生的已有经验,从而确定课堂教学中教师着重讲解的部分。

"温水擦拭法"信息平台课前调研界面

课堂中,贯彻中职课堂教学改革任务引领理念,综合运用任务驱动、模拟情境等教学方式开展工匠精神的培育。以任务引领学生自由讨论,大胆探究,使课堂教学不再局限于书本知识,而是通过 VR 设备、信息化平台、微信小程序等模拟真实工作环境,真正做到"以学生为中心"。如"为婴幼儿喂药"这节课中,利用虚拟现实技术(VR)开发出互动游戏,学生通过基础学习了解为婴幼儿喂药的知识与方法,再通过 VR 设备全沉浸式模拟体验的方式置身于场景化现场,以第一视角体验为生病婴幼儿喂药,真正做到了改变以往课堂教学的方法。

(二)关注学生个性发展,在课堂中传递"匠心"

在以往的职业教育教学中,教师往往基于经验或通过提问、观察发现学生在知识学习薄弱的地方或技能操作中存在的问题。而在本次课程资源中,教师可以借助信息技术实现学生数据采集和分析,实时监控学生的完成情况,确保教师能够依据数据进行精准教学,不仅能针对整体学生出

学生尝试用 **VR** 设备进行为患病婴儿喂药的操作

现的共性问题进行讲解和巩固,还能针对不同学生出现的问题进行分层教学,甚至是个别化教学,满足学生的个性化发展,并大大提高教学的效率与学生的学习质量,在教学过程中体现严谨细致的工作作风,把"匠心"在课堂中潜移默化地传递给学生。

"温水擦拭法"教师端学生物品选择情况的实时反馈页面

(三)探索新媒体教学手段,辅助工匠精神融入教学

本次课程资源开发,帮助我校进行了信息化平台建设,探索了新媒体教学手段辅助工匠精神融入教学。利用新媒体手段,丰富课程资源,创设师生互动学习空间和氛围、实现课程资源共享、突破教学的时空限制。后续还将在学校运营的公众号中联动课程资源,并将课程资源印成活页教材供本门课程的所有教师和学生使用,让其他教师容易上手实践,确保本校内教育资源配置的均衡。同时本课程资源还辐射到了学校育训工作,以及职业体验日活动。

总之,将工匠精神融入职业教育是一项长期而系统的工程,需要各方共同努力。在工匠精神融入中职课程资源开发的实践中,基于人才培养方案、课程标准、教材及学情的分析,将工匠精神的构成要素融合渗透到教学理念、教学方法、教学手段中,并建设了学校的教学资源。通过这次的实践尝试,极大地丰富了教师的教育实践,加深了教师对工匠精神的理解,更新了教育观念,同时帮助学生在实践中培养严谨、专注、精益求精的工作态度。

今后,还应继续探索将工匠精神渗透到教学环境打造、管理制度完善、校企合作及教学评价考核的各个环节中,以培养出更多具有工匠精神的高素质学前教育专业人才。

参考文献

[1] 田静,马秋峰.德育视野下中职学生工匠精神培育的路径研究——以山东煤炭技术学院为例[J].职业,2023(22):35 - 37.

[2] 王雪.工匠精神融入高职护生《基础护理学》的教学研究[J].职业教育,2024(07):57 - 60.

优化中职学前教育专业基础课程教学路径的初探
——以中职"学前教育学"课程为例

上海市新陆职业技术学校　　曹俊怀

摘　要："学前教育学"作为中职学前教育专业的专业基础课程,由于课程理论性、系统性较强,学生在学习中缺乏主观体验与感悟,导致教学效率低、学生学习积极性不高等问题。本文通过在教学实践中开阔教育视野、在现实关怀与理论学习相结合中增强职业理念、在变革教学方法中树立科学教育观,优化课堂教学,充分体现"学前教育学"课程在学前教育专业中的价值。

关键词:学前教育学;专业基础课程;教学探究

随着认知神经科学的研究兴起,整个社会对学前教育价值的重视程度与日俱增。学前教育工作者作为一项专业化程度较高的专业技术人员也逐渐受到社会的认可。学前教育工作者专业化水平与其职前课程的学习密不可分,对于准学前教育工作者而言专业基础课程是指导其开展保育、教育活动开展的重要理论基础,它为学前教育实践活动的开展提供价值取向和规范取向。

从课程地位上来看,在中职学前教育课程体系中,专业基础课具有重要的作用,其中包括"学前儿童心理学""学前教育学"等,专业基础课程是准学前教育工作者学习学前教育专业的专业入门课,通过专业基础课程学生能够获得关于学前教育领域的基础知识、基本能力,树立科学的学前教育理念、职业道德等。从课程开设时间上看,"学前教育学"一般在一年级下学期开设,是中职学前教育专业学生最早接触的专业课程,也是学生学习专业的认知起点,能够为后续专业课程如"幼儿行为指导""幼儿园游戏指导""幼儿园环境创设"等专业课程奠定扎实的理论基础。

一、学前教育专业基础课程在当下教学中的实然现状

(一)专业课程内容编排上更多地关注理论逻辑体系

学前教育是一门情境性鲜活的实践活动。在课程内容上尽管中职学前教育专业在人才培养方案上进行了改革,在人才培养中突出"能力为本"理念,注重对学生专业技能和实践能力的培养。但在"学前教育学"的教学内容安排上体现出了浓厚的理论特质,按照理论体系进行编排。以此导致在教学方法上主要采用学前教育理论知识的灌输,从而忽视了学生在课程学习中的主观能动性;理论学习内容与实际学前教育工作情境差距较大,课程内容滞后于学前教育教学改革等问题依然存在,成为制约专业课程改革,影响专业发展的突出性困境。

(二)中职学生学习特点上更多地偏重实践思维体系

由于作为通识教育的"学前教育学"课程内容在编排上的理论逻辑性与抽象性,使得学科概念、教育原理等基础知识较多。而中职学前教育专业学生大多为16～18岁的女生,她们的思维特点更倾向于形象化思维,富于想象力,愿意在体验与感悟中习得知识。对于体现演绎、归纳能力等抽象性思维的理论、概念缺乏学习积极性,这必然导致在课程学习中意愿不强、学习深度不够、专业视野狭隘、理念和情感教育缺失等问题。这些现状一方面影响着课程教学目标的实现,另一方面制约着中职学前教育专业学生的专业化发展。

正是基于以上问题,本研究尝试以"学前教育学"这一课程为例开展实践探索,通过优化教学方式,调动中职学生主动学习的积极性。

二、学前教育专业课程实践路径优化的应然方向

(一)在中西方学前教育实践比较中拓宽专业视野

学前教育本质上是属于培养人的社会实践活动,对于我国的学前教育发展而言其核心价值必然是与社会主义核心价值取向相一致,与植根于心的中华优秀传统文化相契合,中国最早的蒙学读物便是最好的注脚。但这并不与向西方学习其先进实践与理论构成矛盾。在中西方比较学习的过程中,相互砥砺,他山之石可以攻玉,借鉴可以推广运用的学前教育知识与

方法。

案例一：

以"幼儿园教学活动"一章为例,笔者打破教材内容呈现体例,截取了来自中美两个幼儿园开展的同一主题教学活动的实践,将两种情境呈现给学生,学生阅读主题教学设计活动《树》材料：

教学设计活动之一：教师在 PPT 上呈现关于树的图片,儿童仔细观察树的图片；教师在白板上一笔笔画出树的样子,儿童有了初步感知后,教师带领儿童到室外去观察树的样子,加深印象后,带儿童回教室再在纸上画出树的样子。

教学设计活动之二：教师在课堂中首先提问儿童什么是树,引导儿童说出自己心目中树的样子,其次引导儿童画出他们眼中的树,等儿童画完树之后再带领儿童到公园中观察不同种类的树,儿童针对自己喜欢、感兴趣的树向教师请教,教师逐次地向每位儿童介绍每种树的名称与特征,最后教师总结每个儿童都是一棵树,都是与众不同的。

1. 对比呈现法

课堂中学生阅读完材料,笔者顺势把两个幼儿园儿童描绘树的作品呈现给班级学生。并设置疑问：根据两种教学活动的步骤,大家猜一下两个幼儿园儿童画的树有什么不同呢？学生根据 PPT 中的教学步骤进行了推测,得到答案：比如教学设计活动一中的儿童都是在教师指导下根据教师的要求完成的作品,他们会画出相同的树；教学设计活动二中儿童的作品是画出自己心目中不同的树。

2. 问题清单法

针对教学活动案例,课堂中为学生设置了问题清单：第一,上面两种教学活动设计,哪种活动更可能发生在中国,体现中国的教学方式？（第一种）第二,材料一、二中的教学活动设计中分别运用了什么方法？（讲授法、观察法）第三,材料一、二分别体现了什么教学组织方式？（集体教学、个别教学）第四,两种教学活动设计结果有什么不同,各自体现了什么样的教育理念？（中国求同,西方求异）第五,如果你能穿越回幼儿园,你更喜欢哪种教学活动方式,请阐述理由等。

通过问题清单方式,将中西方两种学前教育教学活动呈现出来,学生能够在课堂上以问题为抓手,掌握幼儿园教学常用的方法,区分幼儿园教学活动的组织形式。学生在两则同样主题的教学活动中比较了两种不同文化背景下的学前教育理念。最后以穿越的方式回到童年,选择自己喜欢的教学方式,学生辩证地对待中西方文化影响下形成的不同的教学方式和学习方式。

从教学效果来看,本节课学生们通过运用中西比较的学习方法顺利完成《幼儿园教学活动》的教学目标,提高了学习效率。在比较学习与互动讨论中消解了教育概念的抽象性。学生将国际视野与本土实践相结合,在比较中反思,在反思中思考,在思考中学习。另一方面也学会了一种中西方横向比较的教育研究方法,在后续的"幼儿园生活活动"和"幼儿园游戏""幼儿园课程"中也能够自如运用。

(二)在现实关怀与理论学习的融合中塑造职业精神

学前教育作为一种教育实践活动,与教育现实生活具有密切的关系。现实生活中每天都发生着大量的教育实践活动,这些教育实践活动可以作为课程资源的"活水"被引入课堂,学生的学习活动不仅仅是抽象的表述,而且是生动鲜活的实践表征案例。学生在现实关怀中浸润职业道德与职业意识进而不断提升学生的职业精神。

案例二:

在"幼儿园教师职业道德"一节教学中,教材中简单罗列了一些高大全式的口号,如"幼儿园教育工作者要勤勤恳恳,不辞劳苦,不计时间,不计报酬,克服困难,辛勤工作"等,这种宣传语式的表述对于"00后"而言无异于一种无效的道德灌输和规训,不仅不能帮助学生树立良好的职业道德,反而会引发她们的反感。因此笔者结合本节课的学习目标,在课堂中把最近几年引起社会高度关注的浙江温岭虐童事件、携程虐童案、北京红黄蓝虐童事件作为课程资源引入课堂,让学生在阅读虐童事件材料、观看虐童事件的视频的基础上去认知学前教育工作者的职业角色和必备的职业道德与职业精神。

在这种教学方式的转变中,教师适时、正确的引导发挥着至关重要的作用。在观看相关虐童案例的基础上,笔者首先引导学生分析虐童事件中保育员或者幼儿教师虐童行为背后的心理原因。学生通过头脑风暴法迅速达成共识,如她们本身并非热爱这项职业,进入幼儿园是现实中无奈之举。课堂中笔者趁热打铁开展针对性提问,如这种心理对我们有什么启发?学生也有所感悟地回答如果从事幼儿教育工作必须热爱儿童,发自内心地喜欢与儿童打交道,愿意一起与儿童成长之类的情感表述,这也是本节课的教学目标之一:热爱儿童,热爱学前教育事业,在提问与启发中润物细无声地达到了教学目标的第一个层次。有了第一层教学目标的铺垫后,进而引导学生思考:在几起虐童事件中的施害人大多具有一定的专业技能,如"吹拉弹唱跳",她们也将大多数时间花在了专业技能的训练上,她们自认为幼师只要有专业技能,就可以胜任这项工作,专业技能和职业道德这两者没有什么关系。其实这是一个综合问题,要求学生练习上一节所学知识,结合本节课内容来思考。课堂中的学生通过观看虐童视频后对"学前教育是一项爱的事业"有了深入的认识,沿着教师职业道德这条主线顺藤摸瓜:职业道德与专业技能并不矛盾,职业道德要高于专业技能,如果没有职业道德,那么所谓的专业知识与专业技能也只不过是充当作恶的工具。当听到学生有如此高质量的思考与回答后,学生由自然人已经开始过渡为一个有职业操守的职业人的教学目标已经顺利实现。

"00后"学生作为互联网时代的原住民,触及的信息量大,她们关注社会现实,愿意对教育热点问题进行讨论,基于学生思维特点和课程目标将现实教育话题引入课堂中,一方面能够激发学生学习"学前教育学"甚至学习学前教育专业的兴趣,成为学生学习兴趣的激发点和情感的共鸣点;另一方面将现实的教育热点等"活水"资源引入课堂,也拓展了课堂边界,推进了理论与实际结合,在一定程度上改变了专业基础课程过于注重知识传授的倾向。

(三)在变革教学方法中引导学生树立科学的教育观

"学前教育学"作为中职学前教育专业学生的一门专业基础课,课程涵盖了包括科学儿童观、科学教师观、游戏观等在内的基本教育、保教原理,课程旨在帮助中职生树立科学的教育观,在科学的儿童观、教师观的指引下开展教育活动和保教活动。但在课程开展中如若单向度的输出基本原理等理论知识,学生很难将教材理论与教育、保教实践活动衔接起来,理论知识难以内化于学生心目中,课堂就会变成空洞说教的宣传场所,造成教育资源的浪费。教育、保育活动的开展一定是在现实的教育情境下展开的,幼儿园每一天发生的教育活动都可以是一节节生动的案例资源,因此在传统教学方法的基础上尝试开展案例教学。

案例三:

在"幼儿园教育内容"一节中,为了使学生能运用所学教育学知识指导教育实践,能够在家园合作中科学帮助家长指导儿童的学习,笔者精心选择了来自现实中的案例"周周妈妈的烦恼",案例中的周周妈妈有着明显的教育焦虑,一方面希望周周能愉快度过童年时期,另一方面不希望周周输在起跑线上,在周围人的影响下为5岁的周周报名各种儿童潜能激发培训班。课堂中学生在阅读完案例后,笔者布置了学习任务:作为幼儿教育工作者,能不能为周周妈妈提供科学的教育建议? 为了顺利完成学习任务,引导学生在自主学习教材的基础上分组讨论周周妈妈的两难问题是由于什么原因造成的? 在原因分析的基础上讨论幼儿园的儿童学习什么内容才是科学有益的? 在案例任务的引领下,学生经过自主学习和小组讨论学习掌握了幼儿园教育的五大内容:健康、语言、社会、科学与艺术。在五大领域内容基础上,明确3~6岁儿童成长的领域和成长的方向,针对案例提出具体科学的教育建议。

在案例教学中,中职生的学习内容与案例提供的具体场景联系在一起,也就是知识与生活建立了链接。知识学习的全部意义需要学习者内心的体验与感受,能够在内心引起触动,而课程中提供带有具体教育场景的案例即是能帮助学生提供具体体验与感悟的载体。来自现实幼儿园实践中的案例,拉近了学生学习的空间距离,使得学生不再是面对着一页页的诸如科学儿童观、科学教师观、科学教育观等抽象的学前教育原理,而是一个个具体鲜活有趣的教育实践活动,使得抽象晦涩的教育理论变得具体真实可代入,增强了个人体验,也提升了学生学习的主动性,将科学的教育观内化与心。

三、优化专业基础课程教学路径注意的问题

(一)课前准备阶段

基于拓宽学生视野的目标,教师在课程开展之前为学生提供具有现实

关怀的一汪"活水"。笔者将学前教育大 V 公众号、学前教育信息网址、幼儿名家工作室信息数据库等学习平台进行资源梳理整合并分类,结合不同的教育场景进行使用。

当然教师提供的课程资源不是目的,而是服务于学生学习的手段。即不仅仅局限于"一汪",更期待通过"一汪"活水的流动引出另外"一汪"活水。

(二)课程反思阶段

采用案例教学法引入课程资源时在激发学生学习兴趣时,不可避免会产生学习痛点。基于笔者的教学实践,容易引发学生学习公平问题。课堂时间、课堂资源被班级活跃分子牢牢把控,她们往往预习充分、观点鲜明、表达能力强,在分析案例时结合自己的感悟和体验展开,因此更容易引发其他同学和老师的关注和赞同,在课堂中是"被看见"的一些人。这时班级中其他同学就可能被边缘化,成为"失语者",与"被看见"的同学相比自己并没有突出的表达能力,也没有能够引发关注的亮点,因此会逐渐失去对课程学习的兴趣,甚至最后放弃课程的学习,认为这门课程的学习只是教师和一少部分人的游戏,甚至会产生学习上的习得性无助,乃至影响班级同学关系和师生关系。

四、结语与展望

"学前教育学"作为专业基础课程在学前教育专业人才课程体系中具有不可替代的作用,但由于"学前教育学"课程基本概念、原理较多,课程的理论性、系统性较强等特点客观上对学生的抽象归纳能力要求高,使得抽象思维较弱的中职学生在学习中缺乏主观体验与感悟,导致教学效率低、学生学习积极性不高等困境。针对课程在实际教学中遇到的问题,结合中职生实际学情,通过在教学实践中开阔中职生的课程视野、在现实关怀与理论学习相结合中增强中职生的职业理念、在变革教学方法中引导中职生树立科学教育观等教学策略,帮助学前教育学生树立科学的儿童观、教育观以及专业认同感,萌发教育爱,进一步提升"学前教育学"专业基础课程在学前教育人才培养体系中的作用与价值。

参考文献

[1] 王颖蕙.关于幼师院校"学前教育学"课程教学改革的思考[J].教育与教学研究，2008，022(002):55-57.

[2] 卞红梅."学前教育学"教学实践改革的反思[J].扬州教育学院学报，2017，35(04).

[3] 姜勇.理论困境与学前教育学的实践转向[J].学前教育研究，2008(1):4.

在中职数学教学中渗透工匠精神

上海市新陆职业技术学校　　王民静

摘　要：中职数学课程属于中职学校公共基础课，具备较强的"服务性"与"基础性"功能。教师不仅要在数学课堂中讲解教材知识、学科技能，还需要在数学教育中渗透工匠精神，全面挖掘数学教材中的工匠精神素材，展现当代工匠精神的具体内涵。把中职生"工匠行为"融入数学课程考核体系之中，提升数学教师、中职生的职业素养，展现教育培育者的示范作用、榜样力量，强化数学文化建设，为中职生营造　利工匠精神教育氛围，提升中职生的综合素质。本文主要是对中职数学教学中如何渗透工匠精神进行探析，希望对优化职业教育提供一定的帮助。

关键词：中职数学；工匠精神；职业素养

一、实施背景

人们在日常生活中，能看到形形色色的手工匠人在给徒弟进行技艺传承的同时，也进行着精益求精、敬业、耐心、专注、坚持、创新等精神的传递。随着社会的发展，工匠精神是每个从业者做好本职工作必不可少的品质。2016年工匠精神被写进了中国政府工作报告。实现中国梦，打造制造业强国，在职业教育过程中抓住各种契机培育和弘扬工匠精神尤为重要。

工匠精神是一种追求卓越、精益求精的精神品质，它涵盖了敬业、专注、创新等方面的优秀品格。中职生所处阶段正是身心发展最迅速、最关键的时期，是形成正确的人生观、价值观的关键阶段，作为中职数学教师，除了要让学生掌握数学基础知识，还必须在教学中结合学科特点，有意识地加以引导，潜移默化地培育工匠精神，让学生受益终身。

数学是研究数量关系、图形结构、数理变化、空间变换以及信息技术等的学科。数学作为文化基础课,具有服务型和应用型特点,要求学习者具有细心、耐心、专注,持之以恒的品质,这与工匠精神的内涵正相吻合。

二、实施目标

在数学教学中,教师把工匠精神融入课堂,让爱岗敬业、追求卓越、精益求精、吃苦耐劳成为职业院校学生的职业操守,为他们成为未来的大国工匠和能工巧匠奠定基础。

三、实施过程

(一)教学中培养学生坚定的信仰追求

把工匠精神的培育贯穿在日常教学中。如:在讲授集合与元素时,强调"集合"是由某些确定的对象组成的整体,组成集合的对象被称作这个集合的元素。然后适时展开:大于 5 小于 10 的正整数组成的集合 A,记做 $A=\{6,7,8,9\}$,工匠精神的内容记做 B,$B=\{$爱岗敬业,精益求精,追求卓越,……$\}$。

一是渗透爱岗敬业的精神。爱岗,才能敬业,爱岗敬业是工匠精神的基本内涵。在中职数学教学过程中,教师是教育的实施者,这就要求数学教师具备较强的敬业精神,真正做到以身作则,对学生进行感染和熏陶。通过教师敬业精神的强化,能够在无形中感染学生,促进中职学生敬业精神的养成。不仅如此,在课堂教学中,教师可引入数学名人比如华罗庚、陈景润等故事,讲述数学家在数学研究过程中的努力拼搏,强化学生对爱岗敬业的感知,培养学生"干一行爱一行,干一行专一行"的职业精神。

二是渗透严谨认真的态度。严谨、认真、不马虎是学好数学不可或缺的态度。比如,学生在学习如何画出棱柱、棱锥的三视图时,很容易忽略三视图的位置要求,教师要着重强调俯视图在主视图的正下方,左视图在主视图的正右方。在标注三视图中长、宽、高的尺寸时,教师要让学生意识到标注的尺寸一定要准确。在画三视图中的线段时,学生应注意真实存在但看不到的线段要用虚线表示。因此,教师在讲授如何画简单几何体的三视图时,可以向学生渗透踏实严谨的工作作风、耐心细致的工作态度。

三是渗透精益求精的品质。精益求精是一种品质。比如,在学习指数函数的图像时,学生观察出当底数 $a>1$ 时,自变量 x 越小,函数图像越趋近于 x 轴的负半轴,函数值 y 越趋近于 0;当底数 $0<a<1$ 时,自变量 x 越大,函数图像越趋近于 x 轴的正半轴,函数值 y 越趋近于 0。这时教师可以给学生延伸数学中极限概念这一知识。数学中的极限是指无限接近某一固定值,用在日常生活中,这个词的含义表示要追求极致和完美,把事情做到最好。求精是工匠们对每道工序、每件产品都凝神聚力、追求极致,这就是极限。数学中的极限体现了求精的品质。

（二）教学中培养学生坚韧的意志品质

约翰生说:"成大事不在于力量的大小,而在于能坚持多久。"专注与坚持是工匠精神的内涵之一,是工匠精神的保障。中职生的自我控制能力相对较弱,中职数学教师要抓住课堂契机给予他们自我控制能力的教育,让学生明白要想成长为一位优秀的工匠,没有捷径可以找寻,坚持是我们唯一的选择,需要比他人多付出几分努力,每天超越自己一点点,最终达到质的飞跃。

例如,在课堂教学的最后,教师出示三个式子:

$1^{365}=1$(一成不变);

$1.01^{365}=(1+0.01)365≈37.7834343≈38$(每天努力一点点,总会得到大收获);

$0.99^{365}=(1-0.01)365≈0.02551796≈0$(每天偷懒一点点,终会一无所获)。

引导学生感悟课堂:"努力即是成功的开端"。从三个式子可以看到,把我们每天都要做都会做的学习和工作当成"1",如果我们每天多努力一点、执着一点、耐心一点,坚持每天进步 0.01,一年之后我们得到的回报居然是 30 多倍的提升;而如果我们每天松懈一点,每天退步 0.01,一年之后得到的回报将趋近于 0!

（三）教学中培养学生不断创新的意识和能力

"掌握新技术,要善于学习,更要善于创新。""对于创新来说,方法就是新的世界,最重要的不是知识,而是思路。"创新是工匠精神的动力,要创新,则首先要学会学习。"数学是思维的体操",逻辑推理是数学学科的核心素养之一,归纳和演绎是它的两种方式。教师在中职数学课堂上常对学生进行点拨,引导中职生对知识有一个自己动手操作,然后通过观察,自己思考、归纳得出结论的过程,这是培养学生观察和归纳能力的摇篮。要培育中职生的工匠精神,利用中职数学课堂锻炼学生观察、联想、类比、猜测、归纳等思维,以达到对中职生自主学习能力和创新意识的培养,势在必行。

例如,教师引导学生观察并总结出两个表达式 $y=2^x$ 与 $y=\left(\dfrac{1}{2}\right)^x$ 的共同点"都是幂的形式、指数 x 为自变量、底数 2 和 $\dfrac{1}{2}$ 为常数",从而推出指数函数的定义。这个教学过程让学生体验了由具体到抽象、由特殊到一般的过程,能加深学生对指数函数定义的理解与记忆,初步培养学生的观察、总结归纳能力。

又如,在归纳指数函数的图像特征与性质时,教师先让学生自己利用数学软件 GeoGebra 制作出函数 $y=2^x$ 与 $y=\left(\dfrac{1}{2}\right)^x$ 的图像,观察它们的图像,归纳出它们的特征。再提出疑问:"归纳出来的这些结论对所有的指数函数是不是都适用呢?"教师让学生以小组为单位,在数学软件 GeoGebra上,在同一个直角坐标系上制作出不同底数的 10 条函数曲线,引导学生进行观察、讨论,归纳出它们的规律。接着学生自己操作数学软件 GeoGebra,不断改变底数 a,通过观察函数图像因为底数 a 连续变化而引起的变化,检验刚才归纳的规律是不是对所有的指数函数都适用,最后归纳总结出 $y=a^x$ 的图像与性质。这个教学过程中,通过学生亲手实践,互动交流,自主探究出指数函数的图像与性质,让学生由初中的"看图说话"的水平,提升到中职的严格推理的层面上来,体验"从特殊到一般"的认知过程,培养学生观察、联想、类比、猜测、归纳等思维能力,提高他们抽象、概括、分析、综合的能力,培育工匠精神。

四、特色与成果

(一)培养学生优良的精神品质

在中职数学中渗透工匠精神能够展现出数学学科的内在特点,让数学学科成为一种教育工具,引导中职生更为专注地投入到数学学习活动中,面对问题、困难不退缩,认真去学习数学公式和理解数学概念,塑造学生耐心、用心、勤奋的学习品质。

（二）加强数学与未来职业的联系

数学并不是独立存在的,数学与生活和自己的职业息息相关。以德育建设为外延,充实工匠精神教育的空间,开展职业生涯规划,使这些理想教育与数学课程教育相辅相成。在中职教育中渗透工匠精神,能够让中职数学课程自主适应培养工匠精神的需求,全面优化、更新数学教育内容,创新数学教育模式,实现培育中职生工匠精神和数学课程教育的有效衔接。

五、体会与思考

随着全球化和知识经济的不断发展,现代社会对于人才的需求日益多元化和高端化。在这样的背景下,数学学科教学与工匠精神的结合显得尤为重要。

数学学科教学与工匠精神在很多方面具有契合点。首先,两者都强调实践性和创新性。其次,两者都追求卓越和完美。因此,在数学学科教学中融入工匠精神,不仅可以提高学生的综合素质和能力,还可以为培养创新型人才提供有力支持。

融入工匠精神的数学课堂教学将对学生产生深远的影响。在充满工匠精神的数学课堂上,学生会被教师的严谨态度所影响,学会对待事物认真负责,从而培养出良好的自律习惯。同时,这种环境下成长的学生,思维更加活跃,他们能够独立思考解决问题,为未来的学习和工作奠定坚实的基础。在数学课堂教学中融入工匠精神,学生将更好地学会独立思考和解决问题,从而更好地应对未来的挑战。

工匠精神从古至今,一直是各行各业学习、模仿的典范,正是因为工匠们对待技艺的研磨,对待产品的严格要求,才一度赢得了所有人的尊重与认可。中职教育要想在新时代立足,一定要紧扣时代主题,发展工匠精神,增强学生专业知识技能,提高学生的专业素养。教师也要把工匠精神展现在课堂上,以自身的实际行动感染学生,破除固步自封的课堂模式,充分发挥创新思维,创造出知识与技能共同发展的"完美"课堂。

参考文献

[1] 金泽旺. 在中职数学教学中培养学生工匠精神[J]. 福建中学数学，2018 (09)：27.

[2] 王啟鹏. 让工匠精神渗透中职教育教学[J]. 学周刊，2018(27)：23.

活动观视角下的中本贯通英语阅读课
教学设计探究

上海市新陆职业技术学校　崔硕存

摘　要：本文基于《普通高中英语课程标准》所倡导的英语学习活动观，以英语必修一 Unit3 中的阅读篇章"Food for thought：the good，the bad，and the really ugly"为案例，深入探究其主题意义。在此基础上，围绕主题意义设计了一系列与职业紧密相关的学习理解、应用实践、迁移创新等英语活动，旨在通过中本贯通英语阅读教学的实践，有效提升学生的语言知识水平，增强其综合语言运用能力，并培养学生的思维能力。

关键词：活动观；英语阅读；教学设计

《普通高中英语课程标准（2022 年版）》明确提出：活动是英语学习的基本形式，是学习者发展多元思维、培养文化意识、形成学习能力的主要途径。活动观的实质在于教师应在课堂上为学生设计有情境、有层次、有实效的英语学习活动，使学生在主题引领下，通过学习理解、应用实践、迁移创新等一系列体现综合性、关联性和实践性等特点的英语学习活动，基于已有知识，依托不同类型的语篇，在分析问题和解决问题的过程中，促进自身语言知识学习、语言技能、文化内涵、多元思维、价值取向判断和学习策略运用。

随着教育教学改革的持续深化，任务型教学模式在英语阅读教学中得到了广泛应用。这种教学模式虽然在一定程度上丰富了课堂活动，并在提升学生的语言知识方面展现了积极效用，然而不容忽视的是，教师在设计任务时往往忽视了任务之间的内在逻辑，从而导致各个阅读教学任务呈现出一种碎片化的状态，不仅缺乏对学生深层次思维模式的系统培养，而且难以有效提升学生的综合语言运用能力。这一问题在中本贯通教育体系中尤为突出。中本贯通课程设置采用的是高中基础课与职校专业课相结合的综合性模式。在这一模式下,虽然中本贯通学生的语言表达能力普遍较强,且求知欲旺盛,但由于专业课内容的实用性和针对性更强,学生在英语课堂上往往更重视专业课程,而对于英语基础课程的兴趣相对较低。这一现象不仅影响了英语基础课程的教学效果,也对学生的综合语言能力发展构成了障碍。

针对上述问题,笔者以上教版英语必修一 Unit3 Choices 中的语篇"Food for thought:the good,the bad,and the really ugly"为例,尝试在英语阅读教学中融入英语学习活动观,并探索其在学前教育专业中本贯通的教学策略,旨在构建一个更加具有综合性、关联性和实践性的英语阅读教学框架,以期在提升学生语言知识水平的同时,培养学生的批判性思维能力和综合语言运用能力。

一、整合单元模块,明确主题意义

在英语学习活动观的指导下,学习活动的组织和开展应紧紧围绕主题意义进行。因此,教师在进行教学设计之初,首要任务便是深入剖析单元内各组成部分的内容,进而精准地把握并提炼出单元主题所蕴含的大观念。本单元的题目为"Choices",聚焦于日常食物选择及其对环境产生的影响,属于人与自然的范畴,通过对本单元听力、口语、阅读和写作等教学模块的细致研读,我们创设了四个紧密相关、层层递进的次级话题,即"食物碳足迹""青少年的饮食日记""食物贩卖机"以及"外卖"。这四个次级话题各自从不同的视角切入,相互关联,共同构成了一个逻辑严密的话题闭环,共同指向了单元主题——选择绿色饮食方式,减少碳足迹的影响。本课时所选取的文本"Food for thought:the good,the bad,and the really ugly"旨在培养学生的环保意识,引导他们深刻认识到人类的食物选择对自然环境所产生的不良影响。通过这一文本的学习,学生不仅能够为本单元后续的学习探究活动奠定坚实的基础,还能够在语言学习和词汇积累的过程中,不断提升自身的思维品质和综合素养。

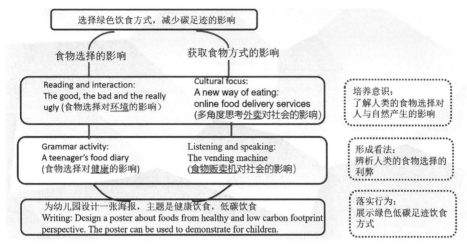

单元大观念框架

二、围绕主题意义，学习理解新知

（一）创设职业情景，激发阅读兴趣

学习理解活动包括感知与注意、获取与梳理、概括与整合三个层次。感知与注意环节是学习理解类活动的第一层次，教师围绕主题创设情境，激活学生已有的知识和经验，铺垫必要的语言和文化背景知识，引出要解决的问题。对于中职学生而言，利用他们的职业优势来创设情景，不仅能够引起他们对主题的感知与注意，还能发掘他们已有的专业知识，从而增强他们的表达欲望。

案例呈现：

Task 1：学生观看一幅装有食物的冰箱内部的图片，根据已知进行选择并回答问题。

If you are the chef of the kindergarten and you will go shopping, please choose good food for children!

Task 2：学生互动讨论，根据问题进行分类并阐述原因。

Talk with your partner. Which is good? Which is bad?

Why do you think so?

Could you classify the food? Please make a shopping list.

Task 3：教师肯定学生想法，并提出本节课问题。

You can all be great chefs for children，because you can pick out the good food for children according to the substance it contains.

But today，we will learn another way to choose food for you and children.

本节课的学生来自学前教育专业，教师通过播放图片创设情景，让学生想象自己作为一名幼儿园的主厨，根据在卫生保健课上学到的营养知识为小朋友选择"good"食物，活跃课堂气氛，以此使学生感知本单元话题Choices；引导学生合作讨论，以生生互动的形式分享各自的观点，并记录食物清单，为后文迁移部分做铺垫。最后，教师迅速引出本课要解决的问题。通过这样的情景导入，教师能够有效地集中学生的注意力，并利用问题链、观察分类等活动来激活学生的已有知识，激发他们的阅读兴趣，形成学习期待。

（二）围绕主题意义，整合文本信息

教师在设计教学活动时应围绕主题意义，以学生为主体，引导学生在分析问题、解决问题的过程中，通过一系列的学习理解活动来获取梳理和整合语言知识、提高语言技能，实现对主题意义的探究。获取与梳理是学习理解活动的第二层次，是在本节课中，教师为帮助学生更好地梳理文本，让学生根据题目预测文章，并思考题目意义，就题目提出疑问，使学生能在阅读课文时，获取相关信息；引导学生略读文章并注意文章小标题，划分文章结构，梳理文章脉络，整合碎片化信息；围绕文本主线，归纳得出食物的碳足迹影响环境的观点，初步探究选择绿色饮食方式，减少低碳足迹的影响主题意义。

案例呈现：

Task 1：学生通过回答问题，推测文本大意，并对题目发问。

Look at the title. What's the meaning of "Food for thought"? What about "The good the bad and the really ugly"?

That is a good question，what exactly is "the ugly"?

Task 2：学生通过快速阅读，划分文章结构，归纳段落大意。

What is the structure of the whole passage?

What are the subtitles of the passage?

What is the main idea of each paragraph?

Task 3：学生通过回答问题，获取作者观点，初探主题意义。

How does the writer classify food?（By what means does the writer classify food?）

概括与整合是学习理解类活动的第三层次，是对文本中的零碎信息再加工，学生将获取梳理的各部分信息加以整合，形成结构化知识。在接下来的教学设计中，教师为帮助学生更好地整合文本，通过详细阅读课文回答问题和填表格的方式给学生搭建好脚手架，引导学生在第二段中捕捉细节信息，找出关键词，概括出标签上的食物产地是怎样影响环境，构建起文章思维导图的第一部分；再通过小组合作讨论的方式，完成思维导图的剩余两部分——食物包装和食物生产是如何影响坏境的。整个学习过程由扶到放，通过自下而上的学习模式，不但培养学生运用语言技能和学习策略分析问题和解决问题的能力，而且对主题意义的探究更进了一步。

案例呈现：

Task 1：学生通过回答问题和填写表格，梳理并概括第二段，做好思维导图第一步。

Read the second paragraph carefully. What information can you find on the label? What is "food mile"?

How many examples are there in the second paragraph? What are they?

How did they arrive at the destination?

What are their impacts on the environment?

Task 2：学生通过小组讨论，概括整合文本，完成并展示完整思维导图。

Read the next two paragraphs, and finish the mind map by cooperating with your team members.

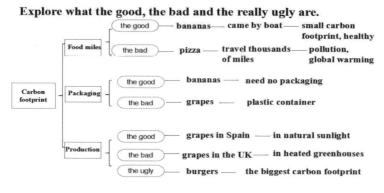

文本整体思维导图

三、围绕主题意义，应用实践新知

在学习理解类活动的基础上，教师可以设计应用实践类活动，以确保学生能在主题的引导下，通过描述、阐释、分析、判断等方式，进一步巩固和内化新学的语言知识和语言技能，将语言知识、语言技能内化，夯实新知，促进语言的运用，有助于学生从低阶思维逐步过渡到高阶思维。

案例呈现：

Task 1：学生利用思维导图描述食物影响环境的 3 个方面，先组内互评，再推选出代表展示。

Use your mind map as a guide to retell the 3 key impacts on the environment within your group. Each group will select a representative to present your summary to the class.

Task 2：学生通过回答问题，对比分析中国饮食在这 3 个方面的不同，从而做出更低碳饮食的选择判断。

Can you identify the author's national background?

How do Chinese consumers typically acquire fruits like bananas and grapes?

Are these methods associated with a low or high carbon footprint? Why?

When considering environmental friendliness, how does the UK compare to China?

为了更好地帮助学生内化并运用新知，教师设计了小组互评的活动，通过小组内"自我阐释—互补互助—探讨评价"的自动化学习模式，使学生成为课堂的主体，激发了学生的主动性和参与度；问题链的设计则进一步培养了学生的批判性思维和文化意识，使他们在分析食物碳足迹的过程中，培养学生文化意识，能更加客观地看待中西方饮食文化的环境影响，并增强了对自身饮食文化的认同感。

四、围绕主题意义，迁移创新新知

基于英语学习活动的循环递进性，教师在设计迁移创新活动时，应着重于超越语篇的学习任务，如推理与论证、批判与评价、想象与创造等。通过为学生提供与主题紧密相关的语境，教师可以引导学生将本节课所学知识灵活地应用于新情境中，实现从"学习"到"创造"的跨越，培养学生的创新能力，提高语言综合运用能力，实现由低阶思维向高阶思维的飞跃。

案例呈现：

Task 1：重访情景，更新知识应用。学生将再次回到课程开始时创设的幼儿园厨师情景中，利用新学的知识重新审视并制定幼儿园的食物清单。

Recall the scenario where you were the chef for a kindergarten and had to make a food list. Now，armed with the knowledge you've gained today，work with your group to revise that list and tell us the reasons.

Task 2：学生基于教师创设的情景，在课后制作电子小报推广宣传低碳足迹饮食习惯。

Assignment："As a good kindergarten teacher，your task is to create an informative and attractive electronic poster that teaches children about the importance of a low-carbon diet. This poster should be suitable for display in the corridor of a kindergarten，aiming to educate and inspire young kids."

在这一环节中，教师设计的活动不仅体现了综合性、关联性和实践性，而且通过引导学生重返初始情景并应用新知识，有效地促进了知识的迁移和创新。形成"已知启迪新知,新知更新旧知"学习模式,主题意义得到了升华。学生在对比两次食物选择的过程中,能够深刻体会到语言学习的进步、思维模式的转变、文化意识的提升以及学习策略的完善。更重要的是,这种学习模式激发了学生的阅读兴趣,并为他们未来作为教育工作者传递环保理念奠定了坚实的基础,真正地落实核心素养。

五、结语

在英语学习活动观的科学指引下,中本贯通英语阅读课要紧紧围绕主题意义,设计学习理解、应用实践、迁移创新的学习活动,帮助学生在一系列具有综合性、内在关联性和实践应用性的课堂活动中学习新知,提升语言运用能力。通过创设与职业紧密相关的主题语境,不仅能够激发学生的学习兴趣和动力,更能在潜移默化中提升他们的语言应用能力、批判性思维能力,从而为他们未来的职业发展奠定坚实基础,对于学生核心素养的全面培养具有重要意义。

参考文献

[1] 教育部.普通高中英语课程标准[M].北京:人民教育出版社,2018.

[2] 高洪德.英语学习活动观的理念与实践探讨[J].中小学外语教学(中学篇),2018(4):1-6.

[3] 孙晓慧,钱小芳,王蔷,康亮.基于英语学习活动观的高中英语阅读教学设计解析[J].中小学外语教学(中学篇),2019,42(04):44-48.

全国职业院校首届婴幼儿保育技能大赛的实践与思考

上海市新陆职业技术学校 孙曼彤

摘 要：全国职业院校技能大赛的开办已有十余年，《中等职业学校专业目录》中增补的新专业——婴幼儿保育专业于 2023 年有了相应的新赛项。在首届参赛过程中，参赛团队在摸索中前行，突破种种困境，最终取得了满意的成绩，同时也在实践中产生了诸多思考，我们将做好梳理与总结为下一次赛事奠定坚实基础。

关键词：中职；幼儿保育；技能大赛

全国职业院校技能大赛是教育部发起并牵头，联合国务院有关部门以及有关行业、人民团体、学术团体和地方共同举办的一项公益性、全国性职业院校综合技能竞赛活动。在此，以 2023 年"中银杯"国赛指导教师的身份，回顾比赛训练过程，并结合首次参赛的实践经验，分享相关思考。

一、全国职业院校婴幼儿保育技能大赛概况

"婴幼儿保育赛项"为大赛首届赛事，大赛以《国家职业教育改革实施方案》为指导，以 2022 年修订版《职业教育专业简介》中《幼儿保育专业简介》为依托，遵循"基于教学、高于教学、引领教学"的原则，设置"职业素养测评""婴幼儿保育技能实操""婴幼儿早期学习支持"三个竞赛模块。职业素养测评模块注重理论知识考查，婴幼儿保育技能实操主要考查学生在婴幼儿生活照顾、安全照顾方面的能力，婴幼儿早期学习支持则分为讲故事和活动两个部分，可见比赛内容与学生未来从事的职业活动息息相关。来自全国 31 个省（自治区、直辖市）和新疆生产建设兵团的 84 支代表队参赛，共 168 名选手同台竞技。我校 2 名选手在比赛中稳定发挥，取得了团队三等奖的好成绩。

二、备赛培养模式

大赛时间紧、任务重,四位指导老师团队紧急生成,一边对赛项进行研究,同时召集在校的学前、幼保专业学生进行面试选拔,经过了初选、复试、再甄选,最后确定了2名参赛选手和1名备赛选手。在80天的备赛中,老师们尽心尽力指导,选手们用心刻苦练习,学校也给予了坚定的支持,通过三方共同的努力,最终在比赛中取得了理想的成绩。

(一)指导老师

在备赛过程中,指导老师起到了至关重要的作用,虽说在赛场上竞技的是学生,而真正进行较量的是学生背后的指导老师们。老师们的专业能力,对大赛规程的解读,对评价体系的理解等等都有可能影响对学生的指导方向。

1. 解读大赛规程

为了确保选手们能够更精准地拿到得分点,指导老师们精读指南,认真分析了比赛的各个环节,深入了解赛制的设置和评分标准,对大赛规程有了深入研究,为指导工作做好了充足准备。

2. 生成题库答案

大赛发布的赛题分为理论、操作和演示三类题型。A赛项"职业素养测评"为理论题,老师们首先对题库进行了整理,以相关专业教材为参考,形成一套有依据的、科学合理的题库答案,再与备赛选手们进行分析和讲解。B赛项"婴幼儿保育技能实操"是操作类题目,主要以保育师和1+X幼儿照护职业技能为技术规范,老师们通过查阅医学知识、调研不同地区保育工作的异同、借鉴国内外先进经验等多种方式,确定了一套全面的、严谨的操作流程,并对每个操作环节进行详细的说明和示范,确保选手们能够熟练掌握并应用到实际比赛中。C赛项"婴幼儿早期学习支持"是结合故事和韵律的保育活动演示,老师们针对案例中婴幼儿的年龄特点及身心保育要点,配合相适应的一日活动环节,结合富有童趣的语言、动作,设计出自然流畅、教学实效高的展示内容。

整个过程中,指导教师团队经过反复推敲、多次教研,每一道题都经过了细心斟酌,并尽可能在最短时间内形成了完善且细致的题库答案,为比赛奠定了坚实的基础。

3. 寻求行业支持

如果脱离一线的实战经验，所有的预设都是站不住脚的。因此，备赛中指导老师团队寻求了业内知名幼儿园的园长、幼儿园名师、保育专家以及具有丰富经验的中职学前专家为选手们提供实践经验的补充，加强指导的精细程度，将每个技术动作、每句互动语言都雕琢得更为切合实际、合乎情理。

（二）参赛（备赛）选手

1. 熟悉题目

在大赛公布赛项赛题后，教师团队第一时间整理答案，备赛选手们同时对 C 赛项素材进行第一轮的学习和背诵，达到故事、儿歌烂熟于胸的程度。答案梳理完毕后，选手们随即开始 A 赛项中主、客观题的记忆，做到心中有数，应对自如。

2. 操作练习

B 赛项"婴幼儿保育技能实操"是比赛中的重头戏，因此实操题的训练是尤为重要的，在指导老师的带领下，选手们反复练习每个操作环节，熟练掌握婴幼儿安全照护、健康照护方面的技能。训练后期，再辅助计时器，确保每道实操题都能在规定时间内完成，避免无效答题的状况发生。

3. 暑期线上训练

由于假期原因，学生无法在学校留宿，所以假期中的训练调整为线上进行。而家庭中缺乏实训物品，实操类的题目难以完整练习，有时运用家庭物品进行替代，无法替代的只能依靠单纯背诵来巩固。

好在 A 赛项的理论题和 C 赛项的活动演示在线上训练中的效果尚可，也免去了选手们在高温天气中来回奔波的辛劳。

4. 实训

1）校实训室

完善的实训室环境、标准化的实训物品都为备赛提供了良好的条件，除了暑期的线上训练，所有的教学、练习、选拔都在学校实训室内完成，在最终备赛选手名单出炉后，实训室依据大赛提供的赛场环境进行了布置，落实到各个物品摆放、用具大小的细节上，如水池的设置、桌椅的布局，抹布的大小、纱布的规格等,提高选手对赛场环境的熟悉度,明确操作动线,形成空间记忆,尽量避免赛场上心理因素的干扰。

2)幼儿园

赛前冲刺阶段,选手们进入到幼儿园将 C 赛项"婴幼儿早期学习支持"进行了真实场景中活动组织。在幼儿园的实训中,选手们直面可爱活泼的孩子们,进一步充实活动设计,细化情感态度,加强职业道德的落实。

(三)学校

1. 硬件保障

学校为备赛提供了充足的硬件支持,包括舒适的训练场地、先进的实训设备以及与比赛现场相仿的设施,确保选手们在日常训练中就能适应比赛环境,提高比赛时的自信心以赛出最佳水平。

2. 生活关怀

由于备赛生活枯燥,选手易出现精神疲倦、情绪沮丧等消极的心理波动,学校根据选手的喜好提供美味的餐点、零食,让选手在休息间隙舒缓紧绷的神经,并在暑期训练中安排了休假,让选手们尽情放松、调整节奏,以更加饱满的状态迎接巩固期、冲刺期。

三、实践过程中的思考

(一)优化选拔策略

从 2024 年起,全国职业院校技能大赛又增添上海选拔赛,可见本市教育部门对国赛的重视程度,想必本市所有开设婴幼儿保育专业的中职校都会积极备战。

这对于今后我校选手的选拔模式提出了更高的要求,不能只在赛前点兵点将,必须在平时的教学中,遴选出一批对专业技能有兴趣且专业能力强的学生,做好持续性的专业技能辅导工作,如开设幼儿急救拓展课、讲故事社团等,以便在关键时刻迅速组建实力强大的参赛队伍。

(二)精修 1+X 职业技能等级证书

2020 年 4 月,教育部发布了第三批职业教育培训评价组织和职业技能等级证书名单,幼儿照护职业技能等级证书位列其中,标志着托育托幼领域有了第一张 1+X 职业技能等级证书。

在上海地区,中职学前教育、幼儿保育、婴幼儿托育专业的技能认定主要通过上海市托幼协会开展的保育师和育婴员两项职业技能等级考试。而国赛遵循的技术规范中还包含了《幼儿照护职业技能等级标准》,因此幼儿照护职业技能的学习务必提上日程,专业课老师首先要学透、学精、学扎实,才能更规范化、更细致地指导学生。

(三)注重选手心理状态

无论在备赛还是正式比赛中,选手心理状态的波动不可忽视,指导老师务必要关注好选手的心理状态。

1. 备赛阶段

备赛阶段短则数月,长则半年一年,前期的技能学习、材料背诵可能还兴趣十足、斗志昂扬,到了中期不断地重复、修改甚至推翻先前的积累重新训练都可能使得选手情绪上麻木、烦躁,甚至产生挫败感。因此,指导老师们需要密切关注选手的心理动态,完善后勤保障,及时调整训练方法和激励策略,做好选手的团队建设,帮助选手们重塑信心,激发他们的备赛的积极性。

2. 比赛阶段

比赛阶段,选手们面临极大的压力,心理素质显得至关重要。保持稳定的赛前心态有助于选手保持客观冷静的思维过程,从而保证在比赛中稳定发挥。在此时,指导教师要给予选手百分百的信任和支持,调整好最后的复习节奏和赛前的作息,同时,也要提醒选手们理性看待比赛的成败,以平常心应对,从而在比赛中发挥出最佳水平。

3. 家长工作

在整个备赛比赛过程中,还应重视选手家长的沟通工作,让家长充分了解比赛的意义和备赛安排,以取得家长的支持与理解,保持紧密联系共同关注选手的心理健康,让家庭关爱与鼓舞成为选手们备赛过程中的强大后盾。

(四)转化比赛成果

在比赛结束后,需要对比赛成果进行有效的转化。成果转化的重要性并不仅仅为了下一次赛事名次的争夺,更重要的是通过训练和比赛提升专业教师的业务水平和学生的专业能力,总结整个参赛过程的经验教训,为今后专业成长奠定基础。

1. 文字材料

备赛阶段,参赛团队会生成许多的文字材料。在"婴幼儿保育技能实操"赛项和"婴幼儿早期学习支持"赛项中,每一道赛题就是一篇逐字稿,从初稿到定稿经过了无数次的推敲,用字用词也都反复进行了斟酌,凝聚了团队的智慧,体现了团队成员的共同努力。大赛结束后,文字材料的修改也仍未停止,根据大赛的官方论坛、讲座中专家的解读进行再一次的修改和批注,整理后的文字材料将对下一年的各项赛事起到重要影响。同时,选手们的赛后总结也相当重要,梳理比赛经历,从各个方面分析自己的优缺点,形成书面报告,实现个人的成长。

2. 视频材料

在训练中,将每位选手每次的操作、活动组织用摄像机记录下来是一种很好的复盘方式。通过录像视频,选手们可以回看自己的表现,找出问题,进行自我反思和提升。同时,指导教师也可以通过录像视频进行分析研讨,进一步提高训练的质量和效果。赛后,录像回放还可以作为教学资源,为今后的课程教学和拓展训练提供参考和借鉴。

（五）加强校企合作

婴幼儿保育技能大赛需要选手们针对真实的保育情境,运用所学知识技能进行实操和活动组织。在中职校的教学实践中,"真实的保育情境"往往是比较欠缺的,因此校企合作的重要性不言而喻。学校应积极寻求与托幼园所的合作,共同打造贴近实际工作环境的实训场景,也为参赛团队提供更多真实案例和实践操作的机会。

1. 教师下企业

对于指导教师来说,要具备足够的幼儿园一线经验才能够帮助学生丰富情境,细化师幼互动,从而更好地指导选手。因此,加强教师下企业实践成为关键。指导教师可以利用空课时间,深入托育园、幼儿园等婴幼儿保育机构,亲身参与实际工作,了解最新的保育理念和方法,提高自身的一线实践能力。在下企业的实践中,教师还可以与一线幼儿园教师、保育师共同探讨赛题,为选手提供更具针对性的指导。

2. 行业专家进校园

邀请行业专家进校园为参赛团队进行指导,帮助参赛团队分析赛制、研究比赛要点,制定合理的备赛策略,并且以丰富的专业资源,将宝贵的一线婴幼儿保育经验传授给选手,有助于快速提高选手的专业素养。在备赛训练中,行业专家也能够对选手表现进行评价,调整不合适的语言表达,提高活动设计的准确性、巧妙性。

3. 学生见实习

选手们还应深入幼儿园,亲身参与保育工作,在真实场景中锻炼自己与幼儿的沟通能力、组织保育活动的能力以及与其他教师的协调能力等,培养职业道德感和责任感。同时,在托幼园所的见实习中,选手能够收集保育对象的反馈信息,了解不同年龄阶段婴幼儿的特点和个体差异性,观察一线幼儿园教师、保育师与婴幼儿的真实互动,完善比赛中操作和活动组织的真实性,去除表演之感,进一步优化各赛项的表现,提高综合职业素质。

四、结语

全国职业院校技能大赛首届婴幼儿保育赛项的举办,是我国婴幼儿保育专业发展的一个重要里程碑。这场赛事的开创,为我国中职婴幼儿保育专业提供了一个宝贵的展示与交流平台,极大地推动了中职婴幼儿保育专业的繁荣与发展。

在这个平台上,来自全国各地的中职院校的指导教师和选手们汇聚一堂,他们带着对婴幼儿保育事业的热爱和执着,充分展示了自己的才华和技能。他们通过理论测试、实践操作、活动组织等多种形式,展示了我国中职婴幼儿保育专业的水准,彰显了我国婴幼儿保育事业的蓬勃发展。

赛事的举办,不仅是对选手们专业技能的检验,更是对我国中职婴幼儿保育教育成果的验收。在这个赛场上,选手们通过激烈的角逐,不仅提高了自己的专业素养,也积累了宝贵的实践经验。

此外,赛事的举办还促进了全国各地中职院校之间的交流与合作。在比赛过程中,指导教师们分享了教学经验,选手们交流了学习心得,为我国中职婴幼儿保育专业的教育教学开阔了新的思路和方向。

而另一方面,各地生育率逐渐下降,婴幼儿保育事业面临着前所未有的挑战。在这个背景下,提高婴幼儿保育的质量显得尤为重要,它不仅是时代发展的目标和当下社会的需求,更是关系到我国婴幼儿健康成长的福祉。

　　总之,提高婴幼儿保育水平是我国婴幼儿保育事业发展的关键所在。以大赛为契机,深化教育教学改革,提升保育质量,不仅有助于推动我国婴幼儿保育事业迈上新台阶,还能让更多家庭享受到优质、高效的婴幼儿保育服务,为全面建设社会主义现代化国家、实现中华民族伟大复兴的中国梦贡献力量。

参考文献

[1] 王艳.全国职业院校技能大赛的实践与思考[J].成才之路,2018(36).

[2] 李婷.职业技能比赛选手心理问题及对策研究[J].现代职业教育,2018(14).

在中职幼儿保育美术课程中开展
图形创意思维训练的实践探究

上海市新陆职业技术学校　　程曦

摘　要：学前教育时期是培养幼儿审美意识和艺术创造力的关键时期，作为即将走上工作岗位的中职学生应该具备较高的创新思维能力。本文对在中职美术课堂开展图形创意思维训练的可行性进行了思考，并且尝试在美术课堂融合图形创意的几种思维形式进行了一系列有益的探索与实践活动。

关键词：思维训练；学前教育；中职美术

幼儿保育专业美术课是幼儿保育专业最重要的课程之一，幼儿保育专业的学生在中职阶段的美术课学习中，不但要掌握美术的基本知识与基本技法，还需要掌握科学的教学理念，具备创新创意精神，只有这样才能在走上工作岗位后，更好地引导和教育幼儿。

一、幼儿保育专业美术课程现状分析

（一）指导思想

上海市中等职业技术学校幼儿保育专业美术课程标准职业素养目标中指出：学生要能养成深入研赏美术作品、精心制作美术作品的习惯，专注刻苦、有耐心，有毅力，精益求精，勇于创新。作为学前教育专业学生，她们肩负重任，必须自己先具备创新理念、创新思维、创新意识才可胜任之后的工作岗位。因此在中职美术教学中应注重培养学生的审美情趣，启发学生的创造思维。

（二）美术课程设置现状分析

根据上海中等职业学校幼儿保育美术课程标准，在有限的学时中需要设置简笔画绘制、泥工制作、纸工制作、幼儿玩教具制作以及塑料结构玩具等 5 个学习单元,单元包含的分支内容非常丰富,使得教学内容安排十分紧凑,舍弃其中的某一项,再加入专门针对创意思维训练的单元是基本不可能实现的。

(三)课程实施中的问题现状分析

1. 教学方式

中职学校对学前教育专业学生的美术知识教学,大多沿用的是传统的教学方式,重技法轻创意,缺乏有效的美术教学指导策略。在教学上缺乏针对性,教学内容相对比较陈旧,无法调动学生学习的主动性与积极性,没有起到良好的教学效果,必然影响其在今后的工作岗位上的适应性。

2. 教学评价

中职学校的美术课堂教学评价大部分只是以作业的好坏来衡量学生美术成绩。美术作品如有粗糙、不工整,会认为学生学习态度不端正。教师往往会忽略美术作品中所体现出的并不成熟的创新,这种创新正是个人对客观世界的主观感受和理解。如果美术课堂用标准化的答案来评价每一位学生,那很大程度上会压制和泯灭学生的创造性,束缚其个性的发展,不利于其创造性思维的培养,也会打消学生在学习中的积极主动性。

3. 育人成效

幼儿保育专业的培养人才本来就应该是极具创造力的,她们每天面临的是不断发展变化的幼儿,在工作中与幼儿共同成长。如今不难发现学生在走上工作岗位后,在创新育人方面的能力没有得到有效发挥,美术课教学会时常走入误区,如:强调技巧,轻视想象,忽视孩子自身的需要和兴趣的培养;把画的"像"与"不像"作为评价标准;习惯用自己已有的知识影响孩子的思维,这些误区剥夺了孩子创造的权力,也泯灭了孩子的创新的能力。

二、开展图形创意思维训练的可行性分析

(一)立足专业人才培养目标

美术课是培养中职学生创意性思维的沃土,它具有其他学科不能替代的教育作用,是培养学生审美经验,拓展艺术创意意识和发展创造性思维的主阵地,而幼儿保育专业的宗旨就是要能够培养出具有创造性思维的学

生,能够在走上工作岗位之后在美术教学上对幼儿的艺术发展和全面能力的培养起到积极影响。

图形创意是设计艺术课程体系中十分重要的一门基础课,图形创意思维训练是图形创意的核心内容,它旨在培养学生创新思维能力。在教学中引导学生利用联想、逆向、同向,甚至跨领域联想进行创作,对于学生创意性思维的培养具有针对性,美术教师可以利用图形创意思维训练在教学中让学生发挥自我创造能力、有意识地进行创作,把握思维意识,挖掘、表现灵感,并通过创新形式与手段,营造更加良好的教学氛围,以调动学生学习美术知识的积极性,从而真正达到学以致用的效果,这正好也符合了幼儿保育专业的育人要求。

(二)基于中职学生学习特性

相比于普通高中学生需要史加专注于文化基础课程的学习,中职学生史早地接触专业实践,基于丰富的专业课程内容的学习使得中职学生摆脱了文化课学习中的挫败性心理。中职学生对于课程中出现的新鲜事物葆有一种求知的欲望,并试图探索自己感兴趣的领域以消解文化课学习中的失败感,因此更有动力去扩展自己所感兴趣的知识。

处于青春期阶段的他们,比普通高中的孩子史多了一些叛逆的心,他们想摆脱父母和老师的约束,在课堂上往往不拘泥于老师上课的内容,他们比普通高中生更勇于反传统、反常规、敢于创新,他们更喜欢进行天马行空的想象。虽然笔者根据日常课堂上的反馈感觉到他们大多数有些不切实际,但是正是因为有了这么大胆的想象,才使他们的思维活跃、有创造性。这时候就需要老师对他们进行很好的引导,他们的思维既易塑造又易偏离。如果能准确地基于中职学生思维的这一具体特点,通过科学的方法培养中学生的创意思维,使其创造潜能得到最大开发。

(三)根据已有内容进行优化

1. 教学方式的优化

针对课程实施中的弊端,积极地进行教学改革,更新教学理念,让图形创意思维训练融入现有的美术教学内容,把技法和创新进行合理结合,利用现有教学流程,设置合适的思维训练环节,让学生在课程中感受到创意思维训练带给自己在作品上的改变,激发学生的学习兴趣。同时在美术课堂上实施图形创意思维训练要秉持两项基本原则：一是一定要充分信任学生，相信每一个学生都富有创造力，只要教师施教得法，每一个学生都能够张开想象的翅膀，创造出富有个性的美术作品；二是要让图形和思维共振，让美与术共舞，切不可毫无根据地"乱想"，也就是不管运用何种思维方式，一定要在"原型"的基础上进行。

2. 评价方式的优化

图形创意思维训练一般没有标准答案，把这种训练融入课程后，能促进教学评价的多样化发展，中职生的入学背景比较复杂，他们成长环境不同，入学美术基础不同，对于美术的理解程度也不同，需要针对不同的学生设置不同的评价标准，若要求每个学生都达到统一的客观标准，如有学生与标准差别较远时，他们将对学习失去兴趣，更别提创造性思维的培养了。

例如：在简笔画模块教学中，往往基于标准侧重于学生技能的习得，重点关注学生技能的养成，评价方式单一线性。但是将图形创意思维训练融入简笔画教学后，学生除了技能的获得之外，还能从不同角度拓展对简笔画的内容进行自主思考，拓展了学生思维空间，实现思维的发展与提升。简笔画的学习评价标准也由单一线性走向多元。对于学生而言不仅仅是一种技能的获得，更是在思维上有了跃进，更关注自己创新力的提升。

简笔画评价标准（参考保育员国家职业技能标准）如下：

项目	指标	分值比
构图	构图合理	20％
画面	符合题意、结构准确	20％
比例	比例匀称、完整得体	20％
技能	能够熟练运用绘画材料和绘画工具	20％
整体	画面色彩艳丽明快，符合幼儿欣赏要求	20％

简笔画评价标准（融入图形创意思维训练后的评价标准）如下：

项目	指标	百分比
技术功底	线条、色彩和构图是否精细准确	15％
★创意表现	是否具有独特的创意和想法	15％

（续表）

项目	指标	百分比
★艺术表达	能否有效传达作者的情感和思想	15％
细节处理	处理是否精致有层次	15％
色彩运用	是否丰富协调	15％
整体效果	画面生动、富有童趣、适合幼儿欣赏	25％
★为增加图形创意设计训练后的新增评价标准		

三、在中职学前教育美术课中开展图形创意思维训练的实践

开展图形创意思维训练需要借助创新思维模式开展，常见的创新思维模式包括联想式思维、逆向式思维、侧重式思维、挑战式思维、发散式思维，这些思维模式可以帮我们打破固定的思维局限，激发创造力，寻找新的解决方案和机会，笔者选择其中的三种：联想式思维、逆向思维和发散式思维作为依据进行图形创意思维训练，灵活运用不同的思维模式，根据具体情况选择合适的方法：

（一）联想式图形创意思维训练

联想思维是在创意思维中是最基础、最不可缺少的重要成分，它同时也是图形创意思维训练的基础。它指在头脑中将一种事物的形象与另一种事物的形象联系起来，探索它们之间的共同或类似的规律，从而解决问题的思维方法。课堂上常见的联想思维训练方法有定向联想和接近联想。

1. 定向联想及示例

定向联想是指由两个事物存在因果关系而引起的联想，它是联想思维中常用的一种形式，把一些类似的、不类似的、相关的、不相关的事物或是事物的构成部分，通过一个共同点联系在一起，从而赋予新的视觉感受。

以一节油画棒主题绘画课《秋天》为例：起初，学生对秋天的印象停留在了"一地金黄色的落叶""秋收的麦田"等常规画面。为了让学生打破思维定式，换一个角度绘画秋天，笔者在课堂中设计了定向联想训练，先使用了3组词语"香蕉—篮球""剪刀—天空""花朵—鞋带"，请同学们通过联想接龙的游戏逐渐把两个词语结合在一起，要求中间只增加4个词语，这种

方法可行性较高,有趣且高效,头尾定向也避免了学生过于天马行空找不到方向。训练后,笔者尝试给出与秋天并不直接相关的几个词语:茶杯、棒棒糖、扫把、五角星,让学生思考如何把这些物品与秋天进行定向联想,组合成符合主题的画面,使画面既美观又符合幼儿审美,能够让幼儿能马上切入主题欣赏画作。

下图是某位同学在课前绘画的《秋天》,以及在课堂进行定向联想训练后的秋天草图(未完成),可以看出相比之前的作品,虽然画面还不成熟,但对比之前更生动、更有趣,甚至在构图上也有了突破。(训练前左图、训练后右图)

2. 接近联想及示例

接近联想是指时间上或空间上的接近都可能引起不同事物之间的联想。

例如,在讲授平面纸工中的剪贴画课时,笔者突破教学常规,特意设计了一堂接近联想训练课"幼儿园废形再造"时,课堂要求学生利用幼儿园做手工剩下的废纸片进行再造型,拼贴出一幅新的作品,整堂课既符合了剪贴画的课程要求也融合了图形创意思维训练的内容,成果颇丰。

课前学生在看到废纸片时,思维比较局限,只敢进行简单的添加,基本上达不到再造型的要求,笔者根据实际情况加入了基础视觉训练:让学生对生活中物体进行形体概括和取形练习,这个训练能够引导学生发现并积累身边的形,帮助他们更好地完成接近联想。

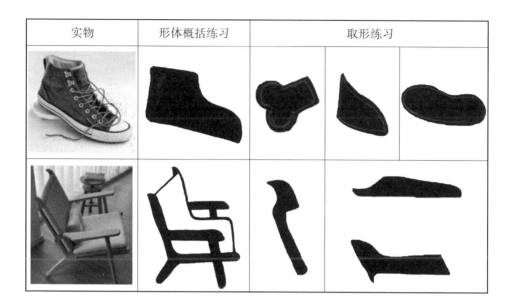

实物	形体概括练习	取形练习		

经过几轮训练后,学生的思维变得不再拘束,笔者选择了其中两位同学在训练前和训练后对同一个外形的想象,这两位同学在思维训练前只敢在外形上做一些细小的改变,训练后能够对形体有更深的理解和更丰富的思考,这样的变化在之后的拼贴画制作中能给她们带来更多的创意思考方向。

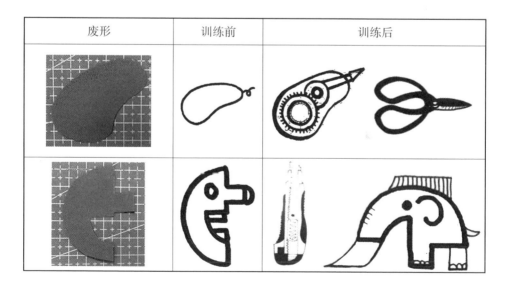

废形	训练前	训练后	

(二)逆向式图形创意思维训练

所谓逆向思维,是指对司空见惯的似乎已成定论的事物或观点反过来思考的一种思维方式。当探索问题,百思不得其解时,可以试着从相反的方向去思考这个问题,有时会取得意想不到的效果。其实就是让学生在固定的思维模式中寻求突破。

在"简笔画动物"授课时,笔者在课程的最后设置了逆向思维训练,通过引导,让学生在之前的作品上加以更改,变更出具有较大差异的形象,这些形象并没有因为它不符合常规而让人觉得奇怪,反而因为它们的特殊,让人有了想进一步了解它们的冲动。

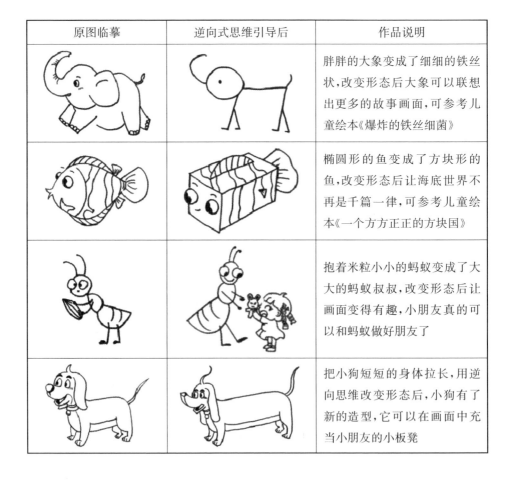

原图临摹	逆向式思维引导后	作品说明
		胖胖的大象变成了细细的铁丝状,改变形态后大象可以联想出更多的故事画面,可参考儿童绘本《爆炸的铁丝细菌》
		椭圆形的鱼变成了方块形的鱼,改变形态后让海底世界不再是千篇一律,可参考儿童绘本《一个方方正正的方块国》
		抱着米粒小小的蚂蚁变成了大大的蚂蚁叔叔,改变形态后让画面变得有趣,小朋友真的可以和蚂蚁做好朋友了
		把小狗短短的身体拉长,用逆向思维改变形态后,小狗有了新的造型,它可以在画面中充当小朋友的小板凳

总结来说,逆向思维其实就是换一个对立的角度,让画面变得更生动

更有趣,通过此次练习,笔者发现在之后临摹简笔画作品时大部分学生不再墨守成规,课堂也变得有趣,她们总是会跳出很多想法并展现在自己的画纸上。

(三)发散式图形创意思维训练

发散思维,以求异为特质,可谓是"异想天开"的思维方式。其思维特点是从一个目标出发,沿着多种途径去思考,探求多种答案的思维方式。发散性思维具有灵活性、流畅性和独特性的特点。

例如:笔者在教授"简笔画静物"时,进行了发散式的思维训练,绘画对象为一支蜡烛,请同学们在临摹前先对它进行多重发散思考:蜡烛代表光照、指引、安全,可绘出一幅关于交通安全主题的作品;蜡烛代表红烛、婚事、喜庆、祝福,可绘出一幅过年的喜庆场景;蜡烛代表温情、浪漫、优雅、情调,可绘出 一幅优雅的静物画,有瓶花、有瓷杯、有烛台等等。思考后,学生对蜡烛赋予了更多的内涵,绘画时也不再是千篇一律的临摹,而是在掌握绘画技法的同时赋予了蜡烛新的生命,相对保守的学生根据自己思考的含义对蜡烛的火光颜色进行了修改,胆子大的学生把蜡烛的形态画成了消火栓的样子,提倡注重消防安全意识等等。

| 训练前的临摹 | 训练后的作品 |

每一个普通的物品,都可以赋予发散思维,得到多角度联想。通过这种思维,可以对同一问题想出多种解决方案,为我们的生活带来创意无限。当然人的多向性思维能力是可以通过训练得到拓展提高,只要我们能在课

堂上运用得当。

四、结语

通过一系列的思维训练培养学生们创意思维的独立性、灵活性、求异性,从而使中职学生的创造力得到更大开拓,幼儿保育中职学生思维的创意性又可以反作用于走上工作岗位后的教学对象,使得学前儿童在学习实践中能够葆有思维的活力,彰显儿童期独有的价值。

参考文献

[1] 慕晓宁.幼儿创意美术教学策略探究[J].美术教育研究,2023(05):181－183.

[2] 王大根.美术教学论[M].上海:华东师范大学出版社,2001.

[3] 蒋鑫.图形创意[M].北京:化学工业出版社,2012.

新时代工匠精神培育的实践策略研究

——以中职校幼儿保育专业为例

上海市新陆职业技术学校　　曹先仙

摘　要：工匠精神是一种追求内在品质、精益求精的工作态度和职业精神。基于对工匠精神的内涵理解，本文以中职校幼儿保育专业为例，论证了新时代工匠精神培育的重要性，同时通过工匠精神培育融入中职校德育工作的现状展开事实剖析，最后从营造校园文化氛围、优化专业课程设置、打造高质量师资队伍等方面提出几点策略。

关键词：新时代工匠精神，中职校，幼儿保育

一、新时代工匠精神培育的重要性

（一）政策推动

2023 年 5 月，在中共中央政治局第五次集体学习会议上，习近平总书记强调"我们要建设的教育强国，是中国特色社会主义教育强国"，并指出"统筹职业教育、高等教育、继续教育，推进职普融通、产教融合、科教融汇，源源不断培养高素质技术技能人才、大国工匠、能工巧匠"。职业教育强国建设区别于其他教育类型强国建设的关键点，在于职业教育强国建设以技术技能为支撑背景，力图培养一大批懂技术、会实操的工匠能人。职业教育强国建设不仅强在育"匠人"，更强在铸"匠心"。"匠心"是匠人求效唯美的价值取向，其本质是工匠精神、工匠文化个体内化的过程，是个体在接受职业教育和培训过程中对至善至美职业素养、精益求精职业品德、创新发展职业能力、笃行信道职业道德的追求。

那么，职业教育作为教育系统中必不可少的主成分，作为新时代高素质技术技能人才培养的主阵营，需要根据新时代背景的要求优化人才培养定位，补齐现代化建设中工匠型人才资源稀缺的缺口。然而，当前职业教

育在工匠精神的培育过程中仍存在不足。

（二）已有研究

"工"本义：工匠的曲尺。作为名词主要是指从事技艺的劳动者；"匠"本义为木工，后来发展为主要指代技艺高超的劳动者。"工"和"匠"二者概念含义相近，主要指的是从事社会生产活动中的手工业劳动者，其中"匠"的含义更加深入，强调劳动者的劳动技能高超。工匠精神则是一种职业精神价值取向和职业道德文化，也是职业能力与职业品质的体现，其历史渊源主要包括敬业守道、师徒相传、精益求精、专业专注等核心内涵。随着时代的变迁，工匠精神不再被局限于技艺领域，它指各行各业劳动者都应具备的职业修养。国内众多专家学者在相关著作中对工匠精神进行了定义，薛栋以中国古代工匠的特征及现代工匠的转型为逻辑点，凝练出工匠精神，从"尚技"和"崇德"两个维度诠释了工匠精神的时代意义。黄震在其书中强调工匠精神是一种对工作执着并且对自己生产的产品精益求精、精雕细琢精神。也有学者精辟地将工匠精神的实质概括为"精业与敬业"。吴顺提出，工匠精神基本内涵包括"敬业、精益、专注、创新"等几个方面的内容。从我国发展的历程来看，党中央一直强调工匠精神的重要作用，但一直未对工匠精神内涵作出明确的规定，工匠精神被笼统地概括为追求熟能生巧的工作态度，而习近平总书记指出："执着专注、精益求精、一丝不苟、追求卓越。"通过学习习近平总书记对于工匠精神的概括，我们可以将工匠精神的具体内涵概括为：爱岗敬业、技艺精巧、精益求精、勇于创新四个方面。

在此现实背景下，职业教育如何培育大批具有工匠精神的高素质技术技能人才，构建新时代工匠精神与职教学生职业素养培养融通路径，成为目前我国职业技术人才培养中亟待解决的一个普遍性问题。针对此问题，笔者结合中职校幼儿保育专业的工匠精神融入学校教育的现状进行深入思考。

二、新时代工匠精神培育的现状分析

2021年，教育部印发新版《职业教育专业目录》，中职专业目录教育类（7701）专业仅剩幼儿保育（770101）专业，学前教育专业退出目录，这也契合了中共中央、国务院《关于学前教育深化改革规范发展的若干意见》提及的中等职业学校相关专业重点培养保育员等文件精神。幼儿保育专业主要是指成人向3～6岁儿童提供生存、学习与发展所必要的、安全的、良好的环境和条件,并给予精心的看护、照顾和培养,以帮助他们健康成长和良好发展,逐步提高他们的生活能力。此专业的设置对接幼教行业的职业岗位为重点培养幼儿园保育员。我校在转设幼儿保育专业后,结合教学标准及工匠精神对幼儿保育员的要求进行了一系列的课程教学改革、优化实训基地建设、组建教师团队,力图培养出具备匠心的幼儿保育技能人才。

人才规格体系包含了职业素养、专业知识、专业技能三个方面,为了将"爱岗敬业、技艺精巧、精益求精、勇于创新"的工匠精神融入人才培养的框架之中,提升学生职业道德素养,我校在课程、教学、实训、师资等方面具体采取了以下尝试。

爱岗敬业是工匠们的显著特点,体现工匠们兢兢业业、一丝不苟、尽心竭力、严谨周密的职业精神品质。针对幼儿保育专业的学生来说,爱岗敬业的精神培育可以从对待职业、对待儿童、对待教育教学三个方面来理解。因此,学校在公共基础课、专业核心课程、专业课程和综合实训、实习等课程的教育教学过程中,强化学生的职业认同感与保教态度,尤其是通过保育员实操、幼儿园见习实习等实践类活动让学生从小事做起并做好,践行一丝不苟的职业习惯。

技艺精巧是工匠精神的突出体现,是需要从业者勤奋刻苦、钻研务实的探究学习,这就要求学生需要有精湛的专业能力。我校优化课程设置,一是增加自选课的学时比例,帮助学生学有所长,满足不同方向的职业需求,比如说针对不擅长艺术类课程的学生可以根据自己的兴趣及职业规划选修婴儿发展与教育、幼儿心理辅导等有教育类、心理类的社团课程;二是在课程设置中加强了职业道德、礼仪、自然人文、口才等方面知识的融合和渗透,充实通识类课程,以期促进课程的实用性发展价值,加强学生的综合专业能力。

精益求精是工匠精神的本质内容,是工匠为了追求产品卓越和手艺精湛不断打磨、钻研推敲、追求完美的过程。为了提升学生的保教能力能够适应社会的需求,学校进行了智慧保育实训室、保健实训室、感觉统合教育实训室等场所的改建与增设,同时要求专业课教师必须进行相应证书的学习考证和与教学工作同步进行的下企业实践,与时俱进了解当下幼儿园幼儿保育的新要求新方向,然后反哺到日常教育教学当中来。其次,不仅仅是积极带领学生参加国家级、市区级的技能大赛,而且要求教师参加教学能力、技能比赛,如上海市中华杯教师职业技能竞赛,以赛促教、以赛促学,力图不断打磨教师与学生的钻研精神与保教技能。

勇于创新是工匠精神的核心灵魂,这要求从业者在劳动过程中积极面对出现的困难挑战,善于发现问题、提出问题,反思现有的范式,探索全新的操作手段。学校以幼儿保育的学生为主体,以幼儿园一日活动、生活保健、游戏环境等为主题积极开展一系列创新创业大赛、环创大赛、校袋设计等比赛,想通过比赛的形式去培养学生的创新精神、锻炼学生善于思考与解决实际问题的能力。

但是,在转设专业的这三年里,虽然有成效,但仍存在一些不足。

工匠精神融入途径相对单一。课堂仍是以老师讲、学生听为主要教学方法,即便在实训课程完成后,教师希望通过要求学生爱护实训用品、将实训台面的玩教具摆放整齐、清理实训室的卫生等方式潜移默化的影响学生的理念,使学生产生热爱幼儿、尊重幼儿,从而热爱学前工作的感情,但成效不大。而且在实习实践中,带教教师往往运用"讲授法"把相关的概念和规则告知学生,仍把学生当做被动者,而忽视学生的主体性作用。没有身临其境的体验,必然不能很好地吸收知识,内化技能。

育人环境的职业特色不鲜明。学校德育工作多以单一的课堂教学为主,忽视了育人环境、校园文化这些隐形课堂的作用。我们身边的那些具有工匠精神的榜样典型,并不被中职学生所熟知;大国工匠的产品或者知名企业所体现的工匠精神这些完全可以在校园环境中显现的东西,我们走遍中职校园也难以看见一二。缺乏校园文化的潜移默化,没有榜样力量的指引,更不能接受实践的检验,工匠精神的培育举步维艰。

三、新时代工匠精神培育的实施策略

(一)营造以工匠精神为核心的校园文化氛围

工匠精神与校园文化密不可分。首先,大范围、多角度地利用图片展示进行宣传。其次,鼓励学生利用互联网资源、图书资源等,在课余时间深入幼儿园采集信息,让学生深入了解工匠精神的实质。再次,在宣传工匠精神的过程中,利用微信公众号、微博、校园网等媒介,定期地发表相关文章、视频、音频等,使师生在课下也能够受到熏陶。最后,中职校幼儿保育专业最重要的培养动力是幼儿园,人才输出地也是幼儿园,因此工匠精神培养的重要模式就是校企合作。让幼儿园文化进校园,让学生了解幼儿园的核心理念和价值观,这样将更加有利于培养学生工匠精神和提升职业素养。

(二)优化专业课程设置,挖掘工匠精神

关注课程发展性,完善课程内容。我们把工匠精神在学前教育幼儿保育专业中的体现即职业性体现,渗透到课程内容之中。树立身边的"大国工匠"榜样;更要与时俱进运用新媒体手段;当然还要紧跟时代步伐,加强德育科研,更新德育内容,将工匠精神的内涵、体现、重要性以及榜样典型作为重要内容写入中职德育的校本教材中。课程内容开设是否合理直接关系到培养目标能否实现。目前学前专业文化基础课还停留在形式单一的课程层面,我们在课程设置中融入了教师自然科学、人文科学、职业道德等方面知识,增开国学、美学、科学百科、世界地理等课程,学生可以根据需要任选课程。

(三)打造高质量的师资队伍,传承工匠精神

为人师表与工匠精神的传授对于学生严谨细致的品质培养至关重要。要想将工匠精神融入幼儿保育专业建设当中,并加深其融入度,教师这一主导性角色责无旁贷。因此,重点建设"双师型"教师队伍,落实中职教师行业标准,形成制度,促使教师积极投身专业建设及课程改革,主动优化知识结构与能力结构,使其成为传承工匠精神的榜样。以培养学生工匠精神的标准来衡量教师的教育教学行为,使教师的从教素养得到提升。我们通过以下三个途径来促进教师工匠精神的形成:一是制定显示教师工匠精神的评价标准体系,以学年或学期为一个周期,对教师进行考核;二是加强教师的岗位培训,要求教师定期学习、培训,或邀请专家来学校为教师培训,提升教师职业素养;三是运用榜样引领,表彰成绩突出的教师。

综上所述,在幼教行业更新升级的现阶段,中职校还需继续探究幼儿

保育专业建设路径,摸索工匠精神、工匠文化,实现个体内化的策略,以期培养出符合新时代要求、行业需求的未来幼教工作者。

参考文献

[1] 祁占勇,任雪园.扎根理论视域下工匠核心素养的理论模型与实践逻辑[J].教育研究,2018(3):70-76.

[2] 王欣.职业院校思政教育与工匠精神培育的融合逻辑[J].教育学术月刊.2022(7):28-35.

[3] 吴顺.工匠精神传承与创新[M].北京:中共党史出版社,2018.

[4] 张泰源.习近平关于劳动教育重要论述研究[D].长春:吉林大学,2023.

[5] 教育部.教育部关于印发《职业教育专业目录(2021年)》的通知[EB/OL].(2021-03-17)[2022-01-04].http://www.moe.gov.cn/srcsite/A07/moe_953/202103/t20210319_521135.html.

[6] 贺燕丽,黄金玲.学前儿童保育学[M].上海:华东师范大学出版社,2018.

[7] 教育部.《中等职业学校专业目录》增补专业[EB/OL].(2021-06-18)[2022-01-04].http://zwfw.moe.gov.cn/dynamicDetail? id=28885061dd1d427abf414ca809f3b504&title.

新时代工匠精神引领下中职思政课对学生创新素养的培养路径探究

上海市新陆职业技术学校　　乔悦

摘　要：中国特色社会主义新时代背景下,经济发展对具备工匠精神的人才需求量增加。中职学校作为培养此类人才的重要基地之一,要将工匠精神融入思政课程,持续培养学生的创新素养。本文首先对新时代中职生创新素养的概念进行界定;然后分析工匠精神融入中职思政课的必要性和可行性;最后从课程设计、课堂活动、线上线下平台为切入点,探索工匠精神引领下聚焦学生创新素养的思政课改革路径。希望通过本文的研究,为相关研究提供借鉴。

关键词：工匠精神;中职思政课;创新素养

一、新时代中职生创新素养的界定

中国特色社会主义新时代中职生的创新素养,主要是指在习近平新时代中国特色社会主义思想指引下,围绕习近平建设教育强国重要指示,职业教育应着重培养中职生的创新能力,其主要组成部分包括创新意识、创新思维和创新技能。创新素养与工匠精神之间存在密切的关联,具体表现为在中职思政教育教学中,在坚持培养学生创新素养的前提下,对传统思政课优化、升华和超越,着力融入和宣贯工匠精神,突出理论与实践相结合的价值导向,注重思政"小课堂"与社会"大课堂"的互动延伸。比如,学校可以通过开展校企合作、专业实训和技能竞赛等方式,让学生形成工匠情怀,并磨炼其工匠品质,从而培养出具有创新素养的人才[1]。

二、工匠精神的现代意义和价值导向

国际顶级奢侈品香奈儿首席鞋匠曾说"一切手工技艺,皆由口传心授"。传授手艺的同时,也传递了耐心、专注、坚持的精神,这是一切手工匠人所必须具备的特质。这种特质的培养,具有依赖于人与人的情感交流、行为感染、言传身教、自然传承的显著特点。工匠精神就是追求卓越的创造精神、精益求精的品质精神、用户至上的服务精神。在现代工业社会中,工匠精神更是一种职业精神(包括职业道德、职业能力、职业品质)的体现,是从业者的一种职业价值取向和行为表现,其基本内涵就包括敬业、精益、专注、创新等与创新意识、创新思维和创新技能培养一脉相承的价值导向。

三、工匠精神融入中职思政课的必要性与可行性

(一)当前中职思政课存在的问题

中职阶段是青少年成长的关键阶段,思政课对中职学生社会主义核心价值观的塑造和思想道德素质的提升影响深远。当前阶段,部分中职学校的思政课在教学实践中尚存问题,主要集中在以下方面:

1. 学生学习兴趣匮乏

多数中职生在入学前的成绩并不理想,故学习信心和兴趣并不强。而思政课内容主要以思想政治理论内容为主,相对枯燥,部分学生对理论课程的学习动力不足,这是中职思政课存在的主要问题之一。正所谓,兴趣是最好的老师,如果课程缺少能够激发学生的兴趣点,仅通过要求学生以应试为目的机械记忆,难以学好学精一门课程,故通过思政课堂中引入大量工匠精神的生动社会创新实践案例讲述,激发学生对于科技创新的好奇心,调动学生对于未来职业的畅想,进而进一步激发学生对思政课的学习兴趣,是思政课培根铸魂的良好方式。

2. 教师教学方式单一

在中职阶段,思政教学内容多为理论,且教师依循教材教学,讲解重难点,难以避免采用"一言堂"的教学方式,容易使学生产生厌倦心理,认为思政知识与自身生活实际较难关联,与未来就业工作也相距较远。而事实上,中职阶段的四门思政课程("中国特色社会主义""哲学与人生""心理健康与职业生涯""职业道德与法治"),其涉及的内容与学生未来工作、生活联系极为密切,教师需要对教材进行充分挖掘,向学生梳理、揭示理论知识和中国特色社会主义伟大实践的映射关系,利用信息化教学条件下,线上

教学平台的丰富资源,通过凡举大量工匠精神引领下"中国制造""中国创造""中国智造"的生动事例,营造充满"职业感悟""工匠思考"的教学环境,以紧密联系实践的教学方式丰富思政课堂教学。

(二)中职思政课融入工匠精神的必要性和可行性

中等职业学校承担着培养未来高素质劳动者、技术技能人才的重要教育阵地。中国特色社会主义新时代,传统产业升级换代加快。2023 年 9 月,习近平总书记在黑龙江考察调研期间提到,要整合科技创新资源,引领发展战略性新兴产业和未来产业,加快形成新质生产力。新质生产力作为由技术革命性突破、生产要素创新性配置、产业深度转型升级而催生的当代先进生产力,内含着对生产要素中最活跃的"人"的要素更高的创新素质要求,更高的工匠精神的期待。笔者认为,在中职思政课中融入和宣贯工匠精神,其必要性和可行性体现在以下方面。

第一,工匠精神的融入,是思政课教学改革的新方向和新要求。中职教育普遍重视职业实操技能训练,也同时强调了思政课的思想教育作用。技能学习可以帮助学生熟悉未来就业实景;而思政学习则使学生兼修未来职业操守,二者分别指向工作方法和态度。"少年强,则中国强。"中国制造大国战略下,一流工匠更要从青少年培养,及早训练。这为中职学校将工匠精神内化在思政课堂提出了更加迫切的要求。

第二,工匠精神的融入,丰富和开阔了思政课教学的历史截面。从历史来看,工匠曾经是中国老百姓日常生活须臾不可离的职业,石匠、木匠、鞋匠、银匠、铁匠等,各类手工匠人用他们精湛的技艺为传统生活景图定下底色。随着农耕时代结束,社会进入后工业时代,一些与现代生活不相适应的老手艺、老工匠逐渐淡出日常生活,但工匠精神永不过时。工匠精神是思政课堂讲好中国故事,讲好中国式现代化的极佳载体和应有之意。

第三,工匠精神的融入,进一步深化了思政课教学的现实意义。工匠精神是当今企业竞争中不可或缺的核心竞争力,也是许多成功企业的坚定信仰和追求。以工匠精神精心打造的"匠心品质"代表着行业科技创新的最新成果,代表着企业卓越的品牌价值和优秀的企业文化。世界上,许多企业管理理论专门深入研究工匠精神。所有企业都期望在同等薪酬下,招聘和录用更具工匠精神的员工,即在看中专业技能之外,更看重员工对待工作的态度和品质,并不断呼吁学校教育加强学生"爱岗敬业、精益求精"的职业信念培育和培养。

第四,工匠精神的融入,回应了思政课培养未来人才的政治方向。培养具有工匠精神的高素质劳动者,是实施科教兴国战略、人才强国战略、创新驱动发展战略,造就一支有理想守信念、懂技术会创新、敢担当讲奉献的宏大的产业工人队伍的应有答卷。党中央历来高度重视产业工人队伍建设,特别是党的十八大以来,习近平总书记站在党和国家工作全局的战略高度,就产业工人队伍建设作出一系列重要论述,为推进新时期产业工人队伍建设改革提供了行动指南。2017 年 2 月 6 日,习近平总书记主持召开中央全面深化改革领导小组第三十二次会议,审议通过《新时期产业工人队伍建设改革方案》。方案进一步强调加强和改进产业工人队伍思想政治建设。方案的实施,为中职学校以思政课为载体,把工匠精神渗透在日常教学之中,培养技术和创新型人才提供了制度遵循。

四、工匠精神引领下中职思政课对学生创新素养的培养路径探究

当前,中职思政课锚定融入和宣贯工匠精神,围绕"激发学生学习兴趣、改进教师教学方式"一体两面提升思政课程教学质量、培训新的教学成果,大有可为,大有能为。为此,笔者结合自身工作经验,提出了以下几点中职思政课培养创新素养的具体路径。

(一)在中职思政课课程设计中融入工匠精神,培养学生的创新素养

为使工匠精神更好融入中职思政课,教师应在课程设计全过程中深入挖掘"创新素养即创新意识、创新思维和创新技能"培养过程与工匠精神的有机结合点,主动引入传承和发扬工匠精神的重要内容。

教师应将工匠精神和学生创新素养培育相互融合,使学生了解新时期技能人才所肩负的任务和使命,形成学习工匠精神的意识。中职学生正处在创造力和想象力丰富的时期,属于实施教学创新和素质培养的关键对象,教师应在工匠精神的指导下,开展思政教学,激发学生的潜能。例如,在讲授"职业道德与法治"课程第五课的内容时,教师播放了一段微视频《中国一分钟》,短短的一分钟,同学们感受到了中国的巨大变化,纷纷感慨

中国人民的辛勤劳动创造了今天的辉煌,中国人民的创新劳动造就了今天美好的生活。通过这种方式,不仅激发了学生的学习兴趣,更在其内心深处栽下了一颗创新的种子,促使他们利用所学知识,在从事的领域深入研究,在践行工匠精神的基础上,对创新素养产生更加深刻认知和理解,最终形成创新意识[3]。

教师应使学生明确工匠精神与个人职业道德素养间的关系。工匠精神属于职业精神的一种,不仅要求从业人员具备扎实的技能,其职业素养同样要达标。因此,在进行教学设计时,需要将职业素养、法治意识等内容渗入其中,以达成预期的教育目标。例如,在开展"崇尚程序正义、依法维护权益"教学设计时,教师利用网络资源搜索相关案例,做好案例教学设计,帮助学生形成正确的法治观念。

(二)在课堂活动中融入工匠精神,加强创新素养培养过程中理论与实践的联系

教师应该以中职思政课教学内容为依据,以课题教学活动为手段,让学生在参与丰富课堂活动的过程中培养创新素养,深化并内化对工匠精神的理解和体会,试析四教法如下。

(1)热点案例法:在课堂教学阶段,教师应研究如何以职业认同感和责任观念为抓手,对学生予以引导,促使其形成正确的职业态度和责任感,能够以精益求精的态度,对待工作任务。与此同时,中职思政课理论教学必须与社会实践相联系,通过热点案例和模范人物事迹的导入,为学生领悟工匠精神树立榜样。以"职业道德是职业成功必要保证"这一课为例,教师引入钱学森、邓稼先、吴孟超、袁隆平等人事迹,他们将全部精力,乃至生命都投入祖国建设之中,其身上的工匠精神值得所有人学习和铭记。在榜样作用的引导下,学生会端正自身的职业态度,树立正确的价值观念,主动传承工匠精神,并不断促进自身在校扎实学习,提高自身的职业技能水平。

(2)情境引入法:教师可以将课堂教学活动作为基础,设置实践活动,使工匠精神成为常态化教学内容,以此解决教学内容单一的问题。例如,要求优秀毕业生重返校园,通过视频讲座、职业经验分享等方式,为学生架设与优秀学哥学姐交流的桥梁,使其学习感悟增强[4]。

(3)研习讨论法:为培养学生的创新思维,教师可以在工匠精神的引领

下,开展课堂讨论活动,引导学生大胆创新,阐述自己的看法。例如,在开展"社会主义制度优越性"教学时,一位学生提出了如下问题:相较于资本主义,社会主义十分先进,但我国与欧美发达国家相比,还较为落后,属于历史的倒退吗?对于学生提出的问题,教师并未在第一时间给予解答,而是让全体学生对此展开讨论,引导他们摆脱书本的束缚,敢于提出见解。在此过程中,学生的思维状态极为活跃,通过这样的教学方法,不仅让学生学会用发展的眼光看待问题,同时,培养了学生勇于挑战权威和主动探究的创新思维。

(4)竞赛提升法:中职学校应该在工匠精神的引领下,鼓励学生参加校内外的各类比赛,通过比赛,使学生的职业道德和技能水平得到提升。例如,我校学生每年都会在教师的辅导下参加"上海市中职生创新创业大赛""互联网＋创新创业大赛""上海市高中阶段学生科技创新大赛"等,通过参与这些活动,学生的自主创新能力得到了极大的增强。

(三)在线上线下平台融入工匠精神,加强学生的创新素养的延伸培养

教师所采用的教学手段,与培养学生创新思维之间息息相关。在信息技术快速发展、人工智能日新月异的背景下,中职思政课教学应努力结合线上线下平台,迭代更新教育教学的新技术、新工具、新载体,实施多元化教学,以此解决传统教学方式存在的不足,并将工匠精神与思政教育融合,探索新的教学相长之路。

(1)线上平台创新应用:在教育信息化 2.0 计划的覆盖下,思政课的教学打破了传统的教学时间、空间、资源等的限制,充分发挥信息技术多样化的特点,为工匠精神与思政教育的融合提供了更广阔的平台。例如,教师组织学生将教学内容拍摄成微课,通过 QQ、微信、钉钉等线上平台分享,同时师生可以在线互联,学生可以在任何时间和地点通过互联网进行学习、答疑、解惑。又如,教师在讲到"培养学生的创新思维"这一部分内容时,播放了北京大学毕业生陆步轩卖猪肉的视频,基于视频内容,教师以社会主义核心价值观中的理想主义为主题,组织学生参与辩论,一组学生为正方,另一组学生为反方,让其分别站在不同的角度,讨论该事件。上述教学方式的应用,有利于活跃和开拓学生的思维,并使其创新实践的动力进

一步增强。

(2)线下平台创新应用:中职学校应加强与企业和公益机构的合作,为学生提供参与社会实践的平台。例如,教师可以组织学生到社区参加公益活动,同时,记录活动过程,在结束后,要求学生结合自身对工匠精神的理解,写出本次活动的心得体会。此外,还可以组织学生参观思想政治教育实践基地,在参观互动的同时,由教师负责讲解,通过情景式的教学,使学生对思政教育内容和工匠精神进行内化。

五、结论

综上所述,笔者认为,中国特色社会主义新时代背景下,推动工匠精神与中职思政课融合,发挥工匠精神的引领作用,是培养学生创新素养的重要举措。为此,中职学校通过课程设计、课堂活动和应用线上线下平台的方式,达成预期的教学目的,不断提升思政课教学质效,不失为一条可行之径。

参考文献

[1] 刘娟.中职思政课实践教学路径探究[D].西宁:青海师范大学,2023.

[2] 陈雯婧.高职思政课混合式教学改革研究[D].重庆:西南大学,2023.

[3] 常路飞.H市中职学校思政课实践教学调查报告[D].新乡:河南科技学院,2022.

[4] 崔庆.工匠精神融入中职思政课教学研究[D].武汉:华中师范大学,2022.

实践取向教学设计的基本内涵与实践反思

——以中职幼儿保育专业"幼儿图画故事赏读"一课为例

上海市新陆职业技术学校　　王杉

摘　要：探索实践取向的教学设计能够有效提升学生的职业实践意识与能力，强化实践在幼儿保育专业的价值导向，培养工匠精神，更加深入地整合生产的过程和教学的过程，为新的时代培养更多高素质技能型人才。本文以中职幼儿保育专业课"幼儿图画故事赏读"一课为例，探索实践取向教学设计，从基本内涵、实施步骤、实践反思等方面展开讨论，以期对后续研究提供思路和方向。

关键词：实践取向；中职；幼儿保育；教学设计

一、实践取向教学设计的基本内涵

（一）中职幼儿保育专业教学现状

依据《上海市中等职业学校幼儿保育专业教学标准》，幼儿保育专业学生应能在学前教育第一线辅助教师负责婴幼儿保健、养育，应具备一定的专业实践能力。结合中等职业学校幼儿保育专业培养方案与教学标准，反思中职幼儿保育专业的教学现状。笔者发现教学中仍然存在着学生课堂学习与职业实践脱节的重要问题，具体表现为学生见实习时感到所学知识无处可用、保教工作无所适从、工作效能不甚理想、理论与实践差距过大等。产生这一现象的本质原因在于教学过程中，未能以实践为导向，真正发展学生的实践意识，落实学生的实践能力发展。

笔者通过对全校 152 名幼儿保育专业学生的问卷调查发现，学生回答"我最想从课程中学到什么，可以从哪些方面对教学进行改进"这个问题时，出现频率最高的是"学到和实践紧密联系的理论知识""加强实践技能训练"等。鉴于此，本文以"幼儿图画故事赏读"一课为例，实施了实践取向的课堂教学探索,以提升教学效果,促进专业学生的实践能力发展,顺应专业发展要求,满足育人需要。

(二)实践取向的内涵及作用

实践取向的课程设计是一种以实践为核心的课程设计方法,它强调学生通过实践来获得知识和技能,而不是仅仅通过传统的讲授式教学。其课堂教学具有关注动态性、倡导对话与交流、注重实践反思、强调体验性的特点。这种课程设计能够帮助学生将理论知识应用于实际情境中,提高实践能力和问题解决能力。

本文以"幼儿图画故事赏读"一课为例,采取实践取向进行了教学探索,结果显示,学生灵活应用知识的水平显著增强,课堂互动及学生参与程度得到大幅提升,学生专业能力发展的同时能够有效掌握职业岗位所需要的职业能力。

二、实践取向教学设计的实施步骤

(一)拟定教学设计

1.分析教学内容

幼儿文学作品赏读是中等职业学校幼儿保育专业的一门专业课程。依据教学标准,该课程的功能是使学生具有赏读幼儿文学作品的基本能力,具备运用幼儿文学作品对婴幼儿进行教育的相关职业能力。

立足于标准,对教材开展分析。"幼儿图画故事赏读"一课教学内容包含幼儿图画故事的基本知识、幼儿图画故事的选择、幼儿图画故事的演绎三部分,课程内容层次清晰、简明扼要,能够满足学生赏读图画故事能力培养的需要。但是实践训练过少,不能充分锻炼学生运用图画故事对婴幼儿进行教育的相关职业能力。

结合实践,对教材进行审查与补充。对照幼儿园职业实践,根据一线工作人员的反馈,发现教材突出体现出以下问题:第一,教学内容知识点割裂,与实践运用情况不符。如在实践中,幼儿图画故事的选择与演绎是综合考虑的整体,小年龄幼儿的图画故事演绎需要更多依赖手势、教玩具与视频,从而加深记忆和理解,这就要求保教人员选择形象具体、情节简单、可视性强的图画故事。第二,理论理解的难度低,而实践的难度高。例如

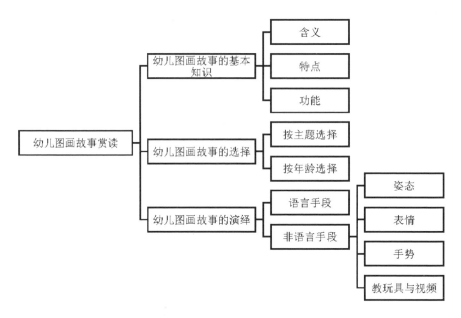

"幼儿图画故事赏读"教学内容

学生能够轻松归纳出面带微笑、声情并茂、口齿清晰等演绎要求,但在演绎过程中的表现却往往不尽如人意,难以克服羞怯、退缩、笑场等消极表现。第三,部分内容过时,落后于幼儿保育职业实践的观念革新。例如,以往幼儿园保教人员常依据幼儿年龄对图画故事进行选择,而当下则更多强调"一书多用",即保教人员根据幼儿年龄特点有目的地选择图画故事的某部分内容或某些情节,从而使一个故事在幼儿不同年龄段都可以使用。以上问题体现了教学内容与职业实践之间的差距,是教学过程中亟须解决的问题。

2. 把握学生学情

该课授课对象为幼儿保育专业二年级学生,总体特点为理论分析能力强、实践操作能力弱。具体而言:知识上,学生具有一定的语文基础知识,并在幼儿文学概述一章节中积累了儿童发展的相关知识;态度上,学生对幼儿园保教工作十分陌生,仅有的几次参观见习经历激发了他们强烈的好奇与向往,渴望学习指导幼儿活动的技能;能力上,学生的演绎能力普遍较弱,大部分学生表现羞怯,存在声音小、低头、笑场等表现,亟须提升实践操练的能力。同时,学生具有擅长使用手机和电脑的特点,便于利用信息化手段辅助教学。

3. 确定设计思路

基于内容与学情,本节课立足于实践取向,致力于缩小教学内容与职业实践中的差距,以"为幼儿讲一个图画故事"作为任务主题,在真实的任务情境中充分调动学生的好奇心,奠定学生主导、自主思考的基调。借助"图画故事是什么""图画故事怎么选""图画故事怎么讲"三个层层递进的问题,帮助学生在实践中将知识点融合运用:在对纸质绘本、电子书、纸偶故事书、游泳书、互动屏幕等故事媒体的分析中,提升学生的知识归纳能力。并在此基础上,运用辩证思维方法梳理图画故事的主题、幼儿年龄等多种因素对图画故事选择和演绎的影响,最终落实到保教工作的职业理念——以人为本的儿童观,引发学生对"以幼儿为本"的思考。

(二)组织课堂教学

1. 拟定教学目标

基于内容分析与学情分析,依据课程标准的要求,本课的教学目标设计如下:

(1)知识运用能力目标:能依据图画故事的含义、特点、价值,分辨该文学体裁。

(2)实践能力目标:能够结合文学作品和幼儿发展等角度,分析与选择合适的幼儿图画故事;通过微格练习与幼儿园实践,提升语言及非语言(姿态、表情和手势等)的幼儿图画故事演绎能力。

(3)实践意识目标:有意识地在选择与演绎图画故事的过程中贯彻"以幼儿为本"基本理念。

2. 开展教学

1)布置实践任务,激发学习动机

以真实实践背景为依托,提出实践任务,以激发学生学习动力:为响应第26届全国推广普通话宣传周,学校合作基地幼儿园以"推广普通话,奋进新征程"为主题,开展形式多样的推普系列活动,特邀请我校学生参与活动,为各班幼儿展示职业风采——讲好一个图画故事。

课程依托受幼儿园邀请讲故事的实践背景,让学生切实感受到学习的

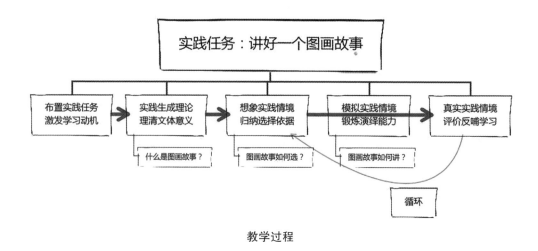

教学过程

迫切性。唯有真实的情境才能激发学生的深刻体验,深化学生职业认知,让学生更有梯度地理解课内知识,综合思考实践问题,投入职业实践,获得专业认同感与职业价值感。

2)实践生成理论,理清文体意义

课前,教师布置好教学场地——模拟幼儿园实训室,将图画书、电子书、立体书、布书、洗澡书等活动材料布置在场地内。

教师布置实践任务一:寻找实训室中的图画故事,组织学生收集素材。接着,教师组织学生对收集的素材展开讨论,从而明确图画故事的意义(包括含义、特点与价值)。

学生在素材收集的过程中,需辨认图画故事的不同载体;在分析中感悟图画故事的本质特点;在归纳中明确知识点"图画故事是什么",充分发挥学生学习的主体性,将理论知识联系职业实践。

3)想象实践情境,归纳选择依据

教师布置实践任务二:你想要选择哪一个图画故事?到哪一个年龄班中讲述?为什么?学生开展小组合作讨论,用思维导图呈现选择的图画故事与年龄班并说明原因,同伴点评与提出质疑。教师结合学生的答案,从故事主题、幼儿年龄、幼儿兴趣、活动背景、故事载体等角度梳理"图画故事怎么选"。

此环节中,教师将以学生对同一本书的不同设计作为着手点,链接职业实践新动态"一书多读",实现不同年龄段幼儿共读,打破惯性思维,提升学生创新思维能力,感悟保教工作"以幼儿为本"的基本观念。

4)模拟实践情境,锻炼演绎能力

教师布置实践任务三:欣赏幼儿园保教人员对图画故事《泥将军》的示范视频,小组合作从姿态、表情、手势、教玩具及视频等角度讨论"图画故事的演绎要求"。教师引导学生对所有观点进行整理、综合,解决"图画故事怎么演"的问题。

接着,学生以《泥将军》作为参考,在微格教室中练习演绎能力,在微格中,学生能够开展同伴点评、录制视频、反复操练,从而有效促进各方面能力的进步,教师逐个进入微格,了解学生的进展,为学生答疑解惑。

5)真实实践情境,评价反哺学习

待学生做好准备后,学生可进入学校基地幼儿园开展实习,进入班级为幼儿"讲一个图画故事",录制视频;活动结合后,立即请幼儿园保教人员点评,收集幼儿园的反馈意见。

返校后,教师与学生观看视频,复盘个人的表现、幼儿的反应,结合幼儿园反馈意见开展集体反思与总结,针对问题开展进一步训练。

此环节意在真实的幼儿园环境中,锻炼学生的职业能力,提升职业素养,拉近同专业实践的距离,感知幼儿园保教工作的不易,激发职业成就感与信念感。

三、实践取向教学设计的实践反思

幼儿园真实的实践情境是幼儿保育专业学生能力发展的现实土壤,发展的途径就是教师提供实践机会,学生在实践中不断试错、学习、反思。依据实践取向对"幼儿图画故事赏读"一课展开教学设计与实施,针对在专业课程中开展实践取向的教学探索,提出如下思考。

(一)实践取向是职业教育的必然要求

随着时代的发展和职业的更新,职业教育对职业学校学生的期待越来越高,对其专业技能和能力的要求也越来越高。"坚持面向实践,提升能力"已成为《职业教育法》明文的要求。这启发教育者,应该更加注重培养学生实际应用能力和职业技能,追求教育与实际工作的紧密结合,以培养适应社会发展需求的高素质人才。实践取向正是顺应了"面向实践"的要求，全方位从职业现场出发，根据职业场景中发生的实际情况，对课程进行设计与实施。

（二）实践取向的教学设计的实现方法

为了促进学生在实践中的学习，优化教学设计的思路，在进行实践取向的教学设计时应注意目标取向、内容呈现方式、展开过程和评价体系上的设计。

目标取向上，以实践能力培养为导向调整知识教学的目标。强调知识教学应 以实践能力培养为基本取向，以实践能力培养价值为切入点，从知识应用、实践意识、实践能力等方面入手设计目标。

内容呈现上，由于学生在实践中能力的培养需要循序渐进，在由课堂转向真实的实践情境之间，教师应有意识建立"模拟情境"，比如模拟课堂、模拟会话、模拟操作等，以锻炼学生实践的基本技能，避免在真实情境中受挫。

展开过程上，应注意学习过程与实践过程的统一。教学过程的主导者是教师，因而教师的转变对教学的展开过程具有决定性的作用，在理念上要牢固树立以实践能力培养为导向的教学理念的指引和支撑，教师必须由单纯的知识讲授者转向学生知识学习的组织者、引导者、促进者和帮助者等角色，以突出学生的实践主体地位。

评价体系上，凸显实践运用的导向。一是评价主体的多元化，比如同伴、教师，还有自己、一线实践工作者；二是评价标准的实用化，衡量教学效果的标准不是运用知识解决学业问题而是灵活运用知识分析和应对实际问题；三是评价内容的情境化，有条件的情况下，应让学生进入真实的实践情境，即工作中展开实习实践，由一线工作者开展评价。最后，评价方式体现过程化与个性化。

（三）实践取向的教学设计的困难

在本文的研究中，仍然出现了较多的问题与不足，值得进一步思考。

一是课堂环境的限制。课堂教学基本的物质环境、资源条件是课堂知识教学的实践能力培养功能得以充分发挥的物质保证。实践取向的课程展开与评价，要求教师掌握每个学生的不同进度，从而进行有针对性的教学,因而小组教学、个别化学习就显得极为重要。但是在传统的大班额的教室中,学生活动空间狭小、彼此干扰,实践性的教学效果不佳。课程采用了微格教学以解决此问题,但仍然存在着每个微格拥挤不堪,每位学生平均实践时间过短的问题。

　　二是课堂教学资源的限制。学生要将学习与实践结合起来,将知识顺利地转化为实践能力,实现知识的实际运用就必须要有从事相关活动的材料、资源以及提供这些活动内容和活动手段的场所。课程使用了教室、模拟幼儿园实训室、微格教室作为教学场所,以幼儿园的教学资源作为课程资源补充,较好地解决了本课的教学资源问题。但在更多的课程里,课堂教学同一线实践的联系不够紧密、教学场所单一、资源匮乏过时,仍限制着实践取向的教学。随着信息技术的发展,数字化、多媒体技术的应用,或许能够打破教学资源限制,成为值得探索的一种手段。

参考文献

[1] 杜燕红.学前教育专业实践教学体系的构建与实施[J].课程·教材·教法,2013,33(02):92-96.

[2] 张琼.以实践能力培养为取向的知识教学变革研究[D].武汉:华中师范大学,2011.

[3] 姜勇.实践取向的课程实施刍议[J].比较教育研究,2002,23(06):4.

打造中职英语生态课堂培养学生
职业能力的路径探索

上海市新陆职业技术学校　　魏魏

摘　要：生态课堂是以学生为主体，强调每一个学生的需求、欲望和意识，兼顾学生的个性发展，通过现代课堂教学手段，实现教学与学生发展真正统一的课堂。生态课堂尊重学生，突出学生的个性，学生在课堂活动中积极主动。本文以中职英语课堂为研究对象，从"对话式"师生关系构建、"实践式"职业能力培养为载体，通过案例形式探索中职英语生态课堂培养学生职业能力的打造路径。

关键词：中职英语；生态课堂；职业能力

中职英语生态课堂的根本着眼点在于学生在自然、愉悦的语言环境中和谐地发展；它的真谛在于把乐趣、轻松还给学生，培养学生的主体意识，关注学生的自然情感，使学生的综合语言运用能力得到全面提高，师生共同创建可持续性发展的课堂。在生态课堂的打造过程中，我们必须关注学生职业能力和工匠精神的培养。所谓职业能力是在学习活动和职业活动中发展起来的，是完成一定职业任务所需的知识、技能和态度。在中等职业学校英语教学中必须突出其职业教育的特色，而这恰恰要求基础英语教学必须与学生职业能力的培养紧密联系，这样才能引发学生学习的动力和兴趣。

在本研究中，笔者以"项目引领，任务驱动型"教学为切入口，通过融入职业精神，营造绿色生态课堂，探索在中职英语教学中如何体现学生职业能力的培养。

一、生态课堂融入中职英语教学的可行性分析

（一）落实中职英语新课标的实践要求

生态课堂是指环境友好型的课堂，这种课堂的构建是要在教室环境中

营造一个自然、开放、和谐的学习氛围,培养学生的主体意识,关注学生的自然情感,使学生的综合语言运用能力得到全面提高,师生共同创建可持续性发展的课堂。中职英语新课标旨在提高学生的英语口语交流能力,注重英语语言活动的实践性和任务型学习。在中职英语课堂教学中,通过创设语境,将特定主题与学生的学习、生活和未来职业发展建立关联,鼓励学生运用所掌握的语言知识和语言技能,进行交流探究,利用多种资源提升职场语言沟通能力,促进技能的迁移,打造生态课堂正是落实中职英语新课标的实践要求。

（二）体现中职英语育人价值的重要载体

课堂是学校的缩影,学校是社会的缩影。中职英语教育具有多重的人文和社会意义,学生在英语学习与运用过程中,感知不同文化背景下思维方式的多样性,理解不同类型语篇所传递的意义和情感,树立正确的学习观,潜移默化地养成良好的品格,能促进心智、情感态度与价值观的发展和综合人文素养的提高。打造生态课堂有助于和谐社会的创建,有助于学生个体自我全面发展和健康成长。

（三）培育中职学生职业能力的重要环节

从中职英语价值视角分析:中职英语作为文化课之一,其教学功能在于把人本性(即学生终身发展需要)和社会性(即企业对岗位素质的要求)有机统一起来,既要让学生掌握基础知识,更要让其得到能力的提升和精神的熏陶。这为职业能力的融入提供了必然。同时英语教学的题材广泛,所涉及的主题与现代人们的生活息息相关,它从不同的角度反映不同语言的国家、不同种族文化间人的精神及其价值观,更折射出的是不同国家、不同时代的工匠精神。

从中职学生发展视角分析:在中职英语教学中融入职业精神,能加深学校和行业企业的联系,促进理论知识和实践内容相结合,不仅提高了学生实际运用英语的能力,而且培养了学生对岗位需求的综合认知能力,有利于学生对行业企业产生认知感和归属感,实现校企无缝对接。

二、立足师生关系,营造"对话式"课堂氛围

"亲其师,信其道",良好的师生关系是打造生态课堂的重要因素,师生

关系紧张,课堂生态就会失衡。因此要从师生交往身份、师生交往方式、师生交往活动等层面营造"对话式"课堂氛围。

(一)师生交往身份的多重性

由于课堂生态关系的复杂性,需要教师拥有多种行为规范和行为模式。这就要求教师在教学过程中扮演各种不同的生态角色,以发挥多样的教育功能。例如,在日常交往中,教师既是师长又是朋友,要对学生给予关爱、信任与尊重,要善于倾听学生意见,敢于接受学生的批评;在人格上,师生应完全平等;在课堂教学中,教师对学生的态度更多的是鼓励、平等和宽容。

(二)师生交往方式的多重性

变革师生交往方式是建构英语生态课堂的关键。首先是课堂教学中的提问。如果教师总是用命令式的语气进行生硬的提问(如:Tell us something about your family!)或对学生的提问做出生硬的回答(如:No, you're wrong, how dare you say so?),学生在情感上会与教师拉开距离,教师显得缺乏亲和力。因而,学生往往表现出一味地从众与退缩的状态,他们多半会以模式化或机械化的方式来服从与迎合教师的"指令"和"命令"。特别是对中职学生,他们普遍英语基础相对薄弱,羞怯于用英语交际,提问时一定要体现出教师对学生的期待。例如问:Can you swim? 其声调表情都要像问话,而不应是审问。学生回答时,教师可适时运用鼓励性语言(如:Trust yourself, It doesn't matter, Great, Very good, That's interesting, Good idea, I'm glad to hear that.等)和适时地插话,进行圆场和启发。例如:But I can't swim, I'd like to ask someone to teach me, Who can swim? And who are willing to teach me? 教师这样的插话是为了把学生的注意力集中到自己身上,减轻被提问学生的紧张感。提问的技巧在于保证学生能够回答并乐于回答。当学生提出问题或发表意见时,教师的应答应根据班级情况,灵活多样,并具有交际表率作用。

(三)师生交往活动的多重性

英语课堂活动一般都是由教师指定同座或邻座同学进行的。这种方法简便易行,但学生接触面较窄,交际范围小。这时,教师可让学生的座位围成一圈,形成协商的气氛,教师则在圈外巡回,提供咨询;也可让学生走出座位开展 Pair work 或 Group work。学生从总是坐着的状态，走出原有的狭小空间，与众多学友自由组合讨论，大家兴致高昂、心情放松、无拘无束。面对面协商，轻松随意的形式取得的效果自然就会不一样。另外，学生在回答问题、课堂活动时或坐或站，教师大可不必统一要求，一切以学生能放松心情，消除紧张感为宜。

三、立足职业能力，建构"实践式"英语生态课堂

中职英语生态课堂要想营造一种自然、和谐的教育环境，必须通过"实践式"的方式创新英语课堂。

（一）转变教学思维，彰显类型教育特色

要落实中职英语新课标的实践要求，关键在于教学思维的转变，从重视知识教育转变为关注能力教育和素质教育。教师应该以能力培养为目标，通过任务型学习和实践性的教学活动让学生获取和运用知识，进而培养学生的实际应用能力和思维能力。如以项目为载体，推进英语学习与职业能力培养有机融合，充分体现了学生的主体性，学生们的想法、观点、创意得到了老师、同学的尊重与肯定。在自主完成项目的过程中，师生之间是一种互相学习的合作关系。在这种轻松自然的绿色生态课堂环境下，学生自然地发表自己的观点，提出建议，不知不觉中掌握了日常生活高频词汇、短语及相关语法、语言知识、中西方文化差异和幼儿保育的基本技能，有效地促进了中职英语和职业能力的有机结合与渗透。

（二）挖掘专业元素，实现思政育人目标

中职英语教学要考虑到职业需求，将所教内容与相关专业紧密结合起来。在英语教学中注重挖掘专业元素，增强职业性属性，通过岗位任务体验等方式，将英语学习与实用技能贴合度提升至最高程度。如在托幼专业群的英语教学中，教师可以注重学前教育、幼儿保育等领域的专业术语和表达方式的学习，同时加强对相关事件、文化和背景的了解和探究，通过对一些特定问题或事件的社会、心理、人文等方面的思考和讨论，帮助学生形成正确的人生观、价值观和职业观念，为他们未来的职业和人生奠定基础。

（三）变革教学方式，落实生本教学理念

要落实中职英语新课标的实践要求，教学方式必须进行创新和变革。

教学方式变革应该紧贴学生实际需求,关注学生兴趣爱好,用学法打破权威化的教育传统,从而实现英语教学的个性化、差异化和构建共学共建共享的教学生态。应该采用多样化的教学模式,包括团队学习、群体讨论、角色扮演等等,让学生在自主性、多样性和探究性的情境中感受、体验和探究语言,逐渐转化为一种自我调节和自我知识构建的过程,实现语言知识、语言技能、语言思维的同时进步。

(四)创设任务情境,营造良好课堂氛围

任务型教学是中职英语新课标的核心教学理念之一,要将任务型学习的要求落实到课堂教学中。按照实际工作任务的相关性进行课程教学设置,并以工作任务为中心选择和组织教学内容,使学生掌握必备的工作技能与相关知识,满足学生职业生涯发展的需要,实现以"就业与升学"的教学目标。

教授儿歌是幼小教师常见的工作任务,笔者以"做上海的 Babysitter"项目教学中的一课"Rhymes"教学为例,通过感知任务、体验任务、实践任务、实现任务目标四个阶段,展现"任务驱动型"教学的运用,并探索在中职基础英语的课堂教学中,构建生态课堂,实现学生职业能力的渗透。

第一,感知任务阶段:学生感知要完成的任务主题及相关的知识准备。由各小组讨论确定,在三分钟内汇报近阶段的资料收集、感悟交流、困惑思考等,或代表发言、阶段成品展示、或小组表演……形式多样,不拘一格。在汇报中,老师是一名倾听者,或者顾问,和学生一起思考困惑,寻求解决办法。在这种平等交流的气氛下,学生的种种想法都得以展示,哪怕是可笑的,都有了表达的平台,兴趣得以激发、激情得以保持、创造力得以发挥,而在汇报后的小组交互点评过程中,学生的英语交际能力也得以运用。在这种不经意营造出来的轻松、自然的"生态"环境下,学生更自然地接受新的任务、新的挑战。

第二,体验任务阶段:学生通过准备、计划等活动,体验完成任务的过程。这个阶段主要是教师根据真实的工作内容设计多个任务,每个任务又设有难度不同的分层,学生以小组为单位接受任务,并由小组成员根据组员能力的不同,协商分配每位组员相应的任务,然后共同商讨完成方案。

在"Rhymes"一课上,各小组汇报时就分享了各自收集的英文儿歌,其

中就包括了本次课要学习的三首儿歌。通过完成 Listen and mark(听儿歌,在人体图上标注部位名称)、Spot dictation(听儿歌,填写缺失词语)、Listen and judge(听儿歌,判断句子是否正确)三个不同的任务,学生学习了儿歌的内容,并跟随伴奏学唱儿歌,然后以选择的方式集体讨论这三首儿歌语言词汇的侧重点。笔者设计此环节,一是因为中职学生的英语水平,很难准确地用英语进行讨论和阐述,以选择的方式,既降低了难度,又能给予学生方向性的指导;二是为最终任务——为特定的孩童选择儿歌作了准备,奠定了基础。这三个小任务灵活多样,难易不一,保证了全体学生能够完成(can)并乐于完成(enjoy),这也正是生态课堂的特征之一。

第三,实践任务阶段:学生根据模拟的工作情景操练具体的工作任务。每个学习小组选出代表汇报任务完成的过程。

在感知了儿歌之后,每个小组选择一位特定的外籍孩童(这些孩子的情报也是由学生在走访国际社区时收集的),根据外籍孩童的年龄、家庭、性格特点等小组讨论选择一首儿歌,并设计互动活动。在讨论的过程中,学生充分提高了简单英语的人物介绍、英语交际、书写简单英语活动方案等英语职业能力以及律动、弹唱、绘画、手工等专业职业能力,充分实现了学生职业能力的渗透。

第四,实现任务目标阶段:每个小组面对面协商之后,轮流模拟展示与孩童一起互动的活动。有的小组伴随儿歌做起了游戏,边唱边玩,不亦乐乎;有的小组跳起了机器人舞,边跳边唱,兴高采烈;有的小组未唱先画,边弹边唱,再讲故事……在这个过程中,学生兴致高昂、心情放松、无拘无束的讨论会碰撞出意想不到的火花。同时在整个小组任务展示的环节中,每位学生根据项目学习评价体系的要求进行小组互评、小组自评、评选"闪亮之星",而笔者的评价分为任务评价与整体评价两种。任务评价是根据学生完成任务的情况、小组同学的合作程度及综合运用语言的能力而相应作出的评价。整体评价是既要看到学生的现有水平,又要看到学生的发展可能性。

总之,生态课堂是师生交往、生生合作、积极互动、共同发展的课堂,"对课堂的审视不能仅仅从教师或者学生出发,而应该从生态化的角度进行,着眼于未来发展,使课堂成为具有开放性、整体性和可持续发展的生态系统"。新课标下的中职英语课堂教学,是探索"以人为本,以生命体验、职业体验为核心,以探究、对话、合作、体验、交流、反思,创设和谐、共生发展的生态课堂教学",是优化师生职业实践活动的教学,是提升师生职业能力的教学。

参考文献

[1] 教育部.中等职业学校英语课程标准[M].北京:高等教育出版社,2020.

[2] 牛跃辉,赵婷.课堂生态观——一种新型的外语课堂观念[J].大学英语(学术版),2007,4(2):176-179.

[3] 蔡兰珍.项目教学——大学英语教学的一种课程资源[J].西北成人教育学报,2007(4):55-58.

挖掘黄炎培教育思想思政要素
探究中职语文立德树人教学策略

上海市新陆职业技术学校　　王福琳

摘　要：中职语文作为各专业学生必修的公共基础课程，对丰富学生的文化涵养、提高学生的道德情操发挥着重要作用。对学生而言，汉语作为母语，承载着中华文明及文化，是构筑心灵世界和继承民族精神的必要条件。黄炎培教育思想是中职教育教学的一个重要理论体系，也是中职语文教学实施课程思政的重要载体。结合中职语文课程标准，挖掘黄炎培教育思想的思政要素，有机融入语文教学，可以促进语文教学与思政教育的深度融合，丰富学生的学习体验。

关键词：黄炎培思想；中职语文；课程思政

党的二十大报告指出：全面贯彻党的教育方针，落实立德树人根本任务，培养德智体美劳全面发展的社会主义建设者和接班人。《中等职业学校语文课程标准（2020 版）》指出："语文课程对于全面贯彻党的教育方针，落实立德树人根本任务，发展素质教育，推进教育公平，培养德智体美劳全面发展的社会主义建设者和接班人具有重要作用。"因此，语文学科要发挥自身的育人优势，就必须紧紧抓住立德树人这一根本任务。黄炎培是我国职业教育的创始人与实践者。面对旧社会对于职业教育的种种旧的观念，黄炎培在职业教育领域对其进行改良，为我国职业教育发展作出重大贡献。黄炎培所阐发的职业教育三要旨至今仍然是我国职业教育的宝贵财富。黄炎培教育思想是中职教育教学中的一个重要理论体系，也是中职语文教学实施课程思政的重要载体。

当前，课程思政要求学科教师在实施教学时，除了向学生传授课程知识，还要寓道于教、寓德于教，有意识地、主动地在课堂教学中融入思政要素，形成德育渗透，力求将学科知识学习与专门的思想政治课程紧密结合在一起,完成党和国家"立德树人"的根本任务。语文作为中职学校的一门重要学科,承载着更多的思政教育功能。作为一名中职语文教师,更要注重挖掘黄炎培教育思想中的思政元素,更好地让思政元素与语文学科知识相互融合、相互生发,发挥其独特的作用。

一、黄炎培教育思想中的思政元素与教学实践

黄炎培教育思想博大精深,作为教育者,终其一生去研究也难以窥其全貌。特别是作为中职语文教师,限于中职学生认知水平和语文课程的所涉范围,也不能不做甄选随意使用。所以,在具体的语文教学实践中,应该深入理解黄炎培教育思想内涵,并对其进行归类辨析,把握住最具普遍价值、最生动、与语文课契合最好的思政元素,进而运用到课堂实践中。

(一)以德为先,培养"善良"之公民

1918 年,在创办中华职业学校时,黄炎培提出:"既得应用之知识,熟练之技能矣,而无善良之品性,仍不足以立身社会。故本校特注重学生自治,提倡共同作业,养成其共同心、责任心,及勤勉诚实克己公正之美德,俾将来成为善良之公民。"1919 年,黄炎培对职业教育的目标进行了补充和完善,提出了"一为个人谋生之准备,二为个人服务社会之准备,三为国家及世界增加生产能力"的理念,这也成为职业教育最终目的。由此看来,培养学生高度的责任感与事业心,帮助学生树立为社会与人民服务的观念,引导学生成为一个对社会有益的"善良之公民"是教育的应有之义。

语文学科注重工具性与人文性的统一,在实际的教学中,应注意语文学科知识与道德性的统一。所谓语文学科的知识性,指的是字、词、句以及修辞手法的运用,是对经典作品、传统文化的积累与传承。所谓语文学科的道德性,则主要指在学习语文基础知识时产生的思想情感和获得的道德教育。基于语文学科知识性与道德性的特点,在实际的语文教学中,教师既要引导学生掌握课文中的基础知识,丰富知识储备,又应注重情感、态度、价值观的教育。如被形容为掉进了"一亿泪的海"的《一碗阳春面》在中国几乎引发了一场静悄悄的"革命",至今仍被《读者》总编彭长城认为是该刊创刊以来最感人的作品。在教学时,笔者采用小组合作的方式,通过文本细读,探究文章主旨,引导学生关注母子三人和老板夫妇身上那种顽强

不屈、团结互助、合作进取的精神，感悟人性的光辉。也可以让学生设想面对生活中如"母子三人"的暂时处于困顿处境的人，我们可以做些什么。以此引导学生树立正确的世界观、人生观、价值观，做"善良之公民"。再如教授夏衍的《包身工》一文时，在细读文本的基础上，笔者通过播放相关视频和引入相关数据，让学生感受到包身工生活之凄凉。同时联系现实，关注生活中的"包身工"，激发学生对"包身工"的同情，增强学生的社会责任感。

（二）转变观念，培养"乐业敬业"之公民

1918 年，黄炎培在创办中华职业学校时，提出"劳工神圣""敬业乐群"的口号，强调职业道德教育是为了给社会创造物质与财富，培养学生对待事业的责任感，提高学生对服务社会、造福百姓的认识。黄炎培提出开展职业道德教育，就是要改变学生看不起职业或者感觉职业很痛苦的错误观念，让学生明白"苟有益于人群，皆是无上上品"的"敬业"道理，以此来改变当时中国人对于职业教育的错误观念，为社会培养急需的有用之才。与此同时，黄炎培提倡职业教育"为群"的社会服务性质，认为职业教育应该注意培养人的德性，养成健康人格，这样将来才能成为善良公民。

中职语文教材中选用了不少体现职业道德、职业精神的文章和素材，教师应积极寻找教材内容与职业精神教育的契合点，提高学生的职业认知，增强学生乐业敬业的职业道德意识。如华罗庚《在困境中更要发愤求进》一文中提出："我不知道什么大道理，只感觉我们应该为国家出一点力，增一点光。我就这样开始钻研学问了。"教学中教师应引导学生体会作者在字里行间中所表达出的报效祖国、为国争光的使命感和责任感，树立正确的择业观。再如《学业·职业·事业》一文的教学中，在帮助学生借助文本理清"学业、职业、事业"三者的关系之后，可再跳出文本，引导学生结合自己的禀赋和兴趣，对个人的"择学择业、人生规划"展开思考和讨论，培养学生"敬业"与"乐业"的精神。

（三）坚定立场，培养"爱国"之公民

在中国历史的发展轨迹中，爱国主义精神一直是推进我国社会向前发展的强大动力。作为一名坚定的爱国主义者，黄炎培的职业道德教育观具有十分强烈的时代特征与爱国主义情怀。1934 年，在中华民族处于生死存亡之际，黄炎培对职业教育目的之一的"为社会服务之准备"进行了全新的阐述,即"为民族谋独立与繁荣"。针对这一全新的阐述,黄炎培解释说职业教育应该"始终站在国家与百姓的立场上,参加国家的建设""为在经受苦难的国家做一些事情,是我们每一位中国子民的责任"。黄炎培始终以教育救国为己任,力图利用职业教育来提升中国的生产力,增强国家实力,进而实现民族独立与国家富强。与此同时,黄炎培将爱国主义精神传达给每一位学生,让他们在努力学习科学文化技能的同时,发扬爱国主义精神。

在语文教学中,教师也应引导学生去体悟作品中展现的爱国情怀。如在《登高》的教学中,笔者以"景"入"情",引导学生深入探究造成杜甫"艰难苦恨"的最根本的原因。经讨论,学生发现,杜甫之悲,不仅是悲自然之秋,更是悲人生之秋、社会之秋,从而认识到眼前这个风烛残年的老人在自身生活都艰难困苦的情况下,仍关心国家与人民的命运与发展,一个忧国忧民的人物形象立刻展现出来,学生的爱国情怀也被唤醒。再如《荷花淀》一文,小说讲述了一群抗日根据地的青年妇女的成长故事,在诗情画意的水乡风光、温情脉脉的儿女情长的背后,有着根据地人民同仇敌忾、保护家园的坚强意志。作品通过展现人物对家乡、对生活的爱,来刻画人物"舍小家为大家"的爱国情怀。在教学中,一方面要引导学生反复揣摩个性化的语言和动作,另一方面也可让学生思考"《荷花淀》是战争题材小说,为何有'诗体小说'之美誉? 小说没有让我们感到战争的血腥、残酷与沉重,作者是从什么角度表现战争的呢?"通过逐层探究,让学生明确小说并没有从正面描写战争的惨烈,而是聚焦于一个送夫参军的农村妇女的生活细节,通过离别、思念、团聚等情节,表现了白洋淀英雄儿女对家乡、对家人、对生活的热爱,感悟白洋淀英雄儿女的爱国主义精神,激发学生爱生活、爱家人,进而爱国家的深沉情感。同时明确文本从另一个角度控诉了侵略战争的邪恶,通过对侵略者破坏宁静美好生活的痛恨来歌颂爱国主义、革命英雄主义和乐观主义精神。

二、黄炎培教育思想在中职语文教学中的应用原则

黄炎培教育思想是一套完整系统的理论,学生的品德教育也不能一蹴而就,所以,若想将黄炎培教育思想运用中职语文的教学活动中,需要教师

精心筛选和精心设计,找准契合点,根据中职生的心理特点和认知水平创新地加以渗透。

(一)循序渐进,逐步"渗入"

黄炎培教育思想博大精深,和语文教学中的许多内容和环节都能相互生发,中职教师可能对黄炎培思想了解较多,但学生肯定不甚了解。假如在语文教学中不加考量地突然穿插黄炎培的相关内容,太过突兀。尤其是受年龄、阅历、见闻所限,学生一时肯定难以完全接受,既不能恰当展示黄炎培教育思想的精髓,也不能实现语文课堂"文""德"相融的思政目标。

因此,作为中职语文教师,在教学中应选择适当的时机进行巧妙铺陈,在教学中逐渐引入黄炎培教育思想,在引用时顺应学生的认知规律,由浅及深、由表及里、由事及理、由理及趣、由趣成志,真正做到育人于无象、化物于无形,达成语文课程中的德育渗透目标。

(二)认真辨析,避免"盲入"

黄炎培的教育思想并非单为语文而生,也并非所有的内容都能与语文教学发生关联。讲授、诵读、题作、批阅、课外阅读、实践等都是中职语文教学的题中应有之义,黄炎培的教育思想涉及国家、社会、学校、教师,涉及理念、方法、实践、形而上,涉及个人修为、教育宗旨、修技励志。如果对黄炎培教育思想不加辨别一股脑全部应用到语文教学中,或者不加辨别盲目对接语文教学,则可能弄巧成拙。

因此,作为中职语文教师,应该把眼光放长远些,提高自己的辨识能力,对黄炎培思想进行细致辨析,做到"择其宜而用,择其机而用"。很多时候,其知之愈多,其触类愈繁,愈是容易陷入"盲入"的困境,所以,教师在应用时一定要慎之又慎,去选择真正适合中职语文课堂教学的内容进行应用。

黄炎培生活在清末民初时期,当时的学校还是以培养仕宦为教育目的的,但随着中国民族资本主义发展,此时的中国急需大量的新型技术和实用型人才,无才可用的社会矛盾日益明显。在这种形势下,黄炎培提出职业教育要面向贫民、面向大众,培养一技之长,自是应时而作的惊世之论。这一观念的应用在很大程度上为积弱已久的近代中国培养了大批的应用型人才,大大带动了民族工商业的发展。

而今,随着工商业迅速发展及产业结构不断调整,社会上急需大量的技术型、应用型人才,国家也日益意识到职业教育发展的尴尬境地和大力发展职业教育的必要性和重要性。这些年来,无论是政策方面还是资金方面,政府都给予了职业教育大力的扶持,为职业教育创造了良好的发展空间。但是,在职业教育发展过程中遇到的众多问题难以在短期内解决,未来的发展仍有很长的路要走。因此,我们有必要去挖掘黄炎培职业教育思想的精髓,为当今职业教育发展提供思想借鉴。

教书即为育人,作为一名教育者,最崇高使命就在于培养一个完整无缺的人。作为一名中职学校的语文教师,应深入挖掘黄炎培教育思想中的思政要素,具备德育观念,时刻准备把德育渗透与语文知识传授适时结合起来,这样才能丰富语文课堂教学的内容与形式,展现语文课堂的魅力,真正把中职生培养成德才兼备的人才。

参考文献

黄炎培.黄炎培教育文集[M].北京:中国文史出版社,1994.

基于 AI 图像生成技术背景下
中职摄影教学的机遇、挑战与应对

上海市新陆职业技术学校   沈天旸

摘   要：生成式人工智能旨在利用人工智能技术自动化生成文本、图像、视频、音频等多模态数据，其中 AI 图像生成技术成果已有逼近甚至超越传统相机摄影的趋势，对中职阶段摄影教学具有一定启发性意义。相关教师应更新自身知识结构与教学方法，将 AI 技术与摄影教学合理有机相结合，同时为学生树立 AI 技术内容与网络的安全意识。在新时代让数字技术与文化创新发展共荣共舞，催生教育新活力。

关键词：AI 图像；中职摄影教学；人工智能教育应用

近年来，人工智能在全世界各个领域都有着爆发式发展，语言类人工智能 ChatGPT 就是其中代表之一。而在视觉领域基于"语言—图像/视频"的生成式人工智能模型(指利用深度学习等技术，从大量数据中学习规律，并根据给定的条件或目标，自动生成新的内容或解决方案的人工智能。)如 Midjourney、DALL-E、Stable Diffusion、Sora 等 AI 图像与视频生成器也经历着快速发展并有着打破现有图像生产模式的格局。2023 年 4 月，德国摄影师 Boris Eldagsen 走上索尼世界摄影奖颁奖晚会的舞台，宣布自己的获奖作品———一幅名为《电工》的两个女人肖像是使用 AI 生成。在此之前，这幅肖像已经在伦敦萨默赛特宫进行展览，如果他不说，似乎没有人能发现。最终摄影师表示拒绝领奖。这样的案例屡见不鲜。AI 对教育变革带来了新的挑战和机遇，摄影专业教师又该如何应对这一新的挑战呢？课堂教学又该有哪些新的改变？

一、中职摄影教学现状与 AI 潜在作用

(一)中职摄影教学现状

目前中等职业学校的摄影教学仍在沿用传统的摄影师职业培训模式。

即在摄影教学中,将课程内容分为前期拍摄与后期制作两大板块。在前期拍摄的实际教学中以理论课讲授与若干固定实训场景相结合的方式进行摄影教学。大部分中职学校缺乏丰富且真实的实训场景,同时受限于中职学生的年龄特征以及学生安全考量,在校课堂中的实操场景大部分局限于实训室和校园环境中。这样就导致面对复杂的拍摄类型与拍摄场景无法在有限的在校时间内进行预设。以清华大学出版社"十四五"职业教育国家规划教材《摄影》一书中的教学内容设计为例,此书涵盖了风光摄影、纪实摄影、商品摄影、人像摄影、其他类型摄影六个模块,而每个模块下分别有一至四个项目不等,又因课程设计中的内容需要实际使用到相机,因此根据我校32学时的实际授课时长来看,学生仅能在校开展两个模块四个项目左右的训练,达不到课标要求。

(二)AI助力摄影中情境创设

如今,"以文生图"式的AI技术诞生,为摄影创作与教学增添了一条新的路径。简单来说,AI绘画生成图片的过程是通过在前期对数据模型进行训练之后,让其能够理解和提取各类图像风格的基本特征、结构和样式。然后,根据使用者给定的描述或关键词(俗称Prompt),尝试在生成的图像中融合、组合这些特征,从而诞生一张新的图片。AI图像生成技术在理论上并无限制,基于使用者的文字描述、风格设计、参数调整等因素叠加后,便可以生成出天马行空的各类图像作品。当然,如果要生成一张以假乱真的逼真影像风格图片,则需要使用者首先建立对影像的理解与预设,以及扎实的摄影相关知识技术储备(光圈、快门、ISO、白平衡、对焦、构图等知识技能)。因此,在课时与前期拍摄场景、时间等条件受限的情况下,教师可以在情境创设与任务引领的教学方法之下,辅助以AI技术,灵活运用AI技术为摄影教学与学习增效,激发学生的学习兴趣与创新意识。

二、AI对传统摄影的挑战与变革

(一)AI技术引发的观念挑战

传统的图像观念以及摄影审美建立于实拍的基础上,而AI技术带来的全新图像生产模式下,势必会对图像内容安全性、真实性、审美体系造成一定程度的冲击。教师应关注到传统摄影观念由此产生的改变。以摄影审美为例,自诞生至今其美学标准体系并未完全建立,其中既因为摄影相对绘画、雕塑等艺术形式而言,摄影是一种新艺术形式,也因为摄影发展过程中,其机械性特征不断随着科技进步而变化,致使图像形式及其生产方式不断更新变革,从而引发对摄影审美判断、社会功能、图像真实性等的讨论与革新。如今 AI 图像生成必然会对已经建立的摄影评价体系产生巨大影响,如同当年新闻摄影严格禁止 PS(像素调整)以维持其真实性一样,AI 图像生成的出现必然会对摄影真实性与艺术性之间重新画上新的边界线。而这些思考需要摄影从业者、各层次专业教师、创作者、研究学者等共同研讨产生新的认识与实践。

面对正在建立世界观的青少年,作为中职教师更应该把好内容安全的"方向盘"。在国家和机构不断完善内容审核机制的同时,应教会学生正确理解 AI 技术的正确适用范围与创作内容导向的积极、健康、合法、合规。同时有必要结合社会力量,积极开发专适用于课堂教学的 AI 辅助工具,及时筛选并过滤潜在风险,有效防范虚假、违规等内容,让新的科学技术成果发挥最大效益的同时降低风险。

(二)AI 技术带来的变革与机遇

过去,摄影取代了绘画中对于现实世界描绘的部分,但绘画这一古典艺术媒介并没被淘汰,反而其表现形式变得更具实验性与多样性。同样,新技术(AI)的出现也不会消灭摄影,只是提出了更高的要求。历史告诉我们,不能用过往的经验思维来判断革命性的变革。以 Photoshop 修图软件举例来说,自 1988 年问世以来,因其强大的后期修图调整功能以及基于像素移动的各类创意功能,令传统观念中摄影作品的真实性、媒介定义等发生了动摇,直至今日在网络中依然存在关于"PS 后的摄影图像是否依然为摄影"此类关于摄影本质问题的探讨。但不可否认的是,Photoshop 已经成为摄影教育以及图像生产行业中不可或缺的一件生产力工具,与之相关的"图形图像处理"课程也成为摄影、设计类专业的必修科目。因此,新技术会带来全新的可能。

三、AI 技术下中职开拓摄影教学的新思路

中职学校摄影教学以培养理论与技术兼备的应用型人才为宗旨,要兼

顾理论教学与技术实践两个方面,同时还要与时俱进,不断创新教学方法与手段,组织多样的实践活动,为教学注入活力,以适应新时期人才培养需求与现代教育发展趋势。因此,在面对新事物对固有观念的冲击时,教师应冷静放下传统思维,主动了解学习新事物新理念,用辩证思维看待摄影领域的 AI 技术,用动态的、联系的眼光挖掘其启发性、实用性、艺术性价值,并结合各类教学方法将其转化为教学资源以拓宽学生视野提升学习兴趣。

(一)AI 技术能提高学习效率增加教学监测点

作为一线专业摄影课教师首先需要及时更新知识结构,主动学习 AI 人工智能摄影。当图像不再由相机产生,图像修饰不再通过 Photoshop 制作转而一并通过语言文字指令时,也就意味着一条有别于传统图像生产模式的新路径被开辟。在这两种图像生产模式下,摄影学习与教学也将产生两种截然不同的路径,因此对摄影学科教学提出了新的要求与新的可能性。以教学实例举例,在光圈快门等基础摄影知识教学中,教学过程中的范例图像往往由教师拍摄或搜图完成,而使用 AI 生成技术可以短时内获得大量精准范例,并且便于修改,提升教师备课效率。在活动、产品摄影实操中,虽然 AI 无法代替人去采集影像,但可以在前期策划阶段快速生成预设效果图,并且一定程度上解决了互联网搜图的模糊性与重复性。学生可以根据自己的创意生成概念图指导实操,为学习增效。在评价考察环节,特别是知识性内容中,教师可以通过学生在 AI 生成图片的过程中,检验摄影基础知识掌握程度以及画面构成的能力,取代传统的纸面文字题目评价方式,让评价更高效更直观,评价监测点设置更丰富更科学,让 AI 合理有机地融入于教学之中,进而成为教育与学习的"搭子"。

(二)AI 技术下摄影课程教学及学习路径

以《摄影》这本教材中的拍摄项目为例,模块二风光摄影下的"崇山峻岭风光摄影""江河湖海摄影""瀑布摄影"等通过运用摄影技术手段捕捉瞬息万变的自然景观,以此表达宽广的心境与热爱祖国大好河山的民族自豪感,固然这是摄影学科中技能学习与美育教学的好契机,但学生受限于人生阅历及目前的学识水平,在面对生活经验以外的审美经验与心灵感受往往只能处于被动接受的状态,无法如身临其境般体会到书中所讲述的审美内涵,并且教师在有限的时间和空间内也难以亲身经历的方式获取这些影像转述给学生。而在 AI 人工智能以及 VR 虚拟现实的时代背景下,学生可以通过由"书本范例→自主学习→教师引导→语言指令编写→图像生成→VR 观看→审美体验"的学习路径,在生成的图像中无限接近真实空间,体会科技带来的心灵震撼,达到学习摄影、体会审美内涵、激发学习兴趣的教育目的。

因此,新科技正不断拓展摄影的边界,新技术正在改写艺术专业的分类和定义,这为教师教育教学以及学生学习提供了更广阔的路径选择与想象空间,当然也呼唤新时代的艺术教育工作者时刻保持创新意识、开放意识、不断转化新技术为可用的教育资源以培养学生审美能力与艺术创造力。

四、结语

虽然,目前以 Midjourney 为代表的 AI 人工智能在生成内容上仍有瑕疵,但随着不断迭代更新,其具备的核心能力已开始对影像行业、教育理念产生直接影响和启示。在可见的未来,通过大量记忆、识别和重复练习形成的低阶思维劳动者将被人工智能替代和超越。因此摄影艺术教育以及其他各学科必须更加侧重于培养学生的高阶思维能力,尤其是艺术审美能力、跨学科多元思维能力、批判性思维能与创造性思维能力等。因此,教育需要积极适应人工智能技术的快速发展,对其持有更加开放和包容的态度,鼓励教育工作者秉持技术向善理念,研究和使用相关技术和工具,协作完成各类教学任务,加速教师队伍的观念转变,让一线教育工作者充分认识到技术变革所带来的社会需求变革,充分调动教师在教育理念变革过程中的积极性和创造力。

AI 人工智能以假乱真式地生成各类画面需要在网络安全、价值观念、道德伦理上加以高度关注与引导,针对学生在教育领域的应用场景需要推进制定相关指导性文件或政策,才能形成技术与教育双螺旋式的互促共进。

参考文献

[1] 卢宇,余京蕾,陈鹏鹤等.生成式人工智能的教育应用与展望——以ChatGPT系统为例[J].中国远程教育,2023,43(04):24-31,51.

[2] 高鹏.坚持以美育人、以文化人——推动青少年全面发展[EB/OL].(2021-12-13)[2024-3-7].www.moe.gov.cn/jyb_xwfb/s5148/202112/t20211215_587473.html.

[3] 霍威威.中职学校"摄影"课程的教学现状及应对策略[J].西部素质教育,2020,6(03):102-108.

黄炎培职业教育思想引领下"敬业乐群"人才培养探析

——以中等职业学校学前教育专业学生为例

上海市新陆职业技术学校　李青青

摘　要："敬业乐群"出自戴圣《礼记·学记》,指个人能对事业尽职,能和他人相处融洽。黄炎培将其引入职业教育中,作为职业道德教育的基本规范。学前教育专业学生是未来托幼机构的执教者,学前教育学生职业理念不健全、职业方向不明确、职业准备不充分等会直接影响到学前教育的高质量发展,应从课程设置、实际教学、校企合作中,采取有效的方法,帮助学生塑造职业素养。

关键词：敬业乐群;中等职业学校;学前教育专业;黄炎培

《礼记·学记》："古之教者,家有塾,党有庠。术有序,国有学。比年入学,中年考教。一年视离经辨志,三年视敬业乐群。"朱熹对"敬业乐群"也做了解说:"敬业者,专心致志以事业其业也;乐群者,乐于取益以辅其仁也。"这成为历来读书人治学为人的要义。

黄炎培把职业道德教育的基本要求概括为:"敬业乐群"。所谓"敬业",指的是"对所习之职业具嗜好心,所任之事业具责任心。"所谓"乐群",指的是"具优美和乐之情操及共同协作之精神。"目前,很多学校将"敬业乐群"作为学校校训之一,希望学生能热爱所学专业,提升个人道德水平,学会与他人合作,并能服务社会。然而,在实际教育教学及访谈时发现,"敬业乐群"却是学生缺乏的重要品质和宝贵精神。且学前教育的对象是学龄前儿童,他们年龄小,缺少判断能力,一个好的学前教育工作者在教育过程中,发挥的作用更加重要。因此,重新架构学前教育专业学生的职业情感、态度和价值观、职业素养和职业观,是极为迫切和重要的。

一、实施背景

(一)"敬业乐群"学生培养的背景

2021 年 5 月,教育部发布《师德警示教育(三)——违反幼儿园教师职业行为十项准则典型案例》。这是来自学前教育一线的真实反面案例。综合分析,这些案例发生的原因,源于幼儿园从业者法律意识的淡泊,职业认同感的缺失,职业道德素养的匮乏。

党的二十大报告提出,要"强化学前教育普惠发展"。在此基础上,要做到强化公益普惠,促进教育公平;强化立德树人,全面提升幼儿园教育质量。要做到以上,首先要重视幼儿园教师的师德素养,从中职院校做起,从"敬业乐群"入手,促进学生的全面发展,做到全方位育人。

(二)学前教育学生"敬业乐群"缺失的原因

1. 职业理念不健全

学前教育专业学生在校三年期间,公共基础课由市教委统一设置,对职业生涯的规划、对礼仪的认知,都来自通识类认识,而缺少针对性的指导。而根据学生的年龄特点和职业教育的特性,有助于形成学生幼儿教师职业理念的"学前教育学"等课程,未在中职阶段开设。

2. 职业认识不明确

为适应教育制度的改革,上海市实现了学前教育专业的中本贯通和中高职贯通,在对班级学生调研的基础上发现:有近一半的学生是因为被家长说服,或者因学姐学长的建议而选择该专业;还有部分同学是因为自己有艺术特长,观看到本校的宣传而选择该专业,而不是因为对专业感兴趣;有的学生是为了逃避高考的压力;有部分学生是自己选择的专业,但仅限于认为自己"喜欢孩子""人类幼崽多可爱啊"这些浅层认知上;有的学生是因为做幼儿园教师有寒暑假,且授课内容相对中小学简单而选择。以上这些调研表明学生缺乏对幼儿教师岗位工作内容的全面了解。

3. 职业准备不充分

由于缺乏职业意识,缺少职业方向,最终导致学生缺乏人生目标,缺少规划。尤其对学前教育专业班级的孩子,她们实现了中本贯通、中高职贯通,缺少高考的压力,学生作业少,课程压力小,除非个别目标明确的学生,大部分学生依然处于无目标的浑浑噩噩状态,课余时间多数用来打游戏、刷手机,极少会在专业学习上付出努力。从基础知识的学习到专业技能的掌握,都未做好职业准备。

二、实施目标

通过培养,帮助学生树立正确的职业意识和理念,成为具有教育情怀、敬佑生命、甘于奉献、大爱无疆的从事学前教育的高素质教育工作者。

三、实施过程

(一)提升职业素养,培养敬业精神

1. 增设课程与提升学生法律意识

学校近年的课程设置中,更加注重专业课程的学习,关于基本法律内容的学习,以中职生"职业道德与法治"公共课程为主,缺少专业的学前教育师德教育,基本法律、规章制度的课程,导致学生缺少对从业标准最低门槛的认知。

因此,在课程设置时,应增设"幼儿园政策与法规""托幼园所政策法规与职业道德"等课程,让学生知道作为未来的学前教育工作者,有基本的底线不允许触碰,有基本的要求需要做到,在岗位上真正做到依法执教。

2. 学会捕捉社会热点与教育热点

当今社会,信息处于爆炸时期,学生在通过网络能做到"不出门而知天下事"。如何在纷杂的信息中,提取到有关教育及学前教育发展的有效信息,是学生应该掌握并在未来岗位中也能应用到的基本技能。在日常教育教学中,教师可以做简单引导和提示。如给学生观看"学前教育宣传月"相关视频,知晓当年的宣传主题;传达学前教育年会的主题及相关报告内容;关注国家报告的发布、政策的出台;关注地方学前教育的发展、案例或措施等。有能力的学生,可以关注国际学前教育的发展及方向。在日常学习中,督促学生对学前教育事业有更全面的、崭新的了解。

3. 社会化办学与密切联系幼儿园

结合黄炎培职业教育中"离社会无教育"的核心思想,将"敬业乐群"与之相结合,积极开展产教融合,理实一体的课堂教学新模式,促进学生的发

展与建设。如建设学校与幼儿园融合团队,利用幼儿园园长或优秀教师开展讲座,扩展学生理论学习的视野,开拓学生理论学习的思路;将"幼儿园实习指导""幼儿园教育活动设计与实施"等课程中的相关内容,引入到幼儿园中实施,提升学生的岗位实践能力;参与幼儿园玩教具评比、讲故事比赛等活动,提升学生的职业素养。

(二)学会团结协作,养成乐群意识

1. 课堂引导与教学方式的思考

中等职业学校的课程设置涵盖了基础课学习与专业课。其中,学校在职一年级第一学期设置了"礼仪"课程,让学生"做人先学礼",在与他人交往中,完善自我修养,提升自身的行为规范。对于学前教育的学生而言,应让她们知道,在园时的着装和素养应该是怎样的,怎样的个人形象是合适的,怎样的行为是不合适的等等。在幼儿面前、在同事间、在与家长交流时,能做到形象良好,谈吐适宜。

在日常值班和教学中发现,在一日活动中,学生们几乎不主动和同学合作,尤其是受到疫情影响的这一代更是明显。学生缺少"乐群"的意识,教师就创造机会让学生合作,并加入群体中,如小组合作学习的方法,就是其中的一种。通过组内成员合作,发挥群体的积极功能,提升学生的"乐群"意识。如在"幼儿卫生与保健"活动中,在布置作业时,我通过小组合作与个人独立完成交叉进行,让学生既学会独立思考,又学会合作乐群。

2. 学校的常规教育与文化氛围

培养学生的集体荣誉感,在班级文化建设中,让学生学会团结合作,有集体意识,以大局为重,并将团队合作意识的培养贯穿于三年的中职教学中。学校每周开展升旗仪式,进行国旗下讲话,参与主题活动,评比每周流动红旗,让学生感受到班级的集体荣誉感。

学校还可以通过开展社团活动,在关注学生兴趣爱好的基础上,强化学生的群体意识,提高学生的合作能力。如本校目前开设了 21 个社团,参与社团的学生通过一起学习,参与对外展演或其他活动等,已经成为一个小集体,学生也在各类活动中,体验"乐群"意识的提升。

此外,职校教师的引领和榜样作用对正处于人生观形成时期的学生,有着重要的表率作用。教师自身注重形象,职业素养高,对待工作认真细致,能依法执教,用心从教,关心学生,团结同事,对学生形成"敬业乐群"的良好品质,有着潜移默化的影响。

四、实施保障

(一)加强师资队伍建设

学生德育素质的提高和职业素养的提升,需要具有高水平的教师队伍。加强对教师师德教育的培养和培训,提高教师德育教育的专业素质和教育教学水平,使得教师在课程设计和教学实施中更具针对性和有效性。

(二)加强课程体系建设

学生职业素养的培养应该融入学校课程体系中,建立健全完整的教育体系。在教学计划中,要合理安排思政课程和社会实践活动等,以培养学生正确的价值观和道德观。

五、特色与成果

(一)根据学生特点制定不同的职业道德教育方法

1. 职一年级——初步树立职业意识

职一年级的学生,对于所学专业大部分处于懵懂阶段,且学生年龄小,对于未来的规划也相对迷茫。班主任和专业教师可以在日常的班会或学习中,重点关注学生对专业的兴趣。如,可以组织学生去幼儿园见习,简单认识未来所从事职业的基本内容;还可以请学校的优秀毕业生进行交流,让她们对未来的学习充满期待。

2. 职二年级——提高职业道德素养

职二年级的学生,已经具备了一定的专业基础,相对于一年级的孩子,她们对于专业的了解更加深刻,也有了自己的兴趣和想法,对于专业的认知,也更加明确。这一阶段,可以重点加强对职业道德素养的培养。如可以邀请托幼机构老师来讲座,帮助学生感受职业理念,强调职业道德在工作中的作用;专业教师可以增加更多的社会实践案例,在分析和交流中进一步提升职业道德。

(二)通过不同的路径培养学生的敬业乐群的职业道德

1. 课堂教学与实践相结合

中职职业学校区别于普通中学,学生除了学习基础文化知识外,还应该进行技能学习和训练,培养学生适应职业生活的习惯。课堂教学中,教师除了讲解基本知识外,尽量模拟真实的工作环境,使学生在相似的情境中得到锻炼,让学生耳濡目染,完成从职业道德认知到职业情感转化。

2. 常规教育与专业教育相结合

学校在德育教育中,应关注职业道德与社会风气的关系,提高中职学生对于"敬业乐群"的职业道德的认识,职业道德小可以影响单位与个人的利益,大到可以影响国家与民族的发展。在学校的文化建设中,可以重点关注。如学校在学前教育实训楼中,墙面上有学前教育学者的照片及名言或观点,如陈鹤琴、福禄贝尔、蒙台梭利等,这是对学生"敬业乐群"理念的重要引导。

六、体会与思考

"敬业乐群"是黄炎培职业道德教育的核心内容,对学生进行敬业乐群的教育,可以为我们的国家和社会输送更多合适的人才。中职学生年龄小,可塑性强,应该根据学生的特点,采取有效的方法,提升学生的职业道德素养,树立正确的价值观。

参考文献

[1] 黄炎培.黄炎培教育论著选[M].北京:人民教育出版社,1993.

[2] 黄炎培.中华职业教育社宣言[J].教育与职业,1934(4):193-195.

[3] 周俐萍.黄炎培产教融合思想及其当代教育价值研究[D].武汉:华中师范大学,2020:61-62.

让工匠精神之灯照亮学生前行的路

上海市新陆职业技术学校　何宁

　　摘　要：工匠精神是一种职业精神，它是职业道德、职业能力、职业品质的体现，是从业者的一种职业价值取向和行为表现。新时代的工匠精神是聚焦当下对传统传承的敬畏与坚守，它能引领中职学生走好职校三年的学习之路。但中职学生通常对什么是工匠精神，如何将工匠精神融入自己的学习生活中，比较迷茫。本文讨论如何将工匠精神融入教育教学工作，通过对学生的教育引导，让工匠精神照亮学生前进的路。

　　关键词：工匠精神；职业道德；职业能力

　　工匠精神是一种职业精神，它是职业道德、职业能力、职业品质的体现，是从业者的一种职业价值取向和行为表现。一般认为，工匠精神包括高超的技艺和精湛的技能，严谨细致、专注负责的工作态度，精雕细琢、精益求精的工作理念，以及对职业的认同感、责任感。以上是对传统工匠精神一般意义上的理解。新时代的中国工匠精神，除了具有一般意义上工匠精神的内涵，还具有自身的特殊性：既是对中国传统工匠精神的继承和发扬，又是对外国工匠精神的学习借鉴；既是为适应我国现代化强国建设需要而产生，又是劳动精神在新时代的一种新的实现形式，它与劳模精神、劳动精神构成一个完整的体系，成为实现中华民族伟大复兴中国梦的强大精神力量。新时代的工匠精神是聚焦当下对传统传承的敬畏与坚守，是寻找差距、不断追求卓越的品质，它不仅仅强调专心专注，更强调探索创新，是一种基于专心专注基础上不断创新的精雕细琢的精神。

一、新时代培养中职学生工匠精神的必要性

（一）国家产业升级人才培育的需要

　　近年来，我国经济从始至终一直保持平稳快速增长，提高产品质量是

我国制造业发展的基础,也是我国发展战略目标实现的关键之举。促进产业结构升级和转型的关键有赖于制造业的发展。加工制造业的升级发展,不仅要依靠高水平的科技工作者,还要依靠具有工匠精神的社会从业人员。中等职业教育是国内教育的主体,学校的基础定位是培养高素质的技术人才,肩负着中国加工制造业转型发展所需的后备人力资源的培养工作。

(二)学生综合能力提升的需求

工匠精神是指工匠在辛勤工作中必须表现出的杰出品格。它主要表现在以下四个层次,对工作的热爱、一丝不苟的精神、敢于创新以及乐于奉献的精神。在新时代,中职学生的工匠精神在爱岗敬业、高度负责是恪尽职守并确保承担相应的责任。技艺精湛、追求卓越所倡导的是该行业完美的追求,也要求从业者掌握关键技术,并以更加认真和谨慎的态度对待自己的职位。勇于创新要求从业者不应局限于当今的专业技能,要具有提高效率和不断变化的动力。合作与进步倡导从业者在工作中重视与他人的合作,团队的力量是无限的。在工匠精神的培育过程中,教师更要重视引导学生遵循社会道德规范,注重抑制物质欲望,以更加高尚的人格来规范自己。

二、新时代中职生工匠精神培育案例探究

2022年8月31日,笔者担任了21级幼儿保育5班的班主任工作,5班的38位同学以其"独有"的风貌送给了我一份"特别的见面礼"。刚走到教室外,我就强烈地感受到了教室内那漫天盖地的喧嚣声,这波声浪似乎形成了一股巨大的力量直直地向我冲来。走进教室,先前在教室外感受到的各种吵闹声更是紧紧地压迫着我。放眼教室,桌子放置参差错落,学生坐姿东歪西斜,脸上堆着嬉戏的笑,尽显满不在乎的神情;讲台上的教学用品横七竖八,桌面已被厚厚的一层粉笔灰弄得面目全非;卫生角的清洁工具纵横交错,乱成一团,满地的垃圾张扬着学生的随性。面对如此纷乱的一个班级我没有退却,这不是我的工作作风。5班的杂乱无序、躁动不已越发激起了我改变这个班的斗志。

笔者知道想要真正管理好一个班级,唯有斗志肯定是不行的,关键要

找到症结,对症下"药",才能"药"到病除。针对5班存在的问题,班主任工作的当务之急是实施"理想教育"——让5班有班级梦想,让5班的每一位同学有个人梦想。于是,围绕"理想教育"这一核心教育,我开启了5班同学改变自我、完善自我之路。

中职学生是一个较为特殊的群体,大部分中考分数较低,未达到高中分数线,以比较低的文化分进入职业教育阶段。虽然分数并不能完全评判一个学生的整体素质,但他们在中小学教育经历中长期受批评、受挫折、不受重视的体验多,导致他们人生的期望值较低,自信心不足。因此更需要通过树立梦想去改变学生的心理状态,提高学生的自信心和自主性。

思想是行动的先导。如果学生对未来充满强烈的渴望,对大学充满向往,这种积极健康的思想无疑能催生出良好的行为习惯,而良好的行为习惯能有效推动学生迈步美好的人生。在笔者深入了解之后发现5班的同学们虽然表面看来读大学的目标不甚明确,但并非毫无期待。他们觉得选择了职业学校就等于告别了大学,心中也存在一部分的惋惜。但上大学意味着要高考,而高考的难度和可能的失利让他们又有了退缩之意。我确信这正是改变学生的突破口。

开学之初,我经过充分准备,利用两次主题班会课的时间和同学们探讨了一个话题——我们为什么要上大学?我们现在要做什么准备?通过沟通交流,同学们达成一种共识:大学是充实自己、拓展自己、成就自己的广阔平台,是积蓄力量走向社会的能量场,是蜕变人生、走向美好人生的重要里程碑。为了帮助同学们把自己的大学梦深植于心,我努力做好以下方面的引导。

(一)让同学们树立实现梦想的信心

要让同学树立实现梦想的信心,理论说教往往苍白无力,客观数据、生动事例更能振奋精神、打动人心。我利用班级管理的数据资源,给5班同学介绍了刚刚参加完2022年高考的19学前5班同学经过一年努力所发生的变化。如:在高考划线分稳定的前提下,人人高考分数较2021年高考都上涨,人均涨分78分,最高涨分194分。通过关键的数据说明,经过努力大幅度提高自己、实现自己的大学梦绝非痴人说梦。结合自己多年的班级管理经验,笔者给学生讲勤奋努力改变学习现状、提高自己,进而实现高考梦想的事例,如焦宇晨、焦宇晓的高考故事,高考状元的故事……大量真实的事例坚定了同学们努力定能改变自己、提高自己的信心,坚定了同学们实现高考梦想的信心。

(二)让同学们看到实现梦想的希望

职二距离高考还有两年,同学们会生出一种错觉,高考梦是那般虚幻,那般飘渺,是那般不真实。所以我引导学生把每一次考试作为自己的高考,把前后连续两次考试成绩作比较,关注自己后一次考试较前一次考试的分数、名次的升降,从升降中分析权衡自己距离高考梦的路途。路近了,就要扬鞭策马,争取更大可能的成功。

(三)让同学们固化实现梦想的信念

梦想看不见,摸不着,同学们不易牢记于心,所以需要一定的措施帮助同学们强化梦想意识,固化梦想信念。在我的要求下,同学们在教室前边黑板右侧的墙壁空白处共同参与种植了我班的梦想树,每一位同学把自己的梦想写在梦想卡片上,再把承载自己梦想的卡片粘挂在梦想树上。

三、新时代工匠精神下班级管理梦想设定

着眼于班级,设立班级梦想。要用"梦想之灯"照亮学生前行的路,不仅学生个人要有梦想,班级也要有梦想。在班级梦想的推动下,能加快学生个人梦想实现的进程。

(一)确立班级管理宏观梦想

根据班级实际情况,拟定我班宏观梦想为:优化班风,纯净学风,团结一致,誓创辉煌。这一梦想旨在引导学生认识到班风学风的重要,认识到团队协作的意义,认识到集体奋斗的价值,增强班级凝聚力,深化梦想引领人生发展意识。

(二)提出班级管理近期梦想

鉴于职一整个学年,5 班在学校"常规管理各类活动"中,因为班级各个方面存在不足,从未获得过"流动红旗"。我接管 5 班的管理工作后,提出了第一学月必须获得"流动红旗""优秀寝室"称号的班级管理近期梦想。在我和同学们齐心奋进之下,5 班如愿获得本期第一学月"流动红旗"等称号,在这一荣誉的鼓舞和激励下,让同学们深刻地认识到梦想的实现并非

遥不可及,只要付出劳动,用心呵护,梦想之花自会如期绽放。

(三)坚实班级管理精神世界梦想

笔者与同学们共同确定了5班的誓词:"青春给了我执著梦想的翅膀,青春给了我挑战梦想的勇气,青春给了我超越梦想的力量;我要用理想作帆,希望作桨,让梦想之舟扬帆起航;我坚信,我就是我的希望,我就是我的辉煌。"并且每周一晨会时由学习委员组织同学们重温誓言。这看似不经意的一个教育环节,却坚定了同学们追逐梦想的信念,坚持了同学们追逐梦想的行为,努力挑战梦想、超越自我的意识悄然停驻同学们心间并化为切实的行动。

回顾这一学期的梦想教育工作,默然有一种强烈的认识形成:在梦想教育中,班级梦想犹如广阔深邃的蓝天,个人梦想犹如在天空中飞翔的小鸟;班级梦想犹如辽阔无垠的大海,个人梦想犹如在大海上航行的片帆;小鸟唯有在蓝天下才能展翅,蓝天因为小鸟而有了灵动;片帆唯有在大海上才能扬帆,大海因为片帆而有了生机;个人梦想因班级梦想而更有希望,班级梦想因个人梦想而更有了活力。正是个人梦想携手班级梦想发出耀眼的光芒,学生前行的路才得以渐渐照亮。

四、结语

工匠精神对于个人,是干一行、爱一行、专一行、精一行,务实肯干、坚持不懈、精雕细琢的敬业精神。在新时代工匠精神引领下中职学校班主任需要不断探索新的教育方法和管理模式,以适应时代的发展和学生的变化。与学生共同建立班级梦想;辅助学生建立自身梦想,"以梦为马,不负韶华"。以梦想帮助学生塑造新时代中职学生的工匠精神,促使他们成为全面发展的高技能人才。

参考文献

[1] 臧芹.新时代培养中职学生工匠精神探索[J].成才之路,2021(36):52-54.

[2] 王金霞,王益锋.新时代中职学生工匠精神培养路径与策略[J].职业,2020(33):55-56.

精细化钢琴教学　培育果洛学生工匠精神

上海市新陆职业技术学校　徐晖

摘　要：为在钢琴教学中渗透对果洛学生工匠精神的培育，教师首先要精心关照果洛学生身心状态，培养学生敬业精神。根据学生起步晚的特点，苦练学生基本功；针对学生的畏难心理，激励学生学琴的坚韧性。其次要细致调整教学内容和方法，引导学生专注于训练。坚持结果导向，激发学生学琴的兴趣；坚持"小步子"原则，不断调试教学内容与进度，引导学生持续性专注。最后还要设计进阶性练习，养成学生不断精进的品质。

关键词：钢琴教学；精细化教学；果洛学生；工匠精神

每天，当你经过新陆职校艺术大楼时，一串串清脆、流畅的琴声就会萦绕在耳边。我们的学生端坐在钢琴前，神情专注，怡然自得，优美动听的琴声在她们指尖流淌。对于幼师保育班的学生来说，钢琴课是一门专业课程。钢琴专业课的教学目标是要求学生通过三年的学习，掌握一定的弹奏基本技巧，积累不同时期各类中外乐曲知识，提高分析、理解及处理艺术的能力，并可以熟练地弹奏幼儿歌曲和给儿歌配伴奏。除此之外，要求学生在钢琴弹奏中塑造美的品格，提升中职学生的时代责任感，助力培育新时代工匠精神。李克强总理在2016年《政府工作报告》中首提工匠精神。工匠精神是指工匠在工作过程中所体现出来的一种职业精神和态度理念，其核心内涵主要包括：敬业、专注、精益和创新等，共同组成工匠精神的文化精髓。

在担任青海果洛班学生的钢琴课教学时，面对一群来自偏远山区，从未见过钢琴，更不知五线谱、节奏、节拍、音符、琴谱为何物的学生，我们该如何实现钢琴教学目标，培养他们的工匠精神呢？以下几个方面供借鉴。

一、精心关照学生身心状态,培养学生敬业精神

(一)根据学生起步晚的特点,苦练学生基本功

这批来自青海果洛学生的年龄多在 15 至 18 岁之间,已超过了最佳的学琴年龄了,她们从来没有接触过钢琴这种乐器,而且因为年龄原因,手指的灵活性较差。对于这种以技术见长的乐器来说,她们的弹奏难度可想而知。钢琴的学习,除了要掌握一定的技巧外,对手指头的灵活性有较高的要求,而且学习的周期也较长,因而刚开始学琴时总是显得指关节僵硬、乐感差,而松弛、舒缓又不够,有些笨手笨脚的感觉。因此,教学中教师必须得通过基本功训练来调动起她们手指的灵活性,而音阶、哈农的练习都是我让她们每天必须坚持的最佳练习项目。

(二)针对学生的畏难心理,激发学生的坚韧性

从果洛学生的学习心理来看,她们有着强烈的学习愿望和刻苦用功的精神与毅力,但由于基础较差,并受到一些条件的制约,往往是力不从心,如果长时间学习仍没有什么进步,很多同学就容易产生畏难的心理。甚至有的学生还可能把学琴视为一种恐惧的事情,由此失去了学好钢琴的信心。

针对学生的这些生理和心理特征,我从以下几个方面着手,不断激发学生学琴的坚韧性。首先,上第一节课时,我鼓励学生大胆罗列新生学琴时的常见误区,然后带领学生把大家共同存在的常见学琴错误进行梳理归纳。这样的梳理过程,一方面可以让学生保持对错误做法的觉知,尽量地少走弯路;另一方面,也可以借机教育学生勇于面对困难,并想办法战胜困难。

其次,采用语言讲解、示范弹奏和观看录像等办法,让学生初步体会能弹奏优美的乐曲是一件多么令人高兴、令人向往的事情,从而增进他们学习的兴趣。例如,借助身边同学的力量,向学生介绍一些本校高年级同学学琴的实例,并请这些同学当场进行演奏,让新生看到两三年后自己也能达到这样的水平,进而帮助果洛学生树立必胜的信心。借助名家榜样的力量,我还介绍国内外的一些作曲家、演奏家学琴的故事,特别是像舒曼等成年后才开始学琴,通过自己不懈的努力,终于取得成功的事例,以进一步增

进他们学习的信心和决心。

最后,在激发了学生学琴信心的基础上,我进一步讲解学习钢琴的专业知识,例如钢琴的构造、发音原理等,并由此引入学习钢琴弹奏中用正确的手形触键、弹奏的重要性。这样强调基础的作用,以此来消除学生学习的心理障碍,激发起学生的学习兴趣,取得事半功倍的效果。同时,在随后的钢琴教学中,我又根据不同学生的特点,帮助他们分析自己的长处和不足,并从学生实际出发,制定出针对每个学生的个性化学习计划,确定奋斗目标。这一系列的教学实践使学生学习钢琴的劲头越来越足了。

二、细致调整教学内容和方法,引导学生专注于训练

(一)结果导向,激发学生学琴的兴趣

在果洛学生学琴兴趣逐步提高的基础上,我尽量保证在两节或三节课的时间范围内,让学生能够用自己的双手弹出简单而动听的小旋律。这一点,我感觉到是非常重要的。当学生第一次接触钢琴时既兴奋又害怕。兴奋的是当她们听着老师流畅地弹奏出美妙的乐曲时,流露出既羡慕又敬佩的神色,有想自己亲自尝试一下的冲动。害怕的是由于她们从未接触过钢琴,不知如何下手。而且每个初学钢琴的学生都有这样一种感觉,恨不得自己一下子就能弹出美妙动听的乐曲。

在教授钢琴课时,学生的学习兴趣是第一位的,没有了学习兴趣就什么结果都不会有了。在排除了学生的心理障碍、调整好学琴的心态后,另外一个不可忽视的问题就是:要充分考虑到学琴的主体——一个十七八岁的大孩子,在弹琴上没有任何基础,但在自尊心上却很要强。如果在学习上下了功夫而学不好,或老师在教学过程中不注意说了些有伤他们自尊心的话,也会从中损害到他们的自尊心和自信心,达不到预想的教学效果。所以,每当学生取得了一点进步,学成了一段乐曲之后,就要给予学生充分的表扬和鼓励,并给学生们提供展示、表演的机会,让学生在一点点成就感中建立起学习的动力体系,生出不断学习、不断练习的强烈意愿和兴趣。

(二)"小步子"原则,用内容与进度引导持续性专注

在学琴初期让学生体会到成就感,激发不断奋进的动力,这只是第一步,如何引导学生在后续的学习中专注于持续性练习,是更加重要的部分。

我认为这时应坚持"小步子"原则,在学生初尝胜利果实,建立起自信之后,反而要放慢速度,从基本功入手,通过不断调试学生的学习内容与学习进度,引导学生进行持续性练习。

第一,重视基本功,抓好基础练习。学生学琴中遇到的一个重要挑战就是如何解决好手指的触键问题。触键的正确与否,是能否顺利弹琴的关键。有的学生在学习过程中感觉基础练习简单乏味,不愿意进行认真投入的训练,只对老师布置的乐曲感兴趣,忽略了触键、抬腕、抬指、力度等基础性技术练习。由于这部分学生基础打得不好,没过多久指头没力、独立性差、演奏没变化、表现力不强等问题就会显现出来。基础性技能的局限性,阻碍了学生进一步的精进学习,久而久之就会反过来再次影响学生学琴的信心。针对果洛学生基础普遍较差的特点,在教学的最初阶段,一定要对学生进行强化基础训练,要求学生集中精力解决好触键、手型的问题,找到触键的最佳感觉。基础性训练所用的时间要多一些,要求每位学生都能弄懂、学会,切不可敷衍了事。此外,我还要求学生多做五指练习和弹奏音阶、琶音、和弦等,锻炼手指的独立性和协调性。这些练习规定学生每天练,教师在课堂上不定时地进行抽查。由于这些练习难度小,技术要求低,只要稍加努力,绝大多数学生都能掌握。通过一段时间的强化、系统训练,看到自己在付出努力的同时,掌握了规范的手形,正确的触键,并练出了一双灵巧的手,同学们往往都会很开心,增进了持续练习的动力。

第二,选择适用的教材,尤其是要有序且灵活地选择教材或教程中的训练曲目。在教学中,我要求学生从度数关系比较小的曲目练起,右手以五度的曲目练起,因为至少手指的转换比较简单。左手以单音、音程到三和弦的伴奏练起,由浅入深、循序渐进。

第三,合理安排练琴时间。为保证良好的教学效果,我对学生的练琴时间进行合理安排。在保证充足练琴时间的前提下,采取集中练习的方法来完成基本曲目弹奏。一般每天连续弹一个小时,先练基本功(音阶、琶音)活动开手指,再练习老师布置的曲目作业。每次练琴的基本功部分应该占总练琴时间的一半,反复强调基本功练习比新曲目的练习更为重要。

三、设计进阶性练习,养成学生不断精进的品质

(一)目标进阶,注重弹唱

掌握了基本功,会弹奏钢琴基本曲目就达成学习目标了吗? 当然不是,工匠精神的重要核心是不断精进,精益求精。果洛学生毕业后都将回到自己的家乡从事幼儿教师一职,需要具备边弹边唱的专业能力。所以当学生经过一年的基础训练后,在第二年的钢琴教学中我着重培养果洛学生的弹唱能力,让她们在学会弹琴的基础上加上歌唱。

(二)练习进阶,有序推进

刚开始,学生会觉得有一定的难度,常常是顾了手却忘了唱,顾了嘴,手却不知弹哪儿了,顾此失彼的情况经常发生。因此,在教学时,我先让学生接触一些简单、短小、朗朗上口的幼儿歌曲,如《上学歌》《小红帽》《我爱北京天安门》等学生小时候唱过的儿歌。左手的伴奏也以一、四、五级的正三和弦为主。这样,学生就可以通过较短的时间弹奏出这些曲子,然后再加上演唱。学生在学习过程中,学习兴趣始终比较浓厚,由于曲子短小,难度适宜,学生弹奏时也不会觉得太困难了。开始时,我就要求学生一星期练一首弹唱曲子,熟练之后再增加曲目。经过一段时间的练习,学生对边弹边唱已经比较熟练了,那么我就有意识地再加一些即兴伴奏的弹唱练习,进一步为学生以后踏上工作岗位,胜任幼儿园音乐教育这份工作打下扎实的基础。

多年的教学实践经验告诉我,教幼师保育专业学生的钢琴课比教授幼童学琴难度更大。为较好地实现教学目标,首先要帮助她们克服身心障碍,然后针对她们的特点,对她们细心照顾、用心呵护、精心教学。因此,幼师保育专业的钢琴教师的责任绝不仅仅是教会学生弹会几首曲子,而是教会学生治学之道,就是在没有老师教授的情况下自我修行的技巧和边弹边唱教学幼儿的能力,这样在她们将来走上工作岗位之后,才能不断地提高自己、完善自己。同时更为重要的是,培养她们刻苦训练、坚持不懈、精益求精的工匠精神,让优美动听的琴声在我们学生的指尖和心间尽情地流淌吧!

参考文献

方彩甜.中技生工匠精神培育路径研究——以广东省为例[D].广州:广州大学,2022.

浅谈中职班主任工作中的学生创新意识培养途径

上海市新陆职业技术学校　　俞玉曙

摘　要：本文以中职学校学生创新意识培养途径为主题，结合自身教学经验和班主任角色，通过调研和数据分析，探讨班主任在中职学校学生创新意识培育中的作用及实施途径。

关键词：中职班主任；创新意识；培养途径

一、中职生创新意识培养的必要性

2014 年 12 月 22 日教育部印发《中等职业学校德育大纲（2014 年修订）》（教职成〔2014〕14 号）中指出中等职业学校德育目标是：把学生培养成具有社会责任感、创新精神和实践能力的高素质劳动者和技术技能人才，成为中国特色社会主义事业合格建设者和可靠接班人。党的十九大报告提出，积极建设知识型、技能型、创新型劳动者队伍。中等职业教育目前是我国职业教育的主体，其定位是培养大量技能型人才与高素质劳动者。可见，在新时代中等职业教育中学生创新意识的培养非常重要。

（一）社会发展需要具备创新能力的中职学生

中职教育肩负着为国家直接输出合格职业工人的重任，学生在中职教育三年的时间之内就要完成蜕变，这要求他们面对实际问题时，能够创造性地发现解决问题的方法，还要能够动手执行。探究性学习可以培养学生完成从被动学习到主动提出问题、解决问题的转变。在大力推进大众创业、万众创新的形势下，中职学生作为国家技术力量的储备军，必须具备"创新"这一项重要技能，方能适应新时代的就业新环境。

（二）中职生个体成长需要创新意识的驱动

受现代产业升级影响，国内企事业对技能型人才复合化的需求日益增高。而当前大多数中职学生普遍存在操作能力强创造能力低;动手能力强转化能力弱;情绪管理差表达能力弱;接收能力强运用效率低;耐受力较强认知能力弱等问题。这与学生主管创新意愿不强烈、班级管理制度不健全以及其他主客观因素有着密切关联。

作为一名中职生,要想在工作中有所作为,有所创新,首要必备条件就是要热爱创新,有一颗对新事物好奇的心,有想了解世间万物的冲动。随着新时代的进程发展,创新已经成为高级技能人才基本的素养,心有创新便有了前进的动力。

(三)中职学生创新意识及需求现状

2021 年,在对上海市浦东新区 13 所中职学校 2310 名中职学生进行的关于"中职学生创新精神和实践能力的调查"中显示,有 66.41% 的学生认为创新是一种独特的想法,有 70% 的学生认为创新是对自己的知识技术进行独特的改进或改造,如下图。

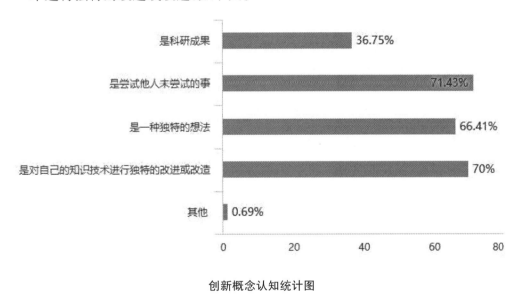

创新概念认知统计图

调查中显示,有 1138 位学生认为,创新精神和实践能力培养的最佳时期是在高中(职校)阶段,远远高于大学或工作后的时期,如下图。其中,更有 82% 以上的学生想过主动了解创新,但是因为源于认为自己能力不够、找不到合适的队友和指导老师或不知道怎么做而没有进行实践。他们普遍认为参加创新与实践活动对自己能提高创新思维能力,为以后的社会工作打下基础。

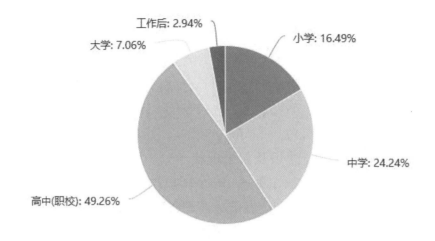

创新精神培养最佳时期分布统计图

(四)中职学生缺乏创新意识原因分析

第一,中职教育的发展还不能完全满足社会产业升级换代的需求,在实际教学中存在实践教学薄弱等现象,这与教师自身学习成长过程中"重理轻实"的学习经历有关。这种注重刷题、追求统一标准答案的学习过程限制了学生的奇思妙想,对学生创造力的发挥形成一定的障碍。第二,中职学校的教师在教学中,一切以达到教学目的为出发点,也造成了学生主观能力缺乏、能动性差,实践实施效果不佳,独立分析能力以及紧急情况的应对能力较弱的情况。第三,学生缺乏自主创新的意识。中职生普遍具有好奇心强,但创新意识贫乏;思维敏捷,但缺少创新思维方法;具有一定的创新想法,但缺乏创新技能;有创新的热情,但创新精神不佳。因此尚需要进一步激发其自主创新教育的意识。

二、班主任工作中增加对学生创新意识培养的重要性

新时期,中等职业学校一方面要培养高素质且拥有专业技能的应用型人才,另一方面还肩负着知识创新、技术革新和科学研究的重任。班主任是班级的组织者、管理者和引导者,扮演着重要的角色。由于中职学生正

处于青春期,升学压力较小,文化基础知识较差,自主性比较弱,往往叛逆行为就随之产生,班主任在班级管理上有较大难度。因此,中职学校班级管理有自己的独特性。为更好地促进中等职业学校学生的身心健康发展,提高学生的实践创新素养,班级管理就显得尤为重要。班主任是学生除父母家人外在校期间接触时间最多,最了解学生个体情况的教师,由班主任老师担任中职学生创新意识培养的"引导人"之一,具有诸多优势。

(一)班主任是学校培养技能型人才目标的具体实施者

班级是学校的有机组成部分,班级管理是学校管理的具体化。落实班级管理目标,班主任既要具备管理能力,又要具有创造性。班级管理目标和班级工作计划越完善,越紧扣学校管理目标和贴近学生,越容易实施,否则很可能是一纸空文,或者半途而废。在当前新时代下,中职学校以培养创新型应用型人才为目标,重视学生实践创新素养的培育,立足本土行业,发挥特色学科专业优势,积极探索创业创新人才培养新模式,为国家高质量发展培养大批具有创新精神的高技能人才。班主任就是这一目标具体的落实者、实施者。

(二)班主任培育学生创新意识具有全面性

班主任工作贯穿学生在校的三年(有些学制是四年)时间,比任何一位任课老师接触学生的时间都长。中职校的班主任工作,除了在日常班级管理事务工作中渗透创新意识教育外,还应在学生就业方面适度帮助学生认清目前的经济形势和就业形势以及社会发展形势,使学生更了解现代社会发展和就业趋势,就要为学生赋予创新意识,转变就业观念。教育和引导中职生理解创新意识的深刻内涵,让学生在爱好特长与所学专业之间找到恰当的结合点,鼓励学生学习好相关的专业知识和技能,在现有的技能中总结、提升,发挥自身的创新创意能力。

三、班主任工作中的创新意识培养途径分析

(一)思想引领,植入创新意识

培养学生的创新意识与创新能力已经成为当今社会实施中职学生素质教育的主要任务之一。在班主任的日常工作中,如:交流谈心、周记互动时,听取学生的心声与意见、体会学生的需要,才能有的放矢促使学生积极

思维,而积极思维正是培养学生创新意识的前提条件。创新意识往往在无拘无束的状态中萌发,班主任可以找准切入点,为培养学生创新意识提供更广阔的空间。

在班级管理的各项事务统筹和活动过程中班主任要积极引导学生以主人翁的姿态参与,体验班级活动筹划、过程中的成功与不足,这样班主任才能更全面感受学生的兴奋点、闪光点和德育工作中的盲点。抓住了学生这些突出的表现才能在各项活动中激发学生的参与欲望,营造勇于创新的氛围,才能使学生有所发现、有所创新。如:在讨论班级活动方案时,用积极肯定的眼神和语言鼓励学生大胆设想。中职学生的学习能力和探究能力较弱,相对而言更愿意按部就班完成老师布置的任务。所以抓住每次活动的总结环节,让学生针对活动成效进行反思,谈自己的看法、认识、感受和建议,这样不仅使班主任了解学生的真情实感,也为学生发表自己的见解、表达自己的创意提供了机会,这正是培养学生创新意识的关键时机。另外,通过日常不断地激发其动脑,大胆想,激发他们思维的活跃度,让这种创新意识保持下去,今后在实习工作中自然而然地也能运用这种积极思考、创新意识的思维习惯。

(二)教育互动,激发创新思维

中职学校的晨会课或班会课都是班主任的"主场"时间,可以通过对热门社会事件、突发班级事件等开展小组讨论、激荡头脑风暴,在这些教育活动中融入创新思维的启发。如:当热点新闻报道炎热天气时粗心的家长滞留幼童在车内,造成令人心痛的悲剧。引导学生以学前教育工作者的角度探讨这件事中的问题与应对措施,这样除能培养学生的细心和责任心之外还能激发学生思考:如何避免家长此类行为的再次发生。在讨论中,同学们的"七嘴八舌"往往就是创新的"雏形"。鼓励学生们大胆想、敢创新,结合高科技时代的各种支持,不怕做不到,只怕想不到。学生们的思维宽度随着讨论会越来越开阔,创新意识会越来越强。中职学生将比同龄孩子更早踏进社会参加工作,他们更需要尽快适应社会,学会处理问题的方法。越早的给他们灌输创新意识,让他们自然而然地把这种创新思维模式运用到学生、生活和实习中,就能更好地为今后的就业中的创新思维打下基础。

(三)带队参赛,搭建创新平台

作为最了解学生情况的班主任老师,鼓励有能力的学生参加各类创新创业创意大赛是极具意义和挑战的事。班主任也是一线教师,要紧跟时代步伐,带领学生参与此类竞赛,更能帮助学生合理组建团队,见缝插针与学生互动讨论,还能根据每个参赛学生的特点有效引导和鼓励学生发挥特长,服务团队。常常做一个有心的班主任老师,一定能更好地发挥每一个学生的特色,为他们搭建不同的创新平台,帮助他们提升创新能力。

四、小结

班主任在学生创新意识培养中具备的作用不可小觑。中职学校在培育学生实践创新能力过程中,侧重偏向按部就班的教学,学生具备一定的动手操作能力,但是创新思维和创新能力不够,特别缺乏把实践锻炼上升为理论总结的抽象思维能力。造成这种问题的原因既有班主任教学管理中自身能力不足,以及学校教学管理中的问题,也有学生自身意愿和想法的问题。要切实提升中职学校学生创新意识的培养要从班级管理组织者、班级管理目标、班级管理考核以及班级管理实施等方面,贯穿实践创新素养的理念,将这些理念融入教学中。此外,还要在班级思想建设、制度建设、组织建设、文化建设中做一些创新,增强创新素养的内涵,以便更好地发挥学生在培养创新意识过程中的主体作用。

在实际工作中,大多数班主任并非创新创业专业指导教师,这就需要班主任不断学习,提高自身的创新意识和创新能力,带领学生共同成长。班主任可通过参加各类培训或下企业实践,提高自身的创新职业素养,成为具有创新能力和实践的双师型教师。班主任还应借助学校平台,积极配合学校为学生搭建更加多元化的培养途径,培养学生良好的创新意识,启发学生的创新思维和能力,从而更好地开发学生的创新潜力。班主任老师努力在实践中求新,在引导上细心,在探索中有爱心、耐心和恒心。唯有如此,才会充分挖掘学生的创新潜能,促进他们个性发展,培养出具有创新意识与能力的时代新人。

参考文献

[1] 木塔力甫・图尔荪.中职班主任管理工作的改革探究[C]//中国国际科技
　　促进会国际院士联合体工作委员会.2023年课程教育探索学术论坛论文集

(三).莎车县中等职业技术学校,2023:3.

[2] 熊菊香.班级管理视角下中等职业学校学生实践创新素养的培育研究[D].福州:福建师范大学,2020.

基于英语课程的跨学科项目化学习实践的探索
——以学前教育中本贯通专业为例

上海市新陆职业技术学校　　郁文怡

摘　要：中职阶段英语教学常关注语言本身，而忽视语言工具性、学生核心素养及学习能力培养。本研究通过英语学科及学生所学专业的专业课程英语教材的结合，设置跨学科的项目化学习任务；借助不同阶段的教学及任务设置，引导学生在创设的真实情境中以创造性思维整合学科知识，从而解决真实问题，有效提升学前教育专业中本贯通学生的英语核心素养及专业能力。

关键词：英语课程；跨学科；项目化；学前教育

在当今教育领域，跨学科项目化学习已成为推动学生全面发展的重要途径。《普通高中英语课程标准（2017 年版 2020 年修订）》提道，"普通高中英语课程倡导指向学科核心素养发展的英语学习活动观"[1]，为了避免英语学习只为学而学，也为了体现英语作为基础学科的工具性，英语的跨学科项目化学习在提升学生的核心素养及学习能力方面显示出其独特的优势和有效性。本研究就是基于此来探讨英语课程的跨学科项目化学习实践模式。

一、英语课程开展项目化学习的背景

笔者面对的是学前教育专业（中本贯通班）中职阶段的学生。未来她们有完成本科教育学业的要求，也将成为未来的幼儿园教师。为了同步提升学生英语学习的能力和专业知识的运用，针对跨英语学科及学前教育专业课的项目化学习教学设计应运而生。本研究中笔者以"教书育人"的跨学科项目化学习为例，使用上教版高中英语教材第二册第二单元"Roads to Education"，结合英文学前教育教材 *Caring for Children*（以下简称

CFC),探究英语与学前教育专业课程结合的跨学科项目化学习的实施过程。

二、跨学科开展项目化学习的路径

(一)跨学科的教学目标和跨学科素养的确定

在分析跨学科项目化学习时,结合英语和学前教育的教学目标,需要关注两个关键领域:英语学科的教学目标和英语背景下 CFC 学前教育专业材料中关于婴幼儿学习的知识与能力目标。

1. 英语学习的目标

本单元的话题为"Roads to Education"("通往教育之路"),主阅读为"An Experiment in Education",这是一篇结构清晰、词汇难度适中的记叙文。语法部分则是借用一篇支教教师为留守儿童真实建路的故事,介绍了现在分词和过去分词做定语的语法。听力口语部分采用访谈形式,介绍了儿童及青少年适当的玩乐休闲对身心健康及学业的益处。写作部分是针对"英语课应当更长还是更短"进行议论文写作。拓展阅读为一篇讲述地理老师未达成人生梦想的英语诗歌。

整体来看,本单元围绕学校生活及英语学习的主题语境,在第一层面上属于个人及学校生活、学习态度、语言学习层面的话题。而对于未来的幼儿园教师来说,又附加了一层未来职业发展的主题语境,以及作为教师要如何与学生相处的思考。在此前提下,本单元基于核心素养的目标可具体化为:

(1)语言能力:提升阅读理解(记叙文和诗歌欣赏)、听力理解、口语表达和书面表达能力(议论文),特别是在处理教育话题的文本和讨论时。

(2)文化意识:增进对教育多样性和包容性的理解,理解不同教育背景和方法对学生学习的影响。

(3)思维品质:培养批判性思维和创造性思维,通过分析和讨论教育案例来提高分析和解决问题的能力。

(4)学习能力:增强自主学习和终身学习的能力,鼓励学生主动探索和深入学习教育相关议题。

2. CFC 教材中的目标

CFC 教材是本校的专业英语课程用书,由英国 Hodder Education 出版,其内容为英文版学前教育。依据学前教育专业教师的指导与参考意见,笔者制定的通过学习 CFC 教材学生应掌握的学前教育专业的知识和能力目标具体包括:

(1)婴幼儿发展理论:理解婴幼儿的发展阶段和特点,包括感知觉、认知、社交和情感发展。其中认知方式包括观察、实验、创造性及幻想角色扮演。

(2)教育活动设计:基于对婴幼儿发展理论的理解,设计适宜的教育活动,特别是促进婴幼儿感知觉和认知发展的户外活动。

与此同时,CFC 教材作为英文教材,采用的是 Content and Language Integrated Learning(简称 CILI)教学法,译为内容和语言融合学习法,旨在使用第二语言学习内容的同时,同步提升第二语言及教学内容的掌握[2],因而在英语方面的目标如下:记忆,并在表述婴幼儿户外活动设计中使用以下相关词汇:婴幼儿知觉的词汇:taste,smell,touch,feel,sight;婴幼儿认知策略的词汇/词组:observation(观察),experimenting(实验),imaginative and creative play(幻想角色扮演及创造性扮演)。

3. 跨学科的融合教学

在分别设定了英语及学前教育专业知识的目标后,如果只是分开授课,而没有设置两者融合的任务,只能称之为多学科,而非跨学科。在 CFC 教材中,以英语结合学前教育术语的使用只是学科与专业课的初步交叉。跨学科的学习应当采用两个学科都涉及的知识共同解决问题,而跨学科项目化学习则要求在学习不同学科知识的同时,又创造性地将学科知识进行整合从而解决真实问题[3]。在这样的前提下,结合英语和学前教育的任务目标则是:以英语为基准语言,表达应如何做一名好教师,并在此基础上,以小组为单位为婴幼儿设计一个合适的户外活动,运用学前教育的专业名词进行表述及解释,并进行成果展示。

在这样的活动中,学生首先进行英语学习,从学生视角思考,表达何为学生眼中的好教师,并掌握教育理念相关词汇的表达。然后用英语作为基础语言,学习学前教育相关专业术语,与此同时学习婴幼儿认知发展规律及婴幼儿学习的方式及其英语的连贯表达。最终,通过使用英语中有关教育理念及教育话题,融汇所学的学前教育专业术语和知识,阐述为幼儿园孩童设计的户外活动,将英语学习、学前教育专业知识、职业素养有机结合起来,呈现"教书育人"的跨学科大概念。

(二)跨学科教与学的项目化流程

该项目化学习主要分为三个阶段:英语单元学习阶段,CFC 单元学习阶段和幼儿园户外活动设计及展示阶段。下表为每个项目阶段中学生需完成的任务、涉及的相关学科和专业以及相关的核心素养。

项目化学习阶段

阶段	任务	学科/专业	核心素养
阶段一	英语单元学习 (6 课时)	·英语	语言能力,文化意识,思维品质,学习能力
阶段二	CFC 单元学习 (2 课时)	·英语 ·学前教育	术语词汇(如 taste) 婴幼儿发展理论 户外活动设计框架
阶段三	幼儿园户外活动设计及展示 (2 课时)	·英语 ·学前教育	促进幼儿学习发展,且尊重幼儿不同个性的户外活动设计 展示、评价(学习能力)

1. 阶段一:英语学习及职业特色的思考

在第一阶段,英语教师以单元化学习教学为框架,在学生完成单元学习后,学生以学习英语的语言能力为基础,在学会表达教育相关话题的同时,由英语教师提出的问题链引导学生思考教师应有的品质和特点。

英语教师提出的问题链如下:Do you think the teacher in the passage is a good teacher? If yes, why? If not, then what kind of quality is needed for a good teacher? What are the basic qualities for a good teacher? (in personality and professional aspects)

上述问题促进学生的英语表达和思考,为学生的人文素养及师德素养提升做好准备。

2. 阶段二:职业素养的完善

在第二阶段,是由英语为基础的 CFC 材料的学习。在这个阶段,学生学习并掌握了儿童心理学的相关知识,并由学前教育专业教师提出的问题链进行思考和探索问题。

　　学前教育专业教师提出的问题链如下:对于婴幼儿,活动设计应有什么基本原则? 活动设计是否符合婴幼儿的发展规律? 活动能否促进婴幼儿的感知觉发育?

　　学生通过回答这一些专业学习相关的问题,能够对自己所学知识在实际应用的场景做好准备,为培养幼儿园教师的专业能力打下基础。

　　3. 阶段三:将人文素养及职业素养有机结合

　　在以上学习任务及问题链的引导下,学生的最终任务是结合以上学习成果及问题链的答案,在尊重婴幼儿的个性区别的基础上,为幼儿园孩童设计一个婴幼儿发展规律和促进感知觉发育的户外活动。

　　这样在不同阶段有不同的子问题和不同侧重学科的整合模型,是一种递进型的跨学科项目化原型[4],但最终项目的成果指向的仍然是两个学科协同的真实问题和跨学科大概念。

　　在项目化学习开始之前,由学生自行组成 8 人小组,先在零基础的情况下,回答笔者提出的驱动性问题,供学生在过程中不断修改,完成后开展项目化学习对比。学生初期的回答仅建立在过往的应对幼儿保育实践知识以及基础的英语表达上,例如"确保幼儿园孩子活动时及时穿脱衣服"。但在完成前两阶段的学习后,学生能够给出的答案,同时具有人文精神和职业素养。例如,其中一组同学的答案是,"在确保幼儿园学生安全的前提下,让孩子有尽可能多的感官参与。"

　　而在第三阶段,则是学生成果的展示与评价,这也是项目化学习中的重要环节。学生通过展示及评价,可以锻炼团队合作能力,并回顾、反思和再梳理探究过程中的环节,并激发学生成就感和自我认同感,为下一次项目化学习做好准备[4]。

　　在本项目化学习中,对于结果的展示及评价,分为自评,学生互评,和教师评价三个方面。笔者设计的评价量规中的评价维度来源于问题链,问题链是确保活动设计有效的关键。由此笔者设计了如下表格,供学生自评及互评使用,以确保学生能有效评价。

　　Evaluation chart:

成果的评价量规

Aspect		Details	Evaluation
qualification		Is it an outdoor activity for kids?	✍Yes ✍No
language	fluency	The language delivered by the reporter is correct and fluent, and the pronunciation is also correct.	Score (1~3)：
	term usage	The reporter uses correct terms properly from CFC.	Score (1~2)：
suits different kids		The activities are designed for suiting different kids based on their own personality or behaviour.	Score (1~3)：
works for kids		The activities are designed based on the way how children learn and describes the senses children used.	Score (1~3)：
		The activities are safe and suitable for kids.	Score (1~2)：
		The activities promote development for kids.	Score (1~2)：
			Total score：

通过评价量规的辅助,学生在初步完成教学活动设计时,可以参考评价量规来对活动进行修正,确保整个活动设计切合项目要求,评价量规可以帮助学生明确完成任务的要求。在进行自评和他评时,也可以客观地从多角度去评价教学设计,提供评价标准、语言及结构辅助,帮助学生在评价时较为全面,言而有物,而非简单句"我觉得活动很好/我觉得这个活动很有意思"这样的无效的评价。

学生的自评可以作为参考进行自我修正,在这个过程中的反思,也是学生在成为未来教师道路上不可或缺的经验。而在互评过程中,评价他人的同学可以学习优秀经验,被评价方则可以获得客观的外部评价及建议,更好地改进自己的成果。这个自评和互评的过程,是未来成为教师后,对自己的课进行自我反思,以及对听课进行评价的一个模拟和缩影。因而对学前教育的学生来说,在完成学习后,客观而有结构、有针对性地进行自评和互评,对身为未来幼儿园教师的持续学习和职业发展显得尤为重要。

三、跨学科开展项目化学习的反思

通过英语单元的学习,学生普遍能够总结出一个好教师需要具有的基本品质,如尊重并关爱学生,因材施教,引领学生成长等。同时学生能够掌握英语中常见的教育话题的语言表达。而在 CFC 学习后,学生也初步了解了婴幼儿学习发展的策略,以及如何进行简单的活动设计。最后的活动设计、展示及评价阶段,五个八人小组分别都给出了不同的活动设计,且活动设计都能符合表中的评价量规的要求,自评及互评得分均不低于 12 分。因此学生的学习成效是显著的。学生设计的户外活动涉及的场所包括海边、农场、森林甚至迪士尼。常规的幼儿户外活动一般局限于观察和实验的认知方式,而场地一般也局限于自然,而迪士尼的户外活动主要是通过幻想角色扮演以及视觉听觉的刺激,其活动设计原埋也基本符合学龄前幼儿的认知及发展规律。该组提出创新而独特的想法的同时,不仅局限于生理层面的发展,也包括了心理状态的发展,体现了项目化学习中学生的创造性。

跨学科项目化学习的教学设计中,需要教师寻找不同学科或专业之间的共同点,并挖掘两者之间的跨学科大概念,并设置符合学生实际需求的真实驱动问题以及相关问题链,在设计过程中不断修改和调整,从而确保学生能够完成符合要求的任务。同时,由于面向的是中本贯通学前教育阶段的中职阶段学生,该项目化学习中涉及专业课程的部分,需要不同学科之间的教师的协同,基础课教师与专业课教师的共同备课也是确保学生提升代表人文素养的英语核心素养和掌握专业课知识以及培养职业能力的关键。

参考文献

[1] 教育部.普通高中英语课程标准(2017 年版 2020 年修订)[S]. 北京:人民教育出版社,2020:2 - 5.

[2] 周苑.内容和语言融合学习法(CLIL)对中职学生英语学习动机的影响[D]. 广州:广州大学,2015.

[3] 夏雪梅.跨学科项目化学习:内涵、设计逻辑与实践原型[J].课程·教材·

教法,2022(10):78-84.

[4] 张红梅.项目化学习的定义、兴趣原因及开展策略[J].福建教育,2021(06):9-11.

新时代工匠精神引领下中职书法教学方式的创新研究

——以民族班笔画的有效教学为例

上海市新陆职业技术学校　沈旭泉

摘　要：本研究以新时代工匠精神为引领，以提升教学有效性为抓手，落实从上好硬笔书法绪论课，顺利度过笔画书写训练的高原期，到把握好对学生作品的评价和反馈，处理好表扬、批评的使用等三个方面的教学策略，以期破解民族生硬笔书写教学中存在的问题，切实提高对口支援民族生的硬笔书写教学的有效性。

关键词：工匠精神；硬笔书法教学；笔画书写

提高硬笔书法书写水平是中职学生一项极具价值的事情。然而，现在的中职硬笔书法教学存在的问题较多，包括课程地位低，开课时数小；学生基础差，学习积极性不高，师资缺乏培训，教材质量不高且杂乱，教学模式和方法落后等问题。急需对中职书法教学改革创新，本文以新时代工匠精神为引领，以本校民族班笔画课堂教学实践为例，对中职书法课堂教学方式创新开展研究。

一、当前问题分析

新陆职校民族班生源都是来自青海省果洛自治州农牧区，因生活、教育环境的不同，学生的基本素养和上海本地学生之间有一定的不同。通过个别访谈、学生当面书写、问题提问、作业分析、调查问卷等综合分析，学生普遍的硬笔书写学习状态表现为：汉语言文化基础薄弱、学生书写握笔姿势和书写坐姿不规范、笔画书写基础薄弱，书写的汉字无笔画的基本规范，有的同学横写不平、竖也写不直，写汉字时基本上没有笔顺和结构上的考虑，所写汉字留有藏文的书写笔意。部分学生学好硬笔书法的意愿不强，有学生虽有写好字的意愿但对学习汉字书写有畏难情绪，对发现和改正自己书写习惯的意志力不够坚定,时有偷懒的现象发生,主动研究书写的劲头不足。学生认为教材不难,只要老师解释,就会听懂,认为书法课无预习必要,结果就是学生学习书法只能根据老师所讲学习,缺乏举一反三的能力。个别学生,学习无计划,作业不认真;练习不专心,不会对书写方法进行总结,不会也没有观察汉字书写规律的习惯。

(一)教学方法层面

当前中职硬笔书法课堂教学的传统教学方法是从理论到理论,教师在课堂教学时,主要以讲述为主,笔画教学上引入软笔的书写方法进行讲述,同时强调多练,往往会让学生陷于字海战术;在例字书写的详细分析讲解和示范书写方面有所欠缺,导致教学的有效性不高,教学方法单一,变化不多,使得硬笔书法教学在后续教学中逐步变得枯燥,学生学习兴趣不高,笔画训练的高原期凸显;教学中在情感态度教学维度上,在细致书写习惯的培养和弘扬中国传统文化及对书法艺术的鉴赏能力上着力不多,未将相关教学目标有机融合于日常的硬笔书法教育教学过程当中。

(二)价值情感层面

作为以培养普通劳动者为己任的中职教育,打造具备新时代工匠精神的中职学生是中职教育工作的重要目标,而中职毕业生写一手漂亮的硬笔书法则是中职硬笔书法的教学目标之一。新时代工匠精神的四个基本内涵恰是学生在学习硬笔书法过程中,需要在认知、态度和品德等方面落实的教育教学目标,是学生学好硬笔书法所必备的精神内涵。通过对现有中职硬笔书法教学文献的查阅,笔者尚未见到将新时代工匠精神融入中职硬笔书法教学方面的论述。

二、工匠精神的内涵融入硬笔书法教学的可行性

工匠精神是对传统"工匠"职业精神的传承。工匠精神的内涵是指一丝不苟的工作态度、精益求精的产品质量和持之以恒的职业精神。新时代工匠精神主要包含四个基本内涵:第一,求真务实的敬业精神。第二,精益求精的品质追求。第三,持之以恒的专注精神。第四,锐意进取的创新精神。

敬业精神是指对工作的高度责任感、专注力和执着追求的态度,所谓

"求真"即"求是",也就是去不断地认识事物的本质,把握事物的规律。所谓"务实",则是要在这种规律性认识的指导下,去做、去实践,强调有效性。从书法笔画教学实践看,学生对例字笔画详细分解分析的学习过程即求是,求得例字书写的基本要求和书写规则;学生观察教师的示范书写并加以模仿,然后才能书写出较好的例字,这一过程就是中职学生在学习硬笔书法过程中对书写技能实践性和有效性的落实,是务实学习硬笔书法技能的体现。因此,对学生进行求真务实的敬业精神培养是确保中职硬笔书法日常教学有效性的必然。

精益求精是指好了还求更好,对精益求精的品质追求,是写好硬笔书法的另一个必然要求。中职学生大多是硬笔书法的初学者,有基础差、书写习惯不良的问题,这对学生掌握硬笔书法很不利。在对精益求精品质追求精神的引领下,教师应该给予学生改变基础差、书写习惯不良问题的氛围和方法,例如教学中对学生在书写中的要求要逐步地加深、加细,以夯实学生的书写基础,对学生不良的坐姿、执笔姿势要经常提醒矫正,以养成学生良好的书写习惯。

专注是指一种状态,在这种状态下,一个人全神贯注地集中注意力和精力来完成一项任务。持之以恒,是指长久坚持下去,有恒心、毅力坚强、坚持不懈。硬笔书法的学习是一种技能训练,心理学表明练习对技能的习得不可或缺。但是,练习的持续会让练习者碰到高原期。安全度过高原期,除了要科学有效地安排练习任务外,持之以恒的专注精神是克服高原期的必备要素。硬笔书法教学的实践也表明了这一点,在学习硬笔书法的过程中,教师在硬笔书写的教学中安排好练习任务后,就要在如何让学生练习硬笔书法中持之以恒的保持专注上下功夫。例如,在教学中要善于发现学生们在书写练习中的点滴进步,对进步加以及时鼓励;对有问题的书写则加以具体的改进指导;鼓励同学们在书写时坚持做到眼到、心到、手到,直至学生书写水平大幅提升,顺利度过硬笔书写技能练习的高原期。

创新是利用已存在的资源创造新东西的一种手段。锐意进取是意志坚决地追求上进,下决心强化,力图有所作为。学生学习硬笔书法的整个过程,对职校生个体而言,就是对自己原有书写方式的创新,一旦学生依据例字的要求,改变了原来不规范的写法,那么在自己的书法水平上就完成了创新。当然,这是一种模仿创新,但这种创新在硬笔练习中若能持续得到认可和成效,将助推学生硬笔书写水平的提高。因此,教师在硬笔书法的教学中发现、鼓励和培养学生锐意进取的创新精神对学生写好字有正面的推动作用。

综上,将新时代工匠精神的内涵融入硬笔书法的日常教学中是可行的,也是必要的。

三、以新时代工匠精神为引领提升硬笔书法的策略分析

针对民族生学习消极状态,要想达到教学目标,那么提高硬笔书写课堂教学的有效性就显得很有必要,教学实践中结合新时代的工匠精神,主要从以下三个方面来提高教学有效性。

(一)以新时代工匠精神为引领上好绪论课,唤醒学习需要

万事开头难,好的开始就是成功的一半。民族班硬笔书法课也是如此,上好硬笔书写绪论课是必然选择。在民族班的硬笔书写绪论课上,笔者主要采取了以下方法。

(1)展示《书法报》上同龄学生参赛作品以及往届民族班同学的书写作品和作业,让学生明确可以达到的目标,即每个人的字是可以写好的。也让同学们看到不同年龄段同学的字是有差距的,只要能认真学习和练习就能写出令人满意的作品。同时提问:究竟什么样的字是好字?引发学生思考。

(2)引出《灵飞经》名帖,和学生一起探究《灵飞经》创作的背景及艺术特色。重点介绍作者在书写作品时求真务实的写法,比如,作品首字"琼"字结体布局中的穿插、容让的分析。

(3)进一步分析《灵飞经》章法布局的特色,让学生感受顶级书法作品精益求精的追求。结合篇幅的分析和介绍,可以看到作者持之以恒的专注精神。

通过对不同作品的欣赏,感受书法作品艺术美的同时,让学生感受艺术家们创新的魅力,激发学生学习硬笔书写的内驱力。推动学生从上本门课开始由要我学向我要学转变。为提高随后的硬笔书写课的有效性打下良好的学习心理基础。

（二）以持之以恒的专注精神和对精益求精的品质追求引领学生度过书法技能训练的高原区

通过学生学习动机的激发,学生能够在短时间里保持学习的热情,然而,硬笔书写的学习和练习很容易造成学习的枯燥,易产生焦虑即产生技能训练的高原区,硬笔书写的教学尤其如此。为此,我们采取了以下教学策略。

（1）注重持续纠正学生错误的执笔姿势和坐姿,从最容易的矫正姿势开始让学生时刻保持正确的书写姿势。

（2）以简单的表格式总结,教会学生观察例字的要点,进而把握书写要点（见表1）,进而追求对所写例字的好上加好标准。

（3）通过用不同力度书写横、竖的小实验,趣味画螺旋、矩形、三角形等小练习,帮助学生找到用笔发力的技巧,为保持学生持之以恒的专注提供方法支持。

通过具体的学习方法和书写技巧指导,让学生在学习中逐步提高,从读帖到临帖,从笔画的粗细观察入手到如何起笔、行笔、收笔,把书写的每一步做好,精益求精,让学生体验到书写成功的喜悦,推动学生硬笔书法教学的不断深入。

硬笔书写技巧

书写项目	起笔	行笔	收笔
方向	左上—右下 水平	1. 左—右 2. 上—下	1. 左上—右下 2. 水平或垂直
力度	1. 轻（细、快） 2. 重（粗、慢）	1. 轻 2. 重 3. 轻—重 4. 重—轻	1. 轻（提） 2. 重（顿）

（三）以发现学生创新闪光点为引领,注重课堂教学评价

硬笔书法教学进程中的常态是讲练结合,学生练习既有课堂练习也有课后练习。学生对笔画练习的过程就是一个改变自我以往的不良书写习

惯不断创新突破自我的过程。

笔者高度重视对学生练习的评价,积极发挥正向评价的鼓励作用,引导学生自主练习。在课堂练习时,教师加强巡视,及时发现学生在书写上的点滴进步当堂予以表扬和展示。同时,在日常教学的评价中注意分层指点,对于先前坐姿和执笔姿势都做不好的同学,经常提醒,一旦发现进步就及时表扬;对横、竖写不平、不直的同学,有藏语书写笔意的同学发现有好的改变就肯定其进步;对横、竖写的不错的同学要鼓励他们写出例字的笔意并将成功的作业给予全班展示。在课后书法作业的批改中,要注意批阅详细,鼓励为主。注意和班主任联系定期展示优秀的课后作业和进步较大的作业,鼓励学生把书法课上所学的书法技巧用到其他学科作业的书写当中,做到学以致用。积极鼓励有潜力的同学参加学校,区、市组织的各级各类硬笔书法比赛等。

综合上述,传统硬笔书写的教学枯燥使得民族班硬笔书写的笔画教学有效性不高,但在新时代工匠精神的引领下,民族班硬笔书法笔画教学有效性将会得到切实的提高,学生的硬笔书写水平也将会有进步。

参考文献

[1] 皮连生.学与教的心理学[M].第2版.上海:华东师范大学出版社,1997.

[2] 中小学书法教育指导纲要[C]//教育部语言文字信息管理司.语言生活皮书——中国语言生活状况报告(2014).北京:商务印书馆,2014:376-383.

[3] 周旗.以"实用硬笔楷书"提高小学硬笔书法教学有效性的研究与实践[D].桂林:广西师范大学,2021.

信息助力　匠心匠艺　打造智慧课堂
——以"体育与健康"课程为例

上海市新陆职业技术学校　杨晓峰

摘　要：职校的"体育与健康"课程借助上海市中等职业学校"匠心匠艺"优质课堂建设的平台，充分利用信息技术，开展"智慧型"课堂的建设。本文以"直腿后滚翻"这一教学内容为例，通过教学内容的信息化整合，营造新型教学环境，构筑更具互动性的课堂氛围，展示职校优质课堂的形成过程。

关键词：直腿后滚翻；信息技术；智慧课堂

一、职校体育课程信息化建设情况

随着大数据、物联网、云计算等技术的快速发展，信息技术对于职业教育的变革性影响日趋明显。利用信息化教学对于激发学生体育锻炼的激情，提升课堂教学的趣味性，培养学生体育锻炼的习惯等都发挥着重要作用。然而由于职校体育课程具有极强的户外实践性，更多是教师示范动作、学生练习的传统形式来开展教学，所使用的信息化教学手段以及各类软硬件设施相对于教室内部教学而言较为落后。由于上课场地条件的限制，大多数的职校体育课程都是依靠教师单纯的口述讲解，以及动作示范、学生动作的指导和纠正等方式开展的，仅有的信息化教学也只是体现在理论讲解部分。

针对上述现状，随着上海市中等职业学校"匠心匠艺"优质课堂建设工作如火如荼地开展，顺应本年度"信息化背景下教与学的改革"的活动主题。笔者试图在此背景下，结合体育与健康课程，探讨如何在信息技术支持下改变传统的教学方法，如何深入课堂，用智慧锻造涵养的"匠心"、专业的"匠艺"，以及如何丰富课堂情境提高教学质量。为此，笔者在"直腿后滚翻"的教学中做了一次尝试,整堂课主要从"信息技术作为演示工具""信息技术作为交流工具""信息技术作为辅助工具"三个方面出发,与信息技术整合,营造一种新型的教学环境,实现既发挥老师的主导性又能体现学生的主体性。

二、智慧课堂建设过程

以"直腿后滚翻"的教学内容为例,笔者将通过课前准备、课中实践以及课后延伸三个层次展示信息化手段在本节课程内容中的实施方法与具体应用。"直腿后滚翻"是北京体育大学出版社出版的《中等职业学校〈体育与健康〉》教材中拓展模块体操类的教学内容。该教学内容共设计5个课次的单元教学计划。本节课为第2课次。重点在于解决"直腿后滚翻"动作中举腿提臀、充分屈体的技术要求,难点则是各个环节的协调用力。同时,作为一门职业教育领域的体育与健康课程,本节课合理搭配体能学练内容作为辅助教材,用于提高学生的职业体能能力。课程的授课对象为学校17级汽修1班,班级共有学生24名,全部为男生。多数学生均具有良好的身体素质,但对教学主题——垫上运动认知有限,动作协调能力有所不足。教师在教学中结合"翻转课堂",引导学生设定合理的学练目标。通过小组合作、自主学习、信息化教学等多维元素激发学生学练的内驱力,针对性地解决学生学练过程中的重难点。

(一)课前准备

课前着手两个方面的准备工作:一是制作微课;二是建立QQ公众平台。

1. 制作微课

"微课"是指以视频为主要载体记录教师在课堂教育教学过程中围绕某个知识点或教学环节而开展的教与学活动全过程。课前拍摄并制作了微课,内容包含了直腿后滚翻的完整动作、保护与帮助,针对教学重点、难点设计了"锦囊妙计"的视频,并把"锦囊妙计"制作成菜单。

"微课"菜单目录一览表

序号	聚焦主题	内容概要
1	直腿后滚翻	完整动作、分解动作展示
2	保护与帮助	动作完成过程中,同伴的保护与帮助方法
3	锦囊妙计	针对动作问题提供解决的学练手段

以"锦囊妙计"为例,教师整理罗列了四项学生易犯错误,并针对每一个问题录制了相应的视频。这些视频在课前提供给学生,学生借助视频进行自主学习。翻转课堂模式下,微课的应用激发学生的求知欲望、积淀学生内在的默会知识。由此,教师是课堂上的导师,而微课作为微教学资源,成为传统课堂学习的补充和拓展,成为学生身边的导师。

"锦囊妙计"问题对策一览表

序号	问题	对策
1	学生不能体会屈体叠紧的动作	可以让学生在练习过程中腹部夹一个软式排球,如果动作完成,球不掉落,即为成功
2	学生不能体会提臀的感觉而无法很好地完成动作	在学生的髋关节处绑一根短绳,两位同学进行最后的提拉和保护,使做动作的同学有提臀的感觉
3	学生由于抬头问题而无法完成动作	用下颚和脖子夹住一根短绳,体会低头的感觉从而去完成动作
4	学生由于滚翻速度不够而不能完成动作	在体操垫下方再垫一块体操垫,这样有了斜坡以后,可以加速整个滚翻动作

由此,视频作为演示工具,激活了学生主动学习的内驱动,变被动为主动学习,尝到了学习带来的快乐。

2. 建立 QQ 公众平台

QQ 是 1999 年 2 月由腾讯自主开发的基于 Internet 的即时通信网络工具,支持在线聊天、视频通话、点对点断点续传文件、共享文件等多种功能。我在课前一周建立母子 QQ 群:一是母群,成员是组长和老师,由 6 个组长和我组成;二是子群,成员是组长和组员,将全班 24 人分成 4 人一组,建立 6 个直腿后滚翻学习的子群。

上课前一周,在母群中下发了微课视频,并要求一组长将微课下发到子群,要求二组长带领小组成员对微课资源进行探讨,集中问题,要求三组长整理讨论问题,并汇总后上报母群进行探讨,做好推送信息、提出要求、整理问题、上报汇总工作。由此,QQ 作为交流工具,促进了师生、生生互动交流,给予观点碰撞、头脑风暴的平台,拉近了师生之间的情感,更重要的一点就是让学生懂得用好现代信息技术,它是学习知识、传播正能量的重要途径。

(二)课中实践

1. iPad 作为辅助工具,贯穿于课中

1)使用图片功能

轻轻触碰 iPad,照片或者图库里的图片便可一一呈现,用手指可对图片进行缩小放大或幻灯片观看等操作,便于捕捉即时的动作,立即反馈动作问题。课堂教学中,教师对直腿后滚翻的动作步骤进行细化分解,保存至图库之中,学生课中可以针对某一动作细节进行细致观察。同时,学生学练过程中肢体动作细节也更为清晰地呈现在学生本人面前,反馈效果良好。

2)使用视频功能

(1)重复播放微课视频,利用快慢回放的方式反复观看示范动作,诊断改进,加深动作的理解,记忆。

(2)现场拍摄,学生可以看到自己的动作优势与不足,与视频中的示范作对比,查验自己的问题所在,掌握动作要点,起到立即反馈作用。

3)使用投屏软件

(1)传输屏幕镜像:同屏教学,运用 iPad 上的投屏软件,将现场拍摄的视频传输到大屏幕上,让所有的人都能看到每个小组,乃至个体学生练习的情况,老师可以作为现场动作要点分析,便于更好地解决动作重点;把评价标准投屏,要求学生根据评价标准,对同组或者异组的学生进行动作质量评价。

(2)多屏控制:主要是主屏显示和三个子屏显示,可以同步播放资源,增加视频画面的互动性。例如:锦囊妙计中的练习、评价标准等,通过多屏

控制,主屏向子屏投射,子屏可以向主屏投射,主屏和子屏同步播放等。

2. 以 GOFIT 软件作为辅助工具,监测实时运动负荷

通过 GOFIT 软件,老师在主屏幕是可以监测学生的心率情况,了解学生身体练习的反应,实时查看学生的心率值,借此调整运动负荷,确保学生负荷量和负荷强度适中。特别是体能学练坏节,根据学生的心率变化进行针对性的调控,改变传统学练中练习量"一刀切"的弊端,使每个学生的体能练习都能够达到最优化。

(三)课后延伸

1. 使用 GOFIT 软件获得数据分析

GOFIT 软件具有记录心率的功能,对一节课中、一个片段中的每个学生乃至全班的心率进行分析,诊断运动负荷是否适宜。

2. 在 QQ 公众平台上开展课后论坛

学生们可以在公众平台上发表自己的观点,加强学生和学生之间,老师和学生之间的交流,包括学习感想、疑惑、课后作业、资源分享,等等。

三、信息化手段提升体育教学质量

基于本次课程的实践情况,笔者认为可以从以下三方面出发,进一步提升职校体育课程的建设质量与水平。

(一)完善资源,呈现丰富教学内容

随着信息科技的发展,生活日常运用的微信、QQ 等通信工具的功能日益强大,各类信息化教学软件也层出不穷,这也为职校体育课程教学的信息化建设提供了更便捷的基础。教师们可以通过各类信息化工具将体育教学相关视频,比如分解的动作教学等呈现给学生,让学生们能够在课堂上以及课堂外随时随地开展学习。不但扩展了和学生交流的渠道,为职校体育课程的在线教学提供了可能。除此之外,微课录制和剪辑工具、精美课件的制作软件以及丰富的网络教学资源,让体育教师的教学资料越来越全面,知识呈现越来越生动有趣,教学形式越来越多样化。比如在体操课中可以收集中国国家男子体操队参加历届世锦赛和奥运会的比赛获奖的视频,足球课可以收集世界杯、欧洲杯或者世界各级联赛的精彩配合进球的集锦,篮球课可以收集男篮世锦赛或者美国职业篮球比赛的精彩集锦

等等,并进行制作,变成一个个动作或者有战术配合的短视频,有针对性地在课堂教学中运用。

(二)因材施教,构建信息互动课堂

现代化信息技术在体育课程教学中的应用,将单一的理论和图像教学,拓展到更为形象、立体化的二维、三维等空间,让抽象的体育健康知识、体育技能展示更为直观、生动、形象,进而帮助学生实现重点、难点的突破,提高教学质量。另外,教师还可以根据学生的生理、心理特点和性别、性格差异让学生选择自己喜欢的项目并展开练习,比如篮球教学中,可以通过软件让视频慢放,反复学习里面的规范动作,教师作为辅助进行讲解分析。还可以运用多媒体技术随时播放明星运动员的示范视频,做一个形象化的动作分析对比和重难点示范,与自己的练习动作视频做对比,明确问题所在。由于利用了信息化手段,让学生学习不受时间空间限制,也通过信息化工具,让教师和学生针对学习内容进行个别探讨,让因材施教实施更有实效。既做到了以生为本,也让师生互动、反馈、提升进入良性循环。

(三)激发兴趣,培养学生运动习惯

职校体育课程的信息化建设"将人与人之间的关系拉近,人与环境之间的关系缩小,将人与体育之间的关系变得更简单明了,学生不再只接受理论知识,而是感受到了体育课程的魅力"。信息化的课程,让学生通过视频、音频等多维多途径多样化的呈现方式,趣味化的教学方法,更好地观察体育运动状态,更有效地纠正错误动作,更进一步激发了学习兴趣。比如能通过各类打卡活动,运用各种体测数据,激发学生开展相关竞赛,通过良性竞争的方式,培养学生形成良好的运动习惯,更好地提升职校体育课程的培育成效。现在的中职生几乎都有手机,运动类的 App 也层出不穷,比如在新授广播操的时候我们就可以推荐给学生一个对广播操的动作有动态识别并能打分的软件,这样老师就可以让学生在课后运用这个软件进行练习,软件直接给出分数并及时纠错,教师端还可以看到学生们的练习情况,并设置比赛或挑战模式。这样不仅增强了学生对于广播操动作的本体认识,也可以激发学生对于广播操的练习的兴趣。让原本枯燥的广播操学习,变得活跃起来。同时老师也可以在软件中设置每周几天固定打卡,上肢、下肢的有氧和无氧的练习,可以让学生逐渐养成运动的习惯。

四、总结

埃德蒙·伯克说:"智慧不能创造素材,素材是自然或机遇的赠予,而智慧的骄傲在于利用了它们。"与传统的书本、黑板、挂画等相比,信息手段的应用对现代教学产生了新的冲击,也提供了新的思路。

传统体育教学中的先讲后练方式,按部就班地以老师讲解学生听讲为主,问题是无法重复听讲,对于部分学生无法听得明白,教师无法讲得更加精彩,借助信息化工具,我们打破了这一模式,本次"直腿后滚翻"的教学内容依托翻转课堂,使用"微课"更加直观、准确、高效地呈现需要表述的教学核心,可以反复播放、反复查看、反复学习,很好地提供了学生自主学习的平台,激发学生学习的兴趣,变被动为主动,学习不再是包袱,不是艰苦的任务。而技术动作的实时监控系统和运动负荷的实时监控系统这两大系统的应用也使学生对直腿后滚翻这一技术动作的认识上更为直观、准确,使体育课堂的学练过程更加科学、高效。

随着信息化技术的不断发展以及各类体育训练、体育赛事信息化程度的不断提高,体育课程的信息化教学已经成为一种趋势。当然在职校体育课程信息化教学的过程中,教师也要完善自身信息化技能和知识结构,让信息化技术更好地为"匠心匠艺"优质课堂服务,从而有效提升教学质量,更好地为学生服务。

参考文献

[1] 张彩.现代教育技术促进体育教学质量提升的策略[J]. 湖北开放职业学院学报,2021,34(5).

[2] 韩明霞,金想茹,王福娟.基于以人为本理念的体育信息化课堂构建[J]. 吉林农业科技学院学报,2023,32(6).

中职学段学生工匠精神培养的方法与路径
——以中本贯通学前教育专业、中职幼儿保育专业为例

上海市新陆职业技术学校　周姝

摘　要：培育职业学校学生的工匠精神，已成为职教领域的共识。本文阐述了新时代工匠精神的内涵和意义，分析了工匠精神在学前教育中职学段课程中的现状，以学校"一日化工作"全程见习活动为例，探讨了中本贯通学前教育学生工匠精神的培育途径，强调了设置实景模拟场景、培养实践能力对打造工匠精神的促进作用。

关键词：工匠精神；实践能力；学前教育；幼儿保育

一、新时代工匠精神内涵与意义

《中华人民共和国职业教育法》（以下简称《职业教育法》）于1996年5月15日第八届全国人民代表大会常务委员会第十九次会议通过，在2022年4月20日第十三届全国人民代表大会常务委员会第三十四次会议修订。此次修订的《职业教育法》中提出："实施职业教育应当弘扬社会主义核心价值观，对受教育者进行思想政治教育和职业道德教育，培育劳模精神、劳动精神、工匠精神，传授科学文化与专业知识，培养技术技能，进行职业指导，全面提高受教育者的素质。"将职业教育和普通教育以法律的形式规定两者是同等重要的地位，并且值得注意的是，此次的修订将工匠精神正式写入《职业教育法》之中。

我国在古代将手艺人——例如瓦匠、木匠、铁匠等以手工劳动谋生的匠人称为"工匠"，在现代则将从事具体手工操作或制造业的工人、工程师尊称为"工匠"。在从事手工操作或动手制作的过程中，师徒相授是技能传承的主要方法，这种师徒相传、手传心授的带教方法被称为"师徒制度"。在师徒带教的过程中，徒弟尊敬师父，尊重自己传承的手艺，在师徒共同生

活、劳动和钻研中,逐渐形成了工匠精神。工匠精神凝结着精益求精的职业意识和态度。

由工匠的概念来看,工匠精神实际所指的是敬业精神,意为每个人对从事的工作锲而不舍,对质量的要求不断提升,在每一个工作岗位上的每一件事都不能放松。它的内涵包括以下四个方面:一是追求卓越:对工作充满热情,不断追求更高标准和更好效果;二是严谨细致:注重细节,严格要求自己,力求完美;三是创新进取:不断探索新技术、新方法,勇于创新;四是协作共赢:注重团队合作,与他人共同进步,实现共赢。基于此,职业学校要以工匠精神引领人才培养的目标,并将工匠精神作为工作态度,在教学实践的过程中,对学生进行渗透。

培养学生的工匠精神,有三方面的意义。一是有助于提高个人竞争力:具备工匠精神的人在就业市场上更具有竞争力,能够胜任更多工作;二是有助于促进个人发展:工匠精神是个人成长的基石,能够帮助个人在职业生涯中不断进步;三是有助于推动社会进步:具备工匠精神的人才能够为社会创造更多价值,推动社会的发展和进步。

二、新时代工匠精神在学前教育中职学段课程中的体现与分析

2014 年 11 月,上海市教委发布了《关于开展中等职业教育——应用本科教育贯通培养模式试点工作的通知》。在此文件的指导下,我校依托专业特色,在 2015 年开始招收中本贯通模式学前教育专业学生,至今已完成 7 届学前教育专业中本贯通培养模式学生在中职阶段的培养。工匠精神作为职业教育中对于工作质量不断提升的精神,应该寓于职业教育专业课程之中,回溯中本贯通模式中的人才培养方案及课程设置,中本贯通模式学前教育专业在中职阶段的培养,从课程设置上来看,大致可以分为基础课和专业课两大模块,既要保证学生文化基础扎实,又要以培养学前教师所需要的专业技能,而工匠精神是意识形态和精神层面的内涵,并非一种扎实有形的课程,其讨论与学生在校培养的基础课和专业课并非同一层面,故在现行的学校课程中难以体现。

三、新时代工匠精神在园校合作中的践行

从工匠精神所表示的定义来看,广义定义的工匠精神作为一种职业精神、职业态度,必须有实践性课程作为载体。我校对于学前教育专业职二年级学生开设"一日工作课程",简称一日见习,幼儿保育专业职三年级学生开展顶岗实习。在"以工作过程为导向"的学生见习过程中,了解所学专业,将工匠精神切实渗透在课程学习之中。

为了实现工匠精神在幼儿园见习与实践中的引领导向,通过学生在幼儿园见习与实习,了解幼儿园一日工作的内容和操作流程,将专注和敬业的工作态度注入其中。基于此,我校与多所幼儿园实现园校合作,为我校学生提供见习、实习园所。

(一)园校合作确定"一日活动"见习与顶岗实习准备

自 2020 年起,教育部《关于做好中等职业学校国控专业设置管理工作的通知》要求不再增设中职学前教育专业,转批设为幼儿保育或相关专业。应此要求,我校专业部对于学生"一日活动"的见习活动,也从所学的专业层次、角度方面作出了相应的调整。

对于中本贯通学前教育专业学生,学校层面由专业部负责对接见习幼儿园,幼儿园各班级(大、中、小、托班)制定活动方案并进行详细解读。引导参加见习的中本贯通班学生们将此次见习活动的侧重点放在观察幼儿园活动各环节,包括生活、运动、学习、游戏以及不同年龄阶段幼儿身心发展特点及在活动中的表现。对于幼儿保育专业三年级学生而言,在一年级需要完成"一日活动"的观摩,还应侧重保育专业内容,完成对来园活动、如厕盥洗、进餐午睡以及离园活动的观察。

(二)合作分组与独立完成"一日活动"见习、实践

针对学前教育专业的学生,幼儿园为见习班级制定活动一日活动的详细内容,经专业部负责老师进行详细解读后,见习班级班主任老师根据活动内容,帮助学生大致了解见习内容。根据大、中、小、托班将一日化工作的内容,见习班级将学生进行分组,以小组为单位进入各班级进行见习。中职阶段的学生,对于所学专业的了解,依然停留在回顾幼儿时期幼儿园生活的认知,没有从未来学前教师的角度看待见习过程,这与学生的年龄、

对专业的认知以及对专业的经验都是有关系的,因此让学生根据自己对于幼儿的了解,自由分组选定见习的班级。

从学生的见习内容来看,学生们近距离观察幼儿在园半日活动,需要有观察的视角。经过专业部负责老师的讲解,学生们大致了解幼儿园一日活动的流程,在此基础上见习班主任与学生设计观察记录表。观察记录表包含了幼儿来园情绪、生活能力、运动能力、学习能力、游戏能力五大方面,从每一方面幼儿的具体表现作为记录视角。从幼儿的角度出发,无关乎评价,只做当时真实的记录;从学生的角度出发,能够让学生在见习的过程中有的放矢地完成见习,能够在见习中初步感受和尝试自己作为一名学前教师在一日工作中应具备的工作能力。

从学生的见习过程来看,学生们分组进入了托班、小班、中班和大班,按照时间顺序完成入园、早操(运动)、游戏、学习(听故事)、午餐等活动的观察。在运动环节,学生们从观摩到辅助,参与小朋友们的运动,帮助整理活动所用的器械。

在学习环节,学生们听小朋友们讲故事,认真观察记录并对小朋友们在学习中各种表现进行分析。在游戏环节,学生们运用在校学习的专业技能,真正和孩子们"玩"到了一起。对于幼儿保育学生,在三年级时安排顶岗实习。此时的实习会比一日活动见习更具实践性,包含了保育和教育教学的实习。在此过程中,学生有更多的机会实际参与到集体教学的组织、室内游戏的组织、户外体育活动的组织以及班级环境和区角的创设。

无论是"一日活动"的见习还是顶岗实习对于学生来说,是从学生身份转换为"教师"身份的第一步。

(三)反思总结见习、实习的收获与不足

完成幼儿园一日活动见习后,见习班学生利用一节班会课,分析、讨论。在此过程中,学生们对于幼儿园一日工作的流程、所需要的工作技能要求等有了直观立体的认知,将书本中所学的保育知识,用实践的方式得以再次学习。

除此之外,学生们以小组为单位进入班级见习后,每位学生重点观察一位幼儿,将该幼儿在园的各个表现重点观察。在分析讨论时,学生用电子小报、活动感受形式梳理、展示此次活动的流程,并用观察记录表的形式

对观察对象进行了细致的分析。在幼儿园一日活动见习中,学生们第一次真正走进班级,走进幼儿,尝试用"教师"的视角接触学前工作,观察幼儿各种活动的表现,但这些工作与真正的学前工作还有很大的差距。

幼儿保育专业学生在顶岗实习阶段,专业部教师和实习班班主任会定期去幼儿园走访,了解幼儿园对于学生在园表现,给予针对性的专业指导。

见习、顶岗实习的时间虽短,但却让学生们更加深入地了解工作的内容和职业对于专业的要求,也帮助学生们了解孩子,认识工作。更重要的是,这些实践性活动激发了学生们对学前教育事业发自内心的热爱,从而更自觉坚定努力学习专业知识。学前专业的实际产出并非实体,与手工、制造业的实际产出有着绝对的区别,但新时代工匠精神作为一种职业态度,更需要引领和渗透在本专业的学生,明确学习目标,端正学习态度,为成为合格的学前教师、保育员做准备。

四、结语

近年来,我国职业教育一直备受关注,以职业技能人才培养为中心的教育方式得到了越来越多人的认可和支持。作为职业学校的学生,他们在接受专业知识的同时更应该注重培养工匠精神,这是他们成为合格人才的重要保证。

职业学校学生主要是接受技能培养的,所以学校在工匠精神培育中,要以实践能力的培养为重点。我校在"一日活动"和实习等实践活动中,做到实训基地与真实工作场景相匹配,学生在这里能够接触到真实的岗位工作、操作真实的工具设备、面对真实的服务对象,进行真实的教学实践。这是培养学生工匠精神的有效途径,有助于学生通过真实环境的实践,真正掌握职业技能,形成自己的工匠风范。

参考文献

[1] 中华人民共和国教育部.中华人民共和国职业教育法[EB/OL].(2022 - 04 - 20)[2023 - 01 - 23].http://www.moe.gov.cn/jyb_sjzl/sjzl_zcfg/zcfg_jyfl/202204/t20220421_620064.html.

[2] 中华人民共和国教育部.关于做好中等职业学校国控专业设置管理工作的

通知[EB/OL].(2018-02-12)[2023-01-23].http://www.moe.gov.cn/s78/A07/A07_sjhj/201802/t20180213_327396.html.

课程思政在中职学前教育专业课中的实施策略
——以"幼儿卫生保健"课程为例

上海市新陆职业技术学校　　胡枫

摘　要：课程思政是一种综合的教育教学理念。笔者结合"幼儿卫生保健"课程现状，探索中职学前教育专业课课程思政的实施策略。挖掘课程思政元素，以便与专业形成协同育人效应，考虑学生个性特点和需求，采取不同的方法和手段，优化课程思政与教学内容的结合，探索多种教学方法，课堂评价中渗透思政元素，完善评价体系，引导学生树立正确的人生观、世界观和价值观，充分发挥课程的育人功能，促进学生成为具有社会责任感、创新精神和实践能力的新时代青年。

关键词：课程思政；中职专业课；学前教育专业；卫生保健

课程思政是一种综合的教育教学理念，指以构建全员、全程、全课程育人格局的形式将思想政治教育融入学科教学中，通过课程向学生传递思政内容和价值观，提升学生的思想道德和综合素质水平。

一、中职课程思政实施的重要性

（一）立德树人，明确教育根本任务

在 2018 年 9 月 10 日的全国教育大会上，习近平总书记强调："要把立德树人融入思想道德教育、文化知识教育、社会实践教育各环节，贯穿基础教育、职业教育、高等教育各领域，学科体系、教学体系、教材体系、管理体系要围绕这个目标来设计，教师要围绕这个目标来教，学生要围绕这个目标来学。"一席话为整个教育界指明了课程思政的方向。课程思政要以"立德树人"作为教育的根本任务，利用课程育人，坚持"育人为本、德育为先"的思想，引导树立学生正确的人生观、世界观和价值观，为社会培育更多德智体美劳全面发展的人才。

（二）融入专业，实现课程育人价值

中等职业学校开设的课程以专业划分，从形式上来看，接近于高校，但对专业知识的要求却没有高校的"专精深"，相比来说更注重的是实践操作。教师在教授学生专业知识和技能的同时也要着重培养其职业素养，为日后就业打下基础。每个专业领域的职业素养与要求各不相同，因此，中职教师要针对性地分析所教专业的特点，将课程思政融入日常课堂教学中，实现课程思政应有的价值。

（三）增强能力，提升教师育人水平

帮助学生成长是教师的使命，而课程思政正是实现这一使命的有效途径之一。身为一名教师不仅要教授学生知识，还要关注学生的身心健康和个人发展。通过对课程思政的研究，能增强教师的专业能力，更好地把握教学重点和难点，设计贴近学生实际的教学方案，同时也可以更好地反思和总结自己的教学经验和教育实践效果，不断提高自身教学水平和质量，成就学生的同时也成就自我，实现教师的自身价值，有效担负起"知识技能传授＋价值引领"的责任。

（四）有机融合，促进学生全面发展

课程思政所要解决的问题是"为谁培养人？培养什么样的人？怎么培养人？"学生是课程思政的"第一受益人"。要将知识学习与思政教育有机融合，这要求教师把学生的个性发展和全面成长作为课程教学的目标之一，与专业发展教育相结合，在专业课程中寻找教育契机，培养学生的爱国情怀、政治信念、道德情操、个人修养、创新能力等，最终帮助学生成人成才。

二、实施背景分析

（一）教师基本情况

近年，我校一直在努力推进思政课程及各专业课程的自身建设，努力提升各学科教师的教育教学素养。笔者所教课程是"幼儿卫生保健"，是学前教育专业的一门专业基础课程。本课程教材由我校教师合作编写，包含有成熟且丰富的理论知识和技能操作内容，教师在备课过程中可以注意挖掘思政元素。日常教学中要多关注并收集思政元素，将其逐渐渗透进各种教学资源中,为学生提供更多的学习资源和信息,促进学生全面发展。

(二)学生基本情况

目前,中职校学生生源情况复杂,学习能力、家庭背景、思想和行为上参差不齐。本校就读学生中,有如"中本贯通""中高贯通"班级的学生,这类学生的学习能力尚可,家庭教育条件普遍较理想,家长素质相对较高,大部分学生思想上进,自我管理能力好,行为习惯问题相对较少,但也存在只顾学习,不爱劳动、不关心班集体、不关心时事及社会现象等情况。其余班级的学生大部分学习能力有待提高,有的家庭情况较复杂,部分家长的家庭教育行为和方式存在问题,自身上进心不足,普遍存在自我管理能力差、行为习惯问题较多的现象,学生课余时间多沉迷娱乐活动,劳动参与度低,不会主动关心时事、人文信息,个别学生甚至厌学、逃学、不服管教。设想这些学生毕业步入社会后,能否为家庭为社会做出积极贡献。此外,笔者在课上展示患病儿童照片时,常有学前教育专业学生发出不尊重幼儿的笑声;也有学前教育专业实习生因实习多次迟到早退被幼儿园劝退等现象。现有学生的情况仅靠思政课、班主任及政教领导等的教育力量是远远不够的,也需要专业课教师的课程思政力量。

(三)课程内容相关情况

幼儿卫生保健课程具有广泛的知识面,全面阐述了幼儿的生理特性以及保健知识。此外,该课程还包含了急救、护理、体格测量等多种婴幼儿生活和健康照护技能。通常,教师会在此课程中引导学生树立科学的保教观念,并融入关爱幼儿、追求精益求精以及团结协作等思政元素。然而,尽管这些思政元素能够与幼儿卫生保健课程内容相融合,但仅围绕这些思政元素开展课程思政教育,使得该课程的思政教育内容显得有些单调和笼统。实际上,幼儿卫生保健课程中所蕴含的思政元素远不止于此。我们还可以进一步挖掘出其他思政元素。例如,尊重生命、敬畏生命的生命教育理念,提倡合理营养、平衡膳食的健康理念和爱国奉献情怀等。

三、中职专业课中课程思政的实施策略

(一)挖掘思政元素,形成协同育人效应

要实现专业课程育人,首先要结合专业教学标准、课程标准,研读本课

程教材,将本专业及课程中的思政元素梳理出来。

学前教育专业的培养目标是培养从事幼儿园保育、教育等工作,德智体美全面发展的高素质劳动者和技能型人才。基本的职业素养是热爱学前教育事业,关爱学前儿童,诚实守信,责任心强,耐心细致,做事认真。本课程教学中常会有幼儿生长发育异常、疾病、意外伤害、行为问题等内容出现,这是引导学生"关爱幼儿"的绝佳时机。如"幼儿小外伤"部分内容,笔者会设计一个场景,安排学生一人扮演幼儿,一人扮演教师,演绎如何完成摔伤后的处理工作。学生演绎过程中,适时增加"幼儿"哭闹的环节,观察"教师"的反馈方式,及时点评,从而培养学生身为未来幼教工作者的"仁爱之心"。日常教学中,通过观看"幼儿园劳模故事"等方式,提高学生对本专业的认可度,增强专业自豪感,调动学生学习积极性,建立学习自信心,并完善职业生涯规划。

本课程涉及的教学内容包含诸多关于幼儿健康和保健的相关知识。在教育学生关注幼儿健康的同时,可以把目光落到学生自身,使学生在学习知识的同时形成正确的健康观和价值观,并进行生命教育。在"生长和发育"一节的学习中,笔者会带领学生观看胎儿的生长发育过程视频,同时告诉学生孕妇在各个时期要注意的事项,他们常会忍不住感慨生命的奇妙以及成为母亲的不易。这一内容中包含有感恩教育和生命教育的教育契机,引导学生要学会孝敬、关心、关爱母亲和家人,并且要尊重生命、热爱生命、珍惜生命,还能配合以青春期性教育,帮助学生树立正确的恋爱观。梳理课程思政元素,使思政教育与课程教育有机融合,能帮助学生在学习知识和技能的同时提高敬业精神、团队协作精神等素养,为学生的专业发展奠定基础(见下表)。

幼儿卫生保健课程的思政元素

模块名称	可供参考的思政元素(教育内容)
模块一 幼儿生理特点和卫生保健	生命健康教育(珍惜生命、保护健康)
模块二 幼儿生长发育	家庭美德教育(尊重长辈、感恩家人)
	爱国主义教育(培养爱国情怀、关心、爱护祖国下一代)
模块三 幼儿膳食与营养	职业道德教育(爱岗敬业、团结协作、增强责任心)

（续表）

模块名称	可供参考的思政元素（教育内容）
模块四 微生物基础知识与消毒隔离	生命健康教育、爱国主义教育、职业道德教育、劳动教育（劳动光荣、技能宝贵）
模块五 入园、离园环节卫生保健	劳动教育
模块六 生活活动环节卫生保健	职业道德教育
模块七 教学、游戏、运动的卫生保健	爱国主义教育 人文素养教育（学习、了解传统文化）
模块八 幼儿园安全教育及意外伤害	生命健康教育
模块九 幼儿园传染病及常见疾病的预防与护理	职业道德教育 爱国主义教育
模块十 幼儿特殊行为问题及护理	科学精神教育（尊重科学、勇于探索和创新）

注：模块名称参考自华东师范大学出版社出版的《幼儿卫生与保健（第二版）》（主编张徽）。

（二）优化教学内容，探索多种教学方法

课程思政的"服务对象"是学生。中职生对于枯燥的理论知识学习往往缺乏兴趣，为避免思政元素植入生搬硬套的情况，教学方法要多种多样，通常可以采用小组讨论、案例分析、角色扮演、游戏竞赛、演示操作等方法，培养学生的学习能力，调动学生学习积极性，同时适时将思政元素融入其中。

教学过程中，笔者常采用例如播放视频、阅读报道等形式呈现时事热点，由于大部分学生看问题较浅表，通过教学语言引导学生探讨案例背后潜藏的事实，培养学生的钻研精神。近年来，社会上的公共卫生事件、环境污染等问题受到广泛关注，这也与人民的健康息息相关。提及近期"日本核污染水排海"事件时，很多学生认为影响最大的是日本和海产品，他们简单地认为只要不去日本、不吃海产品就能不受影响。通过深入剖析，学生才渐渐意识到核污水会对环境和人类健康造成严重危害，进而引发学生对饮食安全、健康生活作息等问题的思考，增强学生的社会责任感和爱国主义精神。

游戏竞赛的方法也是学生所热衷的一种教学方法。在学习"幼儿的营养需求""幼儿常见疾病""幼儿意外伤害处理"等内容时，笔者会借由如"全

民营养周""传染病防治宣传周""市民健康科普宣传周"等主题,设计相关知识竞赛,在课堂活动的过程中增强学生的参与感,使其在和谐愉快的学习氛围中关注到如食品安全、健康饮食、预防疾病和身体健康的重要性等生命健康教育相关内容。

为提高课程思政的实效性,教师应当自主创新,灵活地运用各种教学方法,运用任务引领型教学模式,将课程思政与教学内容相结合,在学生掌握和应用所学知识和技能的同时,让学生树立正确的三观,不断提高学生的思想、政治、道德及文化素养,为学生的长远发展打下良好的基础。

(三)融合多重元素,完善课堂评价体系

原有的教学评价机制侧重于专业知识和技能方面,较少考虑思政因素。因此需制定更加完善的评价方案,将思政表现、课堂参与、知识掌握和实践能力等方面纳入评价范围,以全面评价学生的学习情况和思想水平。

学生的评价应该以过程性评价为主,以结果性评价为辅。可采用课堂作业、问卷调查、课堂汇报等方式通过评价学生的思维能力、创新能力等方面,鼓励学生发挥自身优势,提高自己的综合素质。教学过程中要及时表扬鼓励学生良好的言行举止,观察到不适宜的思想或行为要及时阻止,给予正确示范。如有的学生会在实训过程中直接单手提起娃娃的脚,此时教师应立即制止,演示抱起宝宝的正确姿势,请学生跟着重新做一遍,这样强化正确行为的过程也能潜移默化培养学生的职业素养。

此外,可以让学生积极参与到评价过程中,开展自我评价、观察评价、小组互评、个别访谈等,跟踪了解学生职业道德、爱国主义、人文素养、科学精神等,检验课程思政教育的实施效果。将学生的爱国主义精神、创新精神、团队合作精神、敬业精神等方面评价作为重要指标,针对学生个人特点,注意收集和观察学生的行为和表现,便于形成学生档案,有利于进行一对一指导教育。

一堂课的评价可以多种方式融入思政元素。如在"幼儿意外伤害发生的原因"一课中,笔者通过信息技术的辅助手段,课前向学生下发问卷,使用多个案例请学生分析判断事件的原因和责任方,判断学生基础的法治意识和责任认知水平;课程导入时,请学生说说自己的判断并进行分析,引导学生意识到爱岗敬业的重要性;课中,由教师及小组观察员观察记录组内各成员课堂中职业道德和团队合作精神等表现;课程总结时,要求学生以小组为单位自评互评表现,同时布置一些具有争议性的案件分析作业;课后回收学生的作业单,了解学生所学,结合之前的问卷结果,分析学生自身成长情况,并做好记录。

四、总结

课程思政是个长期的系统工程,需要学校、教师、学生共同的参与和努力。在开展课程思政过程中,笔者发现教师的自身素养也是影响实施效果的重要一环。教师要持续自我提升,具备先进的教育理念、扎实的学科知识和精湛的教学水平,不断积极探索和实践课程思政的有效方法,作为专业课教师,更要深度挖掘专业课的思政育人资源和融入点,在不断的实践中谋求专业课教学与思政教育有机融合,从而达到"润物细无声"的思政育人效果,才能更好地引导学生树立正确的人生观、世界观和价值观,充分发挥课程的育人功能,促进学生成为具有社会责任感、创新精神和实践能力的新时代青年。

参考文献

[1] 张萍,王亚琳."学前儿童卫生与保健"课程思政教学实践与探索[J].宁波教育学院学报,2022(6).

[2] 姜艳秋.高职学前教育专业课程开发探究:以学前儿童卫生与保育课程为例[J].辽宁高职学报,2020,22(4).

[3] 谈舒茵.中职幼儿保育专业课教师课程思政能力研究[J].华章,2024(01).

后　记

　　《理念·知行·追梦》一书是对黄炎培先生职业教育思想理念的一次深刻致敬，也是对上海市新陆职业技术学校教师理论探索与实践思考的一次全面展示。本书的编写和出版，得到了学校一线教师的大力支持和积极参与，他们的智慧和经验为本书增添了丰富的内容和深刻的见解。

　　本书涵盖了职业教育教师专业化发展理念、观点和实践，以及职业教育思政教育的实践案例等多方面内容。这些内容既体现了职校教师对黄炎培先生职业教育思想的深刻理解，也展现了他们在新时代背景下的教育教学理论探索和实践的思考。我们希望这些实践和思考能为从事职业教育的一线教师提供一定的指导和启发意义。

　　在本书的编写过程中，我们深感职业教育改革发展的重要性和紧迫性。如何培养适应新时代需求的技能型人才，如何提高职业教育的质量和水平，如何推动职业教育的发展和创新，这些都是亟待思考和解决的问题，都需要职业教育工作者在今后的教育实践中集思广益，寻求答案。

　　最后，向所有参与本书编写和出版的职教同仁们表示由衷的敬意和感谢，是他们的辛勤付出和智慧结晶成就了这本书；同时，也要感谢王海英校长的关心与支持。让我们在奋进新时代的征程中携手共进，在建设教育强国的赛道上，踔厉奋发、笃行不怠，为全面建成社会主义现代化强国贡献智慧和力量。

上海浦东新区行之教育发展中心

2024 年 5 月